移民企業家

香港的上海紗廠老闆

Emigrant Entrepreneurs:

Shanghai Industrialists

in HONG KONG

黃紹倫 著　王國璋 譯

中華書局

目錄

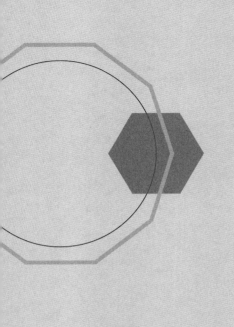

中文版序

　　這本書的英文原版，在 1988 年刊行，至今已有三十多年，是舊作了。一本舊作，為什麼還要再出中文版呢？直接的原因，是出於鄭宏泰和王國璋的拳拳盛意。幾年前，我們三人組成團隊，完成了李文達先生的中英文傳記。那時筆興正濃，宏泰提議把我這舊作重新推出，國璋一口承諾負責翻譯。我感於他們的美意，沒有推辭，只想到他們工作繁忙，成事需時，可能會不了了之。沒想到國璋默默耕耘，用了一年多的時間，把書稿翻好。他的譯筆準確無誤，順暢明快，令我滿心歡喜，亦令我這本舊作換上新顏。我對國璋所費的心力，以及宏泰的推動支持，深感謝意。回想起來，我當初沒有推辭，顯然是動了心，而令我動心的，可能是這本書，在我學術生涯中，引起了至少三個迴響，令它別具意義。

　　迴響之一，是十幾年前的一段往事。那時，我還未從香港大學亞洲研究中心主任的職位退下來。一天，來了兩位稀客。稀客，是因為她們不是我們慣常接待的學術界人士，她們是尋根而來，希望找到她們逝去親人的足跡。她們是香港中央紗廠創辦人吳文政先生的女兒和外孫女，外孫女在美國加州大學圖書館看過我的英文原著，她和媽媽想知道在哪裏可以買到這本書，亦想知道我有沒有更多有關吳文政先生的資料。我告訴她們英文原著已經絕版一段時候，市面上難以買到，而我無法提供有關吳先生的事跡，因為我曾答應為受訪者身份保密，況且每項個案的詳細資料亦不多。交談之下，竟然培育出新的成果：我們研究中心獲得吳文政伉儷教育基金資助，寫成《紡織巨擘吳文政傳》一書，可說是我英文原著的外篇。在搜集資料過程中，我們發現中央紗廠在家族承傳方面，正在推行一項創舉，

嘗試突破傳統「傳男不傳女」的框框。吳文政去世後，中央紗廠的領導位置由長子繼承。到了第三代接棒的時候，吳家長子屬意由女兒擔當重任，因為女兒能幹，而兒子年紀尚少。「太子女」擔當重任九年，她訴說她飽受煎熬，「好似被吊起來燒」一樣：不盡展所長，則愧對父親厚託；鋒芒畢露，則容易招致弟弟無能之譏。後來，她決定擺脫這個兩難局面，辭去紗廠領導職位，和丈夫攜手另立門戶，創辦一間為家族企業融資的公司。她的經歷，令我留下深刻印象，亦令我對華資家族企業內部「才女」的困局，有進一步的體會。

迴響之二，是兩年前我收到的一封電郵。郵件由阿克頓（Thomas Acton）從英國寄出，經過香港大學人文及社科研究所，再轉到我的郵箱。阿克頓和我是舊相識，我們同年出生，亦是社會學同行，在牛津大學相遇。我在牛津大學唸博士的時候，他已經取得學位，研究的是歐洲少數民族之一的吉普賽人。我們久未通信，後來我在互聯網上查看，才知道他一直專注於吉普賽人的研究和反歧視活動，並且成為英國首位以吉普賽研究命名的講座教授。他給我的電郵附上一篇書評，評論的書，是一本有關在羅馬尼亞定居的富裕吉普賽族群的專著。在書評開頭，他便指出社會學者研究少數族裔，絕大多數都是眼光向下，注視貧窮無助的弱者，而眼光向上，審視有財有勢強者的著作，可說是鳳毛麟角。他特別推許我對上海紗廠老闆的研究，認為是在這方面罕有的佳作。他是知音，實在難得；他的讚賞，我欣然受落；他對我的舊作，念念不忘，我很是感激。在電郵中他還說，我們現在都是榮休教授了，而他已有七個孫兒，第八個快要出世了。

迴響之三，是多年來縈繞在我心頭的絲絲遺憾。亞克頓提到我們都是榮休教授，令我想起我發表講座教授就職演講時的舊事。我在 1987 年獲聘為香港大學社會學講座教授，1990 年舉行就職演講典禮。演講的題目是「華人企業家與商業信任」，內容主要取材於我對上海紗廠老闆的研究。演

講的聽眾大部分是學術界人士，而我的母親，在妹妹陪同下，亦有出席，為我打氣。演講以英語發表，為時大約一個鐘頭。演講之後舉行酒會，我找機會來到母親身旁，怕她在學術場合不自在，亦怕她聽不懂英語而納悶。見到我，母親輕拂我的衣袖，對我説：「辛苦啊！」我想説，這怎算辛苦，您把我們兄妹養大，那才是辛苦。一下子，我回想起住在旺角道，讀小學時的情景。母親坐在小木凳上，在天井用大木盆洗衣服。一邊排列飼養熱帶魚的雙層魚缸，我站在木盆的另一邊，母親在督促我唸書。我唸得不熟，中途停了。母親一隻手在洗衫板上，另一隻手拿着書本，「啪」的一聲，打在木盆邊上，厲聲責問：「你想點！」我呆在那裏，不敢張聲。父親長年臥病在床，母親獨力持家，她自己督促哥哥和我唸中文，對我們學英文更為着緊，節衣縮食，也把我們送去洗衣街的英文補習先生家中加強學習。轉眼之間，我學好英文，場景已換，在香港大學講堂裏，我站在母親身旁，説着閒話。我知道母親聽得懂我演講的意向，但她聽不懂內容，這始終令人遺憾。如今我的舊作有了新譯本，可以送給我的雙親在天上觀看，希望得到他們點頭默許。

　　謹以這本小書，獻給我的爹娘：

　　　　　　番禺黃毓洲（1920－1972）
　　　　　　南海潘　釧（1924－2000）

　　　　　　　　　　　　　　　　　　黃紹倫
　　　　　　　　　　　　　　　　　　2022 年 4 月 26 日

序

　　本書所探究的，是一群主導香港棉紡紗業（cotton spinning industry）的上海企業家。1975 年，我即將在牛津完成有關東南亞華商企業的碩士學位（B. Litt.）論文，正準備返香港執教。我的導師——已故的莫里斯・傅利曼（Maurice Freedman）教授，在某次和我討論研究計劃時，建議我研究他們。我立刻被這想法打動，因為那可謂是我碩士論文研究的合理延伸。此外，上海人的成功故事，對像我這樣一位成長於香港工業化時代的人來說，自有一種發自內心的興趣。傅利曼教授曾在其論文〈社會人類學的中國時代〉（'A Chinese Phase in Social Anthropology'）中寫道：「來自香港與海外的華人〔學生〕，多少都會了解華人工商業是如何在中國國境之外興旺繁盛，只要經濟學家再幫上一把，或許就足以描繪出華人企業家是如何打理事務（這類敘述當然並不乏味），也有助我們梳理究竟是哪些因素，促進或阻礙了華人的經濟創新？」正是基於這樣的信念，他在猝然離世前不久輕推了我一把，鼓勵我申請哈佛大學燕京學社的研究資助，讓我得以開展這項研究。

　　1978 年夏，我在香港大學的社會學系執教三年後，懷着戰戰兢兢的心情，開始投入訪談工作。然而受訪者的開放真誠令我驚喜，結果這段田野調查的經歷不僅愉悦，更讓我受益匪淺。我在調查過程中，獲得無數人的支援協助，對此深懷感激。我要特別感謝景復朗（Frank H. H. King）教授以香港大學亞洲研究中心主任的身份，為我撰寫介紹信，並對我的訪談規劃提出許多改進意見。我也要感謝 Judy 郭小姐隨行訪談，助我成功完成田野調查；以及黎志勝先生憑藉其商業經營管理方面的知識，為我蒐集相關的公司記錄。我還要感謝 Laura 張小姐、Belinda 羅小姐、唐健生先生和胡

先生（Wu Kwok-lai）諸人的研究支援。

　　1979年，我在哈佛大學燕京學社提供的博士獎學金資助下，暫離香港大學，到牛津大學的沃弗森學院（Wolfson College）待了三個學期，寫作關於上海棉紡業者的博士論文。那是我成果豐碩的一年。我從論文導師米切爾（J. C. Mitchell）教授那裏學到很多，他耐心堅定地提醒我，千萬不可以只專注田野調查資料而忽略了更寬廣的理論課題。他的諄諄善誘，讓我不致偏離正軌。我希望米切爾教授智識上的敏銳與精益求精態度對我的啓迪，已在本書體現。伊懋可（Mark Elvin）博士曾為我審閱論文的一部分，與他交談總是能刺激我的思考，獲益匪淺。沃弗森學院優美寧靜的環境與牛津的青草地，則讓人心曠神怡，伴我度過了那段孤身思索及寫作的日子。

　　我在完成博士論文並重回教學崗位後，進一步思考該主題並寫了幾篇論文，現都列在參考文獻內。不過直到1985年我有幸再獲哈佛燕京學社資助、赴哈佛大學訪學一年前，我都沒時間去全面修改博士論文。論文修改期間，我曾請一些學者讀過手稿，包括白吉爾（Marie-Claire Bergère）教授、高家龍（Sherman Cochran）教授、柯博文（Parks M. Coble Jr.）教授、韓格理（Gary G. Hamilton）教授、胡耀蘇教授、珀金斯（Dwight H. Perkins）教授、傅高義（Ezra F. Vogel）教授和魏斐德（Frederic Wakeman Jr.）教授，我要在此感謝他們的意見和鼓勵。1986年4月，手稿的部分內容曾作為研討會論文，分別在加州大學伯克萊分校的中國研究中心（Center for Chinese Studies）和加州大學戴維斯分校的社會學系發表。我很感激卡爾格倫（Joyce K. Kallgren）教授與韓格理教授的邀請。最後，我還要謝謝 Hilda 陳女士、Grace 李女士、曹小慧小姐和鍾庭耀先生為手稿付梓提供的協助。

黃紹倫

1987年9月於香港大學

縮略詞

AJS	*American Journal of Sociology* 《美國社會學期刊》
ASR	*American Sociological Review* 《美國社會學評論》
EDCC	*Economic Development and Cultural Change* 《經濟發展與文化變革》
FEER	*Far Eastern Economic Review* 《遠東經濟評論》
HKCSA	Hong Kong Cotton Spinners' Association 香港棉紡業同業公會
SCMP	*South China Morning Post* 《南華早報》

｜ 第 一 章 ｜

引言：工業化與上海人

在很多社會裏，企業家精神（entrepreneurship）與族群身份（ethnicity）都是糾結難分的事。源自同一祖輩與地域的個人，往往會聚集在特定的經濟活動領域，造就一種被形容為文化分工、族群壟斷或族群專職化的現象。這種現象的原型，無疑是歐洲的猶太商人。類似的群體還有很多，可見於其他各地，如哥倫比亞的安迪歐基諾工業家（Antioqueno industrialists）、尼日利亞的豪薩交易商（Hausa traders）、孟買的巴斯和古吉拉特織布工（Parsi and Gujarati weavers）、伊朗的亞美尼亞商人（Armenian merchants）和紐約市的意大利房東。

「華人」（Chinese）一詞在東南亞，經常被視作商人和中間人的同義詞。然而在海外華人群體內部，又有對應於各特定職業的「語群」或「次族群」。舉例來說，1950年代初的曼谷，碾米商大多是潮州人，鋸木廠老闆是海南人，皮革作坊的老闆是客家人，機械維修店的店主則是廣東人。[1] 這種由地緣群體構成的職業圈子，似乎複製了中國傳統的城市經濟裏，某個早就廣為人知的特點。以世紀之交 * 的杭州為例，早有記述指出「〔實際上〕所有的木匠、木雕匠、粉刷匠、櫥櫃匠和藥商，都

1　G. W. Skinner (1957), *Chinese Society in Thailand* (Ithaca, Cornell University Press), p. 315.

*　譯按：指十九及二十世紀之交。

是來自寧波。茶商、布商、鹽商和開客棧的老闆，則是來自安徽。瓷器商來自江西，鴉片商來自廣州，酒商來自紹興」。[2]

　　香港本質上是個華人城市，這種地緣職業聚落的模式也很明顯。在當地各式各樣的地緣群體中，不論從經濟上的重要性或成員集中的程度來看，最顯著者，莫如紡織業界的上海人。這個群體不僅對學術界來說重要，在官方對戰後香港經濟表現的評價上，也是如此。費爾普斯・布朗（E. H. Phelps Brown）在試圖說明「香港經濟如何在製造業原本近乎空白的情況下，創造出鉅額的出口貿易」時，強調了一項事實，即「香港在起步之初，曾獲得由上海強勢注入的一股資本、實務經驗與創業動力」。[3]

　　布朗的分析，如今已成香港政府內部政策制訂的基礎。1973 年，工商業管理處（Department of Commerce and Industry）在就工業用地政策所擬的一份文件中，就特別挑出上海企業家予以表揚。文中提到，香港因為幸運地獲得「上海的經驗與資金挹注」，可以比許多亞洲國家早「十到十五年」啟動其工業化進程，[4]即使它們與香港的基礎經濟條件相若。

2　F. D. Cloud (1906), *Hangchow: The 'City of Heaven'* (Shanghai, Presbyterian Press), pp. 9-10. 羅威廉（W. T. Rowe）曾詳細討論過帝國晚期，漢口一地的次族群或地緣群體的重要性。見 Rowe (1984), *Hankow: Commerce and Society in a Chinese City, 1796-1889* (Stanford, Stanford University Press)。本研究接下來將使用概括性的「族群」（ethnic group）一詞，來指涉諸如上海人和廣東人的群體。我以族群一詞來作描繪，是基於他們「同源而聚」的社會組織原則，不論那本質上是血統或地域上的同源。我不選用「次族群」（sub-ethnic group）一詞，主要是因為我們不能在沒有實據的情況下，假設中國的漢人最重視「種族」（racial）認同，其次才是地域上的差異。

3　E. H. P. Brown (1971), 'The Hong Kong Economy: Achievement and Prospects', in K. Hopkins ed., *Hong Kong: The Industrial Colony* (Hong Kong, Oxford University Press), p. 13.

4　Commerce and Industry Department, Hong Kong Government (1973), 'Memorandum for the Trade and Industry Advisory Board: Land for Industry' (Hong Kong, The Department, mimeo. paper), p. 2.

　　這群上海人雖曾舉足輕重，他們的故事卻從未廣為人知。本研究的目的，正是要細說他們在工業上的成就，以填補吾人對香港工業化進程中這段知識的空白。香港畢竟是戰後迄今極為昌盛的新興工業化地區之一。我希望這項關於上海棉紡業者（Shanghai spinners）*的研究，有助回答兩道理論上的探問，即一、來自同一地區的人，為什麼會經常聚集在特定的經濟領域？以及二、華人工業企業家精神（Chinese industrial entrepreneurship）的特質為何？為了回答這兩大探問，我們在講述上海棉紡業者在香港的故事時，就需要從簡單勾勒其經營活動的大時代背景開始。

時代背景

　　香港位於中國大陸南緣的珠江口，土地面積 404 平方英里**。這包括一個擁有腹地的半島和數個島嶼。香港的一部分，自十九世紀中期以來就成了英國的直屬殖民地（Crown Colony）。中國在第一次鴉片戰爭中吃了敗仗後，清廷就依 1843 年生效的《南京條約》，將香港島割讓給了英國政府。1860 年，中國在另一場戰爭中再敗予西方強權，九龍半島又遭割讓，殖民地隨之擴大。到了 1898 年，清廷又將九龍半島北端的大片土地，租借給了英國。這塊租借地其後被稱作新界，租期至 1997 年。

　　由於香港是殖民地，其公務體系是由位居高層的英國官員主導，再由英王任命的總督統管。香港政府的立法局和行政局內，則有一批由總

---

*　　譯按：依行文脈絡，往後章節中也會以「上海籍的棉紡業者」（Shanghainese spinners）稱之。

**　譯按：1 英里＝ 1.6093 公里。

督任命、負責「反映」民意的「非官守議員」（unofficial members）。
這類非官守議員直到晚近，主要都是來自商界，而這足以展現殖民政府
對商貿與工業的重視。

　　香港自歸英國人管治起，就是個重要的轉口貿易港（entrepôt）。
然而第二次世界大戰結束後，兩件大事改變了香港的經濟角色。1949
年中國共產黨在內戰中獲勝，導致大批難民湧入香港。香港的人口竟由
1945 年的 60 萬人，陡增至 1951 年的逾 200 萬人。[5] 這批額外增加的住
民需要政府照應，尤其是要為他們找到工作。惟難民潮的衝擊未過，朝
鮮戰爭緊接着又爆發。1951 年，聯合國對中華人民共和國實施貿易禁
運。這等於是給香港的商貿活動踩了刹車，因為香港高度依賴與中國的
貿易。這個殖民地為了生存，就必須尋覓其他的謀生法門。香港政府和
當地的商界遂開始將精力轉向工業生產。

　　香港隨後取得的工業化成就，令人印象深刻。它竟然崛起為本區域
生產力最強的經濟體之一。1980 年時，香港的人均本地生產總值已經
達到 4,240 美元，在亞洲僅次於日本和新加坡，位居第三。[6] 自二戰結束
以來，香港一直能夠維持高速的經濟增長。除了因為中共在中國勝出及
朝鮮戰爭導致其經濟出現過短暫波動外，香港的本地生產總值於 1950
年代至 1960 年代，始終能以每年約 10% 的穩定速度增長。1970 年代上
半，其經濟增長率依然維持在大約 8%，隨後逐漸下降至略低於 7%，直
到 1970 年代終結。[7]

5　　D. Podmore, 'The Population of Hong Kong', in Hopkins ed., *Hong Kong*, p. 26.

6　　World Bank (1982), *World Development Report, 1982* (New York, Oxford University Press),
　　　p. 111.

7　　United Nations, *Economic and Social Survey of Asia and The Far East, 1969*, p. 4; United
　　　Nations, *Economic Survey, 1976*, p. 3; and World Bank, *World Development Report, 1982*,
　　　p. 111.

這樣的經濟表現，是憑藉香港為世界各地生產工業製品達成。製造業貢獻了香港本地生產總值的四分之一，而近半的勞動人口都在工業界。香港的工業製品多用於出口，1978 年時，其人均出口值就已高達 2,270 美元。[8]

上海人

如上所述，人們普遍認為香港工業化的主要推手是上海人。所謂「上海人」，指的是那些籍貫可追溯到長江下游「核心」區域的中國人。施堅雅（G. William Skinner）在研究中國傳統社會晚期的城市化進程時，已經向我們展示過十九世紀時的中國城市，其實還不能構成一個貫通帝國上下的統合體系，而是形成了幾個鬆散聯繫着的區域體系。[9] 這些城市區塊的邊界，往往是與地理上由主要分水嶺分割開來的自然區塊一致。每個區塊裏都有一個核心區域，通常是大河流域，各類資源都往那裏集中。這種現象源於中國經濟的一個特點，即水路運輸要比陸路運輸來得便宜。此所以某地是否核心或是不是中央區域，要看此地是否擁有密集的運輸網絡，以及隨它而至的區域性的緊密經濟、社會互動。

施堅雅將十九世紀的中國劃分成九個「大區」（macroregions），其一就是長江的下游地區，涵蓋了肥沃的江南地區和錢塘江等江河流入

8　Far Eastern Economic Review (1978), *Asia 1978 Yearbook* (Hong Kong, The Review), p. 193. See also J. Riedel (1974), *The Industrialization of Hong Kong* (Tübingen, J. C. B. Mohr), pp. 7-11.

9　G. W. Skinner (1977), 'Regional Urbanization in Nineteenth-century China', in Skinner ed. *The City in Late Imperial China* (Stanford, Stanford University Press), pp. 221-249。謝諾（J. Chesneaux）認為二十世紀初中國的無產階級，是分佈在「六個分界明確的地區」。See Chesneaux (1968), *The Chinese Labor Movement 1919-1927* (Stanford, Stanford University Press), p. 43.

杭州灣時形成的系列盆地。這個大區超越了行政邊界，跨三省之地，即江蘇、安徽兩省之南與浙江省的北半部。[10] 這個大區的核心區域，就是在中華人民共和國出版的分省地圖上被界定為滬寧杭的地區，「此為上海、南京、杭州和周邊地區的統稱。整體而言，它的範圍向東延伸到上海，西到南京，北到長江南岸，南到杭州灣以南的寧波─紹興平原」。[11] 滬寧杭地區內社會與經濟互動緊密的跡象之一，就是其住民皆以吳語作彼此溝通的通用語。[12]

所以要界定上海人，可以吳語區和長江下游城市體系核心區的重疊之處為範圍。此區來的中國移民，在組織自願性社團時展現的模式，就可以映照出前述邊界。1940 年代，他們在香港組織的地緣團體就喚作蘇浙旅港同鄉會。[13] 隨後當兩個代表更小地域的新組織出現時，它就變成了一個總會。1967 年寧波旅港同鄉會成立，「以姐妹社團的定位，和前者互補」。[14] 十年後，專供來自上海市的人參加的上海聯誼會亦告成立。

這三個社團幾乎是由同一批人擔任各項職務。1977 年，時任寧波旅港同鄉會的十位顧問當中，一位同時也是蘇浙旅港同鄉會的永遠名譽會長，另一位是名譽會董，還有六人是顧問。[15] 而蘇浙旅港同鄉會則有三位常務會董參與創建了上海聯誼會，分別出任上海聯誼會的創會會長

10　Skinner, 'Regional Urbanization', pp. 213-214.

11　《中華人民共和國分省地圖集》（1974），北京：地圖出版社，頁 48。這個地區，大致相當於傳統上所稱的三吳地區。

12　Yuen Ren Chao (1976), *Aspects of Chinese Sociolinguistics* (Stanford, Stanford University Press), pp. 222-223.

13　蘇浙旅港同鄉會（年份不詳），《蘇浙旅港同鄉會特刊》，香港：該會，頁 32。

14　寧波旅港同鄉會（1977），《寧波旅港同鄉會成立十周年紀念冊》，香港：該會，頁 56。

15　同上，頁 17；Kiangsu and Chekiang Residents' (H.K.) Association (1979), *Directory of Presidents, Advisors and Directors, No. 20, 1977-1979* (Hong Kong, The Association, 1979).

和副會長。[16]

　　相比之下，來自江蘇省北部的移民既擁有自己的社團，其領導班子也不同。朱介煊先生的訃告顯示，他在逝世時身兼香港蘇北同鄉會和旅港江蘇省同鄉會的副會長，還是荃灣華北僑民福利會的副理事長。不過他並沒有在蘇浙旅港同鄉會擔任任何職務，而這說明了蘇南和蘇北的移民，其實各有一組屬於他們自己的地緣社團。[17]

　　關於上海人在香港的數量，蘇浙旅港同鄉會會長*於 1958 年的估計是 350,000 人。[18] 筆者在 1978 年訪談上海聯誼會和寧波旅港同鄉會的領導人時，兩方提供的數字，則分別是佔香港人口的 10% 和 16%。

　　香港的人口普查，並不包括居民的族群背景細節。這顯然是因為主事者認為，這方面的人口統計特徵並沒什麼實際用處。唯一的例外是 1961 年的人口普查，由三個方面探問了居民的族群意識。居民會被訪員要求記錄他們的出生地、族裔和籍貫。最後的這一題本該完美契合當前的研究目的，可惜的是，普查用以界定地緣群體的地理邊界並不恰當。這項普查因為把焦點放在廣東省來的人，就隨意地將來自其他省份的中國人籠統分類。這當中一項籠統的類別，就是原籍「上海、台灣和中部沿海省份，即浙江、福建和江蘇」。[19]

16　上海聯誼會（1978），《籌募福利基金國劇義演特刊》，香港：該會。

17　朱先生的訃告，見 1978 年 7 月 31 日的《星島日報》。霍尼格（E. Honig）曾在其 1986 年出版的 *Sisters and Strangers* (Stanford, Stanford University Press) 一書的第三章裏，描繪過二戰前的上海紗廠中，來自江南（江蘇省南部）與蘇北的女工之間的分歧。

*　譯按：該會的會長一職，曾在第三至十九屆期間改稱為「理事長」。為簡化譯文，本書概以「會長」稱之。

18　蘇浙旅港同鄉會（1961），《蘇浙公學蘇浙小學彙刊》，香港：該會，頁 48。

19　K. M. A. Barnett, *Hong Kong Report on The 1961 Census* (Hong Kong, Government Printers, no date), Vol. 1, p. xxvii.

　　普查的結果顯示，香港總人口的 6% 來自上述地區。[20] 不過接下來我們得確定，裏頭有多少人源自長江的下游地區，而非來自福建和台灣。幸運的是，普查提供了居民的常用語或方言的數據。在日常生活裏講上海話的人共計 69,523 名，或者說約佔了總人口的 3%。但這個數字不能涵蓋所有上海人，因為他們當中有些人是在香港出生，或已慣常使用廣東話。所以我們有必要將居民的籍貫和日常用語交叉列表，以此來估算本地出生的上海人數。

　　那些自稱籍貫是中部沿海省份的人，可分為四個主要的方言群體——講上海話的、講福佬／閩南語的（Hoklo）、講國語的（Mandarin），以及講粵語／廣東話的。第二和第三個方言群體顯然是來自福建、台灣和江蘇北部，可以將他們看作一個次群（sub-group），和講上海話的次群有別。假設這兩個次群的後代都有同樣的機率轉用廣東話作日常語言，那我們就可推估本地出生的上海人有 33,697 名。[21] 所以 1961 年時，香港的上海人數量已達 103,220，或約佔總人口的 4%。

　　由於過去 20 年裏從長江下游地區遷至香港的移民浪潮，已經由湧動大降為涓涓細流，上海人 4% 的人口比例，很可能已經略有下降。我的估算，其實遠少過前述聯誼會和同鄉會領導人所提供的數字。這些領導人顯然對其潛在的會員群體的規模，存有一個極膨脹不實的印象，而這或許是和上海人強大的經濟力量與他們在港的人口數並不相稱有關。

20　同上，Vol. 2, Table 132, p. 43.

21　我運用下面的公式，估算本地出生的上海人數：
講廣東話的人數 X（講上海話的人數／講上海話、閩南語和國語的人數）
= 50,837 x (64,190 / [64,190 + 21,769 + 10,882])
= 33,697

上海人的職業特徵

　　1961 年的人口普查在記錄居民的族群身份時，並沒同時記下他們的職業特徵。上海人在各行各業的分佈情況，因此並沒系統性的資料可考。為了推估這方面的情況，我們可利用三條粗略的線索。首先是上海人社群領袖自己的印象。寧波旅港同鄉會的會長堅稱，約三分之一的該會會員投身於紡織行業，其次則是航運和電影製作。上海聯誼會的會長對此也持同樣觀點，即上海人主要是以製紡為業，此外他還指出航空、建築和航運業也是同鄉從事的重要行業。

　　第二道線索，是參考蘇浙旅港同鄉會出版的該會 1977－1979 年間的會長、顧問與會董名錄。遺憾的是，這份名錄並未提供一般會員的資料。我們憑這些領導成員列在其辦公地址條目下的公司名稱，就可以將

表 1.1　蘇浙旅港同鄉會領導成員的經濟活動分佈，1977－1979 年

經濟活動	人數	調整後的百分比
紡織生產	25	32
銀行和金融	13	17
建築／房地產	10	13
各項專業	9	11
航運	6	8
搪瓷製造	3	4
其他製造業	7	9
其他服務業	5	6
不詳	27	—
總計	105	100

來源：整理自 Kiangsu and Chekiang Residents' (HK) Association (1979), *Directory of Presidents, Advisors and Directors, No. 20, 1977-79* (Hong Kong, The Association, no date).

這批精英按職業分類。如表 1.1 所示，約 32% 的人是紡織工業家，其餘則是分佈在銀行和金融業、建築業、房地產業、各項專業和航運業。

第三道線索，則是去分析寧波旅港同鄉會的十周年紀念特刊上登載的廣告。據特刊的編輯告知，這些都是跟同鄉徵集來的廣告。撇開由個人出資的廣告不論，表 1.2 對在特刊上登過廣告的公司的經濟本質進行了分類。

表 1.2 特刊廣告所透露的寧波公司經濟活動分佈

經濟活動	數量	調整後的百分比
紡織生產	14	34
銀行和金融	8	20
塑膠製造	3	7
商業	2	5
其他製造業	7	17
其他服務業	7	17
不詳	10	—
總計	51	100

來源：寧波旅港同鄉會（1977），《寧波旅港同鄉會十週年紀念特刊》，香港：該會。

這些線索當然都不能讓我們非常精確地理解上海人實際的經濟活動分佈，但都一貫突出紡織生產作為上海人主要經濟領域的特點，也都顯示出約三分之一的上海人涉足紡織業。

「紡織業」（textile industry）是個字義廣泛的詞，它涵蓋棉的紡紗（spinning）、織造（weaving）、漂染（dyeing）和整染（finishing），以及成衣製造。一如其他許多地方，紡織業可是香港工業化過程中的領頭行業。1977 年時，它已經佔了香港出口總值的 47%，並且僱用了

45% 的香港勞工。[22]

棉紡業

　　本研究是依據以下幾個理由，選擇以棉紡業作為焦點。從實務的觀點看，由於棉紡紗廠只有三十來個，這會有利於我這沒有團隊的研究者就此作廣泛深入的調查。不過更重要的，是棉紡業乃香港工業的基石之一。首先，它為其他紡織業的成長奠定了堅實基礎。這正如香港棉紡業者自己所強調的，「紡紗業已經成為可靠的本地棉紗線（cotton yarn）供應者，而紗線則是紡織業其他部門的基本材料」。[23]

　　從另一方面來看，棉紡業又可謂現代經濟大規模生產領域的代表。1978 年時，最大的那家紡紗廠僱用了逾 2,000 名工人，擁有大約 94,000 枚紗錠。每家紡紗廠的平均僱用人數和紗錠數，則分別是約 500 人和 25,000 枚。這些數字以發達經濟體的標準來看，或許不算什麼，但在香港，絕大多數工廠的規模都很小。1977 年的 37,568 家製造企業當中，擁有 500 名工人的不到 1%，而九成以上的企業都是員工還不到 50 人的小廠。[24] 所以就規模來說，棉紡紗廠全都是處於工業結構的頂端。就技術來說，如表 1.3 所示，它們也是機械化程度最高的企業。1970 年代時，這些工廠的每個工人平均要操作 40 多枚紗錠。

22　*Hong Kong 1978* (1978), (Hong Kong, Government Printers), p. 11.

23　HKCSA (1973), *Twenty Five Years of the Hong Kong Cotton Spinning Industry* (Hong Kong: The Association), p. 50.

24　V. F. S. Sit, S. L. Wong, and T. S. Kiang (1979), *Small Scale Industry in a Laissez-Faire Economy: A Hong Kong Case Study* (Hong Kong, University of Hong Kong, Centre of Asian Studies), p. 25.

表 1.3 香港棉紡業擁有的紗錠和工人數量，1947－1978 年

年份	工人數	紗錠數	紗錠／工人
1947	100	6,000	——＊
1950	7,400	132,000	17.8
1955	12,400	308,000	24.8
1960	15,600	502,000	32.2
1965	18,500	724,000	39.1
1970	20,000	900,000	45.0
1974	19,100	850,000＊＊	44.5
1978	17,300	827,000＊＊＊	47.8

說明：＊ 紗廠當時仍未全面營運，故省略不計。

　　　＊＊ 含 32,000 枚環錠。環錠較紗錠的效率更高，惟在此仍視作紗錠計算。

　　　＊＊＊ 含 61,204 枚環錠。

來源：HKCSA (1975), *A Glance at the Hong Kong Cotton Spinning Industry* (Hong Kong: The Association), p. 40;《大公報》，1978 年 7 月 29 日。

　　由於香港不種棉花，棉紡業者只能從海外 —— 主要是美國 —— 進口原棉。在紡紗業巔峰時期的 1960 年，美國向香港的棉紡業者提供了一半多的原棉。其他的供應國還有巴西、巴基斯坦和東非諸國。

　　棉紡業者所生產的紗線，大多是供本地耗用。紗線的出口量起初頗大，不過隨着本土的織造與成衣業興旺發展，耗用了大部分的紗線，其出口量就持續下降。1955 年時，港產的紗線有約四成出口，但這個數字在 1970 年時已降至區區 9%。1950 年代初期，香港紗線的主要境外買家是東南亞諸國和地區，如印尼、巴基斯坦、緬甸、台灣、馬來亞和菲律賓。當這些國家和地區開始建立本身的紡紗業並逐漸實現自給後，香港的棉紡業者將出口大多轉向了英國和美國。英、美兩國對香港的紡織品實施貿易配額後，棉紡業者又開拓了新的重要出口市場：澳洲、紐西蘭、尼日利亞，最近又打入中國內地市場。

港產紗線的出口比例雖然甚小，織造及成衣業卻高度仰賴出口，以致香港的紡紗業仍離不開國外市場。1970 年時，約 60% 的港產棉織品和 80% 的成衣都是賣給境外買家，主要是美國和英國。直到 1980 年代，儘管面對美、英兩國的配額限制，它們仍是香港棉織品和成衣出口的最大市場。[25]

訪談棉紡業者

我是在 1978 年透過面對面的訪談，取得棉紡業界的工業家資料。我的調查樣本，涵蓋了當時仍在經營的三十二家棉紡紗廠。[26] 我會在每間紗廠訪談兩位董事，以便從兩個獨立的資料源，對每家公司的資訊作交叉核對。這樣的採樣規模其實不大，不過考量到我是單獨從事研究，可投入田野調查的時間也有限，也就只能如此。事後回顧，每間廠兩人的採樣決定可謂正確，因為一般來説，最高階的主管一旦已經受訪，資歷較淺的董事們就不願多談了。他們通常會找藉口説，自己的觀點與上級相同。所以我在每間紗廠如果找兩名以上的董事訪談，結果很可能是愈晚受訪的董事，就愈不願意回應問題。

所有紗廠「主要負責人」（principal officers）的名字，都是查找自 1977 年的香港棉紡業同業公會（Hong Kong Cotton Spinners' Association）名錄。如果有紗廠列出兩名以上的董事，我會先選擇擁有

25　有關香港紡織業的海外市場詳情，見 M. C. H. Mok (1968), 'The Development of Cotton Spinning and Weaving Industries in Hong Kong, 1946-1966', M. A. thesis (University of Hong Kong), Chapter 7; HKCSA, *Twenty Five Years*; and *Hong Kong External Trade: Report and Tables*, various years.

26　這三十二家棉紡紗廠的數量，並不包括 1978 年前就已經關閉者，因為我已無法獲取它們的系統性資料。

董事長／主席（chairman）或董事總經理（managing director）頭銜的最高階主管，第二人則是在公司記錄中持股次多的董事。六十四位工業家的採樣名單確定後，我就請香港大學亞洲研究中心的主任向他們每一位發函，解釋這項研究的目的，並代我請求面訪。隨後我再透過電話聯繫，與棉紡業者安排訪談。

　　一如所料，有些人不願意受訪。他們很少直接拒絕，而是交由秘書來出面推託。為達成每家紗廠訪談兩人的定額，我用了兩個方法來應對拒訪。在好幾個案例裏，我向那些回覆說太忙所以沒時間單獨受談的董事們寄去訪談大綱，以讓他們閒暇時抽空完成。不過事實上，就算我已經附上回郵信封且再以電話不斷聯繫，我還是沒收到任何已作答的訪談問卷。至於另一個方法，則是如果某位受訪者的同事拒訪，我會請受訪者建議另一位願意受訪的董事。這往往就能促成我在同一家公司裏的第二場訪談。

　　我最終完成了二十三家紗廠的總計四十場訪談。為避免紗廠被認出，我將以號數稱呼它們。有九家紗廠我無法接觸，當中七家是上海人所擁有，另兩家則是由非上海籍的企業家控制。拒訪的模式與地緣因素無關。不過有跡象表明，如果公司當時正遭遇麻煩，棉紡業者就會避免與外界接觸。舉例來說，在我着手田野調查之初，21 號廠就因為兩位主要負責人相繼去世，另一位又已退休，而正經歷繼承危機。29 號廠則是在進行攸關股權重大變動的談判。31 號廠剛被本地的某家紡織集團收購，正在改組。由此看來，我的採樣很可能存在偏差，即偏向當時經營得相對良好的那些紗廠。

　　每次訪談，雖然我都會帶着一位能講上海話的女性研究助理，受訪者卻都避免講他們的上海方言。上海話似乎只作為上海人自己圈內的私人語言。老一輩的棉紡業者偏好以英語交談，比較年輕的董事則普遍用

粵語溝通。國語則是在兩種情況下都會使用。

訪談的時間從三十五分鐘至兩個半小時不等，一般情況下是約一小時。我會就不同的場合，對訪談大綱作相應的調整，不會僵硬地按表操課。訪談大綱分為四大部分。前兩個部分，是企業家個人的資料與事業經歷；第三個部分，則與紗廠的內部組織和管理實務有關；至於最後的一個部分，則是觸及商業意識形態的強制選擇題。

第一、第二和第四部分的問題，我都會盡可能全面提問。然後我會斟酌可用的時間，從第三部分挑一些問題來問。這些問題裏最麻煩的，莫過於我為探查受訪者的社會網絡而設計的問題，因為棉紡業者大多不願意提到其他人的姓名。訪談中直接提問，或許終究不是研究社會網絡的有效方法，往後我們當設計和嘗試其他的研究技巧。

受訪者的回答究竟有多可靠？毫無疑問，訪談收集到的資訊，是一種特定互動形式下的產物。我是生於香港的廣東人，這樣的背景，想必會影響到這些棉紡業者回答問題的方式，尤其是與族群身份相關者。我們不難想像，當一位上海籍或西方的研究者對同一組受訪者問那些無關事實的問題時，他們的回答，或許會稍有不同。

此外，我來自大學，這對我的調查工作也各有利弊。棉紡業者因為大多受過高等教育，似乎懂得欣賞社會研究的價值，也會接納我作為「客觀的」（disinterested）觀察者。我保證對他們的身份保密，這一點或許也鼓勵他們更坦率直言。但他們也可能會因為我的學者身份，傾向於給我他們認為在學術上正確的答覆，尤其是有關個人態度的問題。

以上都是以訪談方法收集資料時必將遭遇的既有局限，但某種程度上可以克服，那就是拿自己的研究發現和其他研究者的比較。至於某些可能犯下的明顯錯誤，我則預作防範。舉例來說，我不會去探詢他們的財務與商業運作，因為對方不太可能據實回答。此外，我會盡可能以文

獻資料來核實訪談內容的內在一致性，譬如善用香港棉紡業同業公會的出版品和年度報告、紗廠在香港政府公司註冊處（Company Registry）和勞工處的相關記錄，以及報章上的新聞報道。如果碰到無法核實之處，我就會在分析中清楚說明，以讓讀者意識到這些資訊仍待核實。

上海人的飛地

棉紡業幾乎可謂上海人的一塊飛地（enclave）。我所接觸過的上海籍企業家，基本上都相信九成以上的紗廠是操在同鄉手中。為了更精確地評估實況，我在訪談中詢問了受訪者的籍貫。至於沒受訪的廠主，我則以查閱本地的《名人錄》（Who's Who）或詢問知情者來確定其族群背景。每家紗廠依法都要在公司註冊處登錄資料，說明其股權細節。我是以 50% 的股權歸屬為基準，去判定一家紗廠的族群背景。如果它逾半的股份是由來自長江下游地區的一人或一人以上所擁有，那我就會將這家紗廠歸類為上海人的企業。

經過這樣的歸類後，紡紗廠的族群屬性分佈可見表 1.4。我們可以看到，上海人在棉紡業界實際掌握的份額是 78%。上海棉紡業者所自詡的比例更高，但這倒也不是無憑無據。如表 1.5 所示，其他的族群是直到晚近，才進入這個上海人的飛地。1950 年代，上海人控制了除一家以外的所有紗廠。1960 年代，他們的支配地位不變，依然擁有 89% 的紗廠。非上海人所擁有的紗廠中，有超過一半是晚至 1970 年代才進入這個飛地。此外，如果細究這批新加入的競爭者，也可以發現獨特的上海人元素。某家由潮州人擁有的公司，老闆們其實生於上海，他們的父親在創辦這家企業前，曾經在上海經商。而七家不是由上海人擁有的紗廠中，就有至少四家是仰賴上海籍的董事或廠務經理來管理生產。

表 1.4　根據擁有人的族群身份得出之棉紡紗廠分佈，1978 年

族群	人數	百分比
上海人	25	78
潮州人	3	9
廣東人 *	2	6
福建人 **	1	3
四川人	1	3
總計	32	100***

說明：* 包括一名來自柬埔寨的粵籍海外華人。
　　　** 當中有不少印尼華人參與。
　　　*** 由於四捨五入，總數並非 100 整。
來源：1978 年的訪談；公司註冊處的工廠記錄。

表 1.5　棉紡紗廠的族群屬性與的創建年份

族群屬性	創建年份			
	1947-1959	1960-1969	1970-1978	每行合計
上海人	20	3	2	25
非上海人	1	2	4	7
每欄合計	21	5	6	32

x^2 = 11.60; df = 2; 在 0.05 水平上顯著（significant at 0.05 level）。
來源：1978 年的訪談；公司註冊處的工廠記錄。

　　上海人只是個佔香港人口還不到 4% 的極少數群體，卻掌控着當地最現代化工業部門之一的幾近八成。這即使不用複雜的統計衡量，都足以顯示他們在棉紡業界不成比例的高度所有權絕非偶然。來自長江下游地區的企業家們，竟然能夠如此集中於一個工業領域，確實令人驚嘆。這種局面是如何造就的？我將在下一章檢視他們的移民經過，以探究這批工業家本身的特質，以及他們遷居香港的原因。

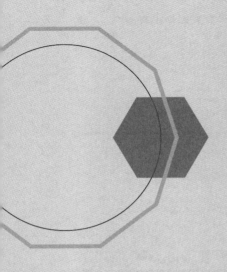

| 第二章 |

精英人物的移民

　　長江下游地區向來不是香港的一個移民源頭。香港在第二次世界大戰前，實際上並沒有上海人的社群。根據官方的人口普查報告，1872年時，僅 15 位居民來自江蘇和浙江兩省。他們的人數隨後漸增，至1876 年時有 17 人，1881 年有 12 人，1891 年有 144 人，1897 年有 534人，1901 年有 512 人，1911 年有 835 人，1921 年有 1,698 人，1931 年有 3,768 人。[1] 到了 1940 年，他們的人數已經足夠成立旅港蘇浙滬商人協會和上海旅港汽車俱樂部。[2] 不過上海人是直到 1943 年，才終於建立自己的地緣社團 —— 蘇浙旅港同鄉會，並在三年後的 1946 年召開首屆會員大會。[3] 這標誌着上海人社群在此殖民地內已經成形。

離開中國

　　上海人是隨着中國內戰加劇而加速外移的。1946 年末，曾有某位

1　*The Hong Kong Government Gazette*, 15 February 1873, p. 57; 24 February 1877, p. 85; *Hong Kong Government Sessional Papers*, No. 30/91, p. 382; No. 26/97, p. 482; No. 39/1901, p. 16; No. 17/1911, p. 103; No. 15/1921, p. 205; No. 5/1931, pp. 127-128. 1941 年的人口普查，並沒以籍貫來細分華人居民。見 *Hong Kong Government Sessional Papers*, No. 3/1941, p. 7。

2　《蘇浙旅港同鄉會特刊》，頁 35；屠雲甫、江叔良編（1940），《香港導遊》，上海：中國旅行社，頁 120－122。

3　《蘇浙旅港同鄉會特刊》，頁 35。

記者如此寫道：「『下午茶』時段的告羅士打酒店（Gloucester Hotel）、香港大酒店和其他旅館的大堂酒廊內，擠滿了來自上海的逃難商人。而他們發現，愈來愈多的老朋友正隨着一班班的船和飛機抵達。」[4] 1948年終了之際，逃難的人實在太多，據報道一天之內，竟有至少八架來自上海的客機抵達香港。[5] 這些新來者據說塞滿了所有旅館，高級公寓的租金也跟着激漲。[6] 不論是在穿梭維多利亞港的渡輪上還是大街上，都開始聽到有人在講吳語。[7]

不過這些難民並非上海地區的一個人口橫切面，他們其實是外逃的經濟精英。他們大多已經在上海這個中國最工業化的大都會裏賺得巨額財富，若非好幾股損害其精英地位的力量同時來襲，是絕不肯擅離的。

甚少有人懷疑，中國共產黨的崛起正是那幾股力量之一。每當我問受訪者離開上海的原因時，他們的慣常回答，就是共產黨要來了。這批人出走的時機，反映了他們對共產主義的恐懼。如表 2.1 所示，這批難民中，幾近 65% 的人是在共產黨勝利前夕的 1948 年至 1949 年間，才抵達香港。

不過對不少受訪者來說，其遷徙行動實是醞釀數年之久的結果。早在中國內戰的大局明朗前，他們就已開始探討由上海轉移到這個英國直屬殖民地的可能。香港紡織有限公司（Hong Kong Textiles, Ltd.）的總經理在回顧時，曾經描述過以下這段探索過程：

---

4   *FEER*, 11 December 1946, p. 8.

5   《大公報》，1948 年 12 月 6 日。

6   由於對旅館宿位的需求極大，1949 年港府將《旅館條例草案》提上立法局，以管制旅館宿位的供應和收費。見 *Hong Kong Government, Hansard* (1949), pp. 38-47。

7   《大公報》，1948 年 12 月 6 日。

表 2.1　棉紡業者抵港年份

年份	人數	百分比
1946	3	8
1947	2	5
1948	18	49
1949	6	16
1950	3	8
1951	1	3
1952	0	0
1953	0	0
1954	0	0
1955	0	0
1956	1	3
1957	3	8
總計	37	100

來源：1978 年的訪談。

　　1946 年初，我父親就曾向一家著名的英國製造商訂購了大量的新紡紗機和動力織布機（power looms），定於 1947 年中運到上海。然而中國的政經情勢並沒改善，蔣介石的國民黨與毛澤東的共產黨看來也即將爆發內戰。父親認為我們也許該把營運撤到香港了，所以 1946 年的夏天，他花了整整六週的時間在這裏考察。他喜歡香港的自由港概念和沒有繁瑣手續、沒有各類限制的便利，但他也看到香港不能夠提供任何市場。這裏既沒有工業生產所需的勞動力，更沒自然資源——就連水的供應也不足。還有這裏一年到頭多是炎熱潮濕的天氣，很

難紡紗。父親於是決定不遷香港，返回上海。[8]

　　少數上海人是早在十年前日本侵華時，就已經抵達香港。1938
年，榮宗敬這位中國最大紡織集團的創始人之一，就已前往香港避難，
並在香港去世。他的大兒子榮鴻元當時也跟父親到了香港，但在父親下
葬後回到上海，一直到 1948 年才重返香港。[9] 上海企業家這類踏足香港
的早期行跡，意味着他們已在試圖擺脫政治不靖和政府干預的困局。中
國的共產主義對他們來說，只是這兩大禍害的終極化身。

　　中國抗日戰爭（1937－1945）爆發後，攪動了中國全境的社會與政
治混亂。這場戰爭，倒是讓上海資本家預演了該如何遷徙企業，這樣的
經歷有助他們後來出逃香港。「639 家主要與國防有關的工廠的設備，
從長江下游地區轉移至內陸，當中七成的工廠已在 1939 年結束前，成
功在四川和其他地方重建。」[10] 舉例來說，榮氏家族起初並不願意將工
廠轉移到內陸省份，因為這麼做顯然非常耗錢，在當地生產的前景也
不佳。不過為了遵守國民政府的命令，他們將兩家公司搬到了重慶。在
此過程中，一如所料，機器設備上的折損甚大。不過因重慶缺乏日用商
品，他們賺到的利潤已經超越損失。抗日戰爭結束時，這兩家公司已經
擴充至十一家企業，利潤可觀。[11] 這段戰時經歷，想必會鼓勵企業家們
在必要的情況下，不惜將企業再搬一次。

　　抗日戰爭落幕並沒有帶來和平穩定。對中國工業家來說，更糟的

8　　J. L. Espy, ʻHong Kong Textiles, Ltd.ʼ, in L. C. Nehrt, G. S. Evans, and L. Li eds., *Managerial Policy, Strategy and Planning for Southeast Asia* (Hong Kong, Chinese University Press, 1974), p. 275. 該公司的名字是虛構的。

9　　《榮家企業史料》，第 2 冊，頁 23－24；頁 647。

10　A. Feuerwerker (1968), *The Chinese Economy, 1912-1949* (Ann Arbor, University of Michigan, Center of Chinese Studies), p. 22.

11　《榮家企業史料》，第 2 冊，頁 304－311。

是，國民政府開始運用一系列的措施來控制經濟。它設立了幾家國營企
業，中國紡織建設公司（China Textile Industries Inc.）正是其一。該公
司成立於 1946 年，以直接接管之前由日本人擁有的、散佈在中國各城
市的紗廠。這實際上就是將數達 180 萬枚紗錠的 38 家棉紡紗廠收歸國
有，而這樣的紗錠數量，已是全國總數的大約四成。[12] 緊接着政府再把
工業用原料如棉花等納入配給，也控制日用商品如麵粉、紗線等的定價
與分配，更禁止民間持有外匯。以上措施，都是以國家正值危機與戰後
亟需重建的理由訂立。不過當政府對經濟的規管在戰後數年仍未有收斂
跡象，而好幾位著名工業家更因違規遭到檢控後，上海的資本家明顯感
到，他們已經淪為國民黨經濟管理不善的代罪羔羊。[13] 除了高聲抗議，
他們也開始尋找更安全的庇護之地，以保存其工業實力。

　　國民黨反資本家的姿態和中國經濟的混亂情勢，是驅使某些上海工
業家將資本轉移國外的緊迫威脅。[14] 以榮鴻元為例，1948 年時就到香港
考察設立紗廠的可行性。考察結束後，榮鴻元告訴記者，為什麼他正在
考慮遷廠：

　　　　我在訪港期間看到，當地之所以異常繁榮，是因為〔中國
　　　的〕戰亂及對工商業界施行種種不合理的管制。華中、華北的
　　　工業家們正在將企業轉移到香港，因為他們已別無選擇。如果
　　　我們的政府能抓準時機撤銷外匯管制，讓他們從英美兩國訂購

12　上海市商會編（1947），《紡織工業》，上海：商業月報社，L 部，頁 1–32；林彬（1948），〈解
　　剖中國紡織建設公司〉，《經濟導報》，第 55 期，頁 22–23；第 56 期，頁 21–23；第 57 和
　　58 期，頁 28–31；第 59 期，頁 20–23；以及 A. Chung (1953), 'The Development of Modern
　　Manufacturing Industry in China, 1928-1948', Ph.D thesis (University of Pennsylvania), pp.
　　260-261。

13　See A. D. Barnett (1963), *China on the Eve of the Communist Takeover* (New York, Frederick A.
　　Praeger), p. 73.

14　See P. M. Coble Jr. (1980), *The Shanghai Capitalists and the Nationalist Government 1927-
　　1937* (Cambridge, Harvard University Press).

的機械設備能夠進口，他們是不會願意為別國政府效力、促進香港之繁榮的。我為我們政府的錯誤政策感到遺憾……[15]

發表過這項聲明後不久，榮鴻元就因為非法購入申匯港幣以確保棉花供應而在上海被捕。在被關了兩個多月且付出據説相當於五十萬美元的賄賂後，他被判入獄六個月，但獲緩刑。榮鴻元獲釋後，就遠走香港建立了大元紗廠。[16]

香港紡織有限公司的創辦人同樣被迫將嶄新的機器設備轉移到香港，儘管他對此地是否適合紡織生產起初頗有保留。他的兒子告訴我們：

> 1947 年 2 月，我父親接到了中國國民政府代表的通知，因為外匯緊缺，他所訂購的紡織機器將不獲准進口。我父親在國外其實有足夠的外匯存款，但他不能向政府人員透露。經過一番深思熟慮，他打電報給英國的製造商，讓對方將他的機器改運香港，而非上海。1947 年末，他的機器運抵香港，先存放在九龍的華豐倉庫裏。父親和他的兩位襄理飛到香港，覓地設置紡紗的機器和織布機。父親租到了一座舊倉庫，於是1948 年初，一切就緒，已經可以開始營運。他把這家新企業設為上海之外的獨立公司，亦即香港紡織有限公司……[17]

---

15 《大公報》（上海），1948 年 5 月 26 日，轉引自季崇威，〈棉紡織工業的現狀與前景〉，《方誌周刊》，1948 年第 9 期，頁 302。

16 《榮家企業史料》，第 2 冊，頁 608–615；頁 647–649。

17 Espy, 'Hong Kong Textiles', p. 275.

香港成為避難所

上海工業家為什麼會在 1940 年代末大舉外逃香港，而不是到其他地方去呢？他們主要的考量之一，是入境問題。大部分國家其實都設有嚴苛的移民管制，這方面或可以拿美國這個對中國移民最早立法設限的國家來作説明。

美國早在 1882 年就通過《排華法》（Chinese Exclusion Act），禁止中國勞工入境，理由是他們將引起種族問題。1924 年的《移民法》（Immigration Act of 1924）進一步收緊入境限制，對中國人收窄了學生身份的定義。1943 年美國廢除《排華法》，翌年則開始為華裔提供每年 105 人的移民配額。這項配額以協助家庭團聚為主，人數卻是獲分配的民族中最少的。國民政府在中國垮台後，約 5,000 名滯留在美國的中國學生、知識份子、實習生、訪客和官員則特別獲准留在當地工作並成為永久居民。1953 年美國在《難民救濟法》（Refugee Relief Act of 1953）下，又多接納了 2,000 名中國人。

中國難民在申請美國簽證上遭遇到的困難，就反映在偏低的入境人數上：在整個 1940 年代，僅 8,947 名中國人獲准入境美國；而 1951 年至 1957 年間，這個數字就只略增至 9,110 人。譚金美（Rose Hum Lee）曾指出，1946 年至 1950 年間入境美國的中國移民中，幾近九成是與家人團聚的女性。新移民可謂極少。[18]

在東南亞和其他各地，因為預計國民黨在中國崩潰後必有難民

18　See R. H. Lee (1960), *The Chinese in The United States of America* (Hong Kong, Hong Kong University Press), pp. 12-26; and M. G. Tan (1971), *The Chinese in the United States: Social Mobility and Assimilation* (Taipei, Orient Cultural Service), pp. 41-59.

湧出，所有的大門都已關上。[19] 中國人能夠自由進入的地方，就只剩香港和台灣。香港政府在 1949 年迅速地接連推出《人事登記條例草案》（ Registration of Persons Bill ）及《驅逐不良份子出境條例草案》（ Expulsion of Undesirables Bill ），但香港政府其實處處受限，這在後一草案第一款的「立法宗旨和理由」裏，已經有清楚説明：

> 除了緊急時期，香港向來允許中國人自由入境。而殖民地陸地邊界的情況，以及小船可輕易進出殖民地水域的現實，都使政府難以及無法全面控制這類人流。[20]

當時的律政司在動議二讀這項草案時，詳細説明了這種情勢：

> 其實多年來，我們對來自中國的華人，實務上會有一個不適用《移民法》一般處置的例外作法，即我們雖然和世界上其他任何國家的移民法律一樣，備有一份拒入境人士的類型與範疇的名單，但不會對他們套用……就香港而言，這種實務上的放任，結果就是許多人來到香港並居留下來。如果正常執行移民法規，他們是根本不可能獲准入境的。[21]

除了入境的難易程度，上海企業家也關心他們在當地是否能延續其事業。就此而言，香港的中華文化環境顯然有其吸引力。這裏有充足的華人勞力供應，他們也知道該怎麼管理這些工人，溝通上少有問題。這種優勢，其他的海外華人社會雖然也有，但移民工業家在香港建立新企

19　See F. H. Golay, R. Anspach, M. R. Pfanner, and E. B. Ayal (1969), *Underdevelopment and Economic Nationalism in Southeast Asia* (Ithaca and London, Cornell University Press); W. E. Willmott (1967), *The Chinese in Cambodia* (Vancouver, University of British Columbia Press); G. W. Skinner (1957), *Chinese Society in Thailand: An Analytical History* (New York, Cornell University Press); S. Spectre (1958), 'The Chinese in Singapore', in M. Fried ed., *Colloquium on Overseas Chinese* (New York, Institute of Pacific Relations), pp. 22-25.

20　*Hong Kong Hansard* (1949), p. 233.

21　*Hong Kong Hansard* (1949), pp. 240-241.

業的障礙要比它們都少一些。上海人在泰國經營某家企業一敗塗地的故事，就很能夠說明這方面的問題。

1949 年初，榮德生的第五子，也就是曾在上海參與創建申新紡織集團的榮研仁，到曼谷開了一家紡紗廠。他看中的是一家已經部分完工的工廠，該廠由某位泰國王室的成員投資，但此人缺乏能讓工廠全面投入營運的專業技能。榮研仁為了這間廠，和泰國政府展開了曠日費時的談判。他面對的三個棘手難題是：一、泰國當局堅持要掌握這盤生意的多數股權；二、他沒法引入技術人員和熟練工人，因為泰國限制中國移民的配額，每年為數僅 200 人；三、生產和行銷也要都歸政府控制。[22]

榮家向同是江蘇人的中國著名外交家顧維鈞的兒子們求助，請他們出面和泰國政府談判。[23] 雙方最終達成的妥協，幾乎沒辦法使人樂於長期投資。榮家獲准租用工廠三年，不過榮家同意工廠在營運兩年後，就會和泰國政府聯營。而如果這種合夥安排因故無法成事，工廠的租期或可以再延 15 年。泰國方面也會對 150 名中國技術人員豁免其移民配額限制，允許他們暫時居留，直至本土的工人完成培訓。中國管理層可以保留對生產的控制，但泰國政府擁有購買產品的優先權。[24]

榮家接受了這些條件，在 1950 年建成擁有 23,000 枚紗錠和約 1,100 名工人的曼谷紗廠（Bangkok Cotton Mill）。[25] 不過顯而易見的，

---

22 《大公報》，1950 年 3 月 11 日。類似的條件也常見於印尼和新加坡等國，一如韓戰爆發導致經濟蕭條期間，香港工業家代表團赴東南亞尋覓投資機會時所見。見《大公報》，1951 年 6 月 12 日、11 月 8 日、11 月 11 日、11 月 21 日。

23 《榮家企業史料》，第 2 冊，頁 662。顧維鈞的傳略可見 H. L. Boorman and R. C. Howard eds. (1968), *Biographical Dictionary of Republican China* (New York, Columbia University Press), pp. 255-259。1985 年 11 月 16 日的《紐約時報》（*The New York Times*）上，也有一則顧維鈞的訃告。

24 《大公報》，1949 年 4 月 7 日。

25 J. C. Ingram (1971), *Economic Change in Thailand 1850-1970* (Stanford, Stanford University Press), p. 121. 另見《大公報》，1949 年 10 月 6 日。

這類限制是如此令人窒息，以致該廠營運沒多久就破產了。榮研仁據報還無法離開泰國，一直要等到兄長們施援，幫他清償了生意上的債務後才能脫身。[26]

類似的障礙也見於台灣。榮鴻元除了在香港設廠，1948 年時也將10,000 枚紗錠和 200 台織布機從上海轉移到台灣。建廠的地塊雖已買好，這項投資卻因為台灣的行政當局拒絕為它提供所必需的電力而受挫。[27]

話雖如此，如果與東南亞相較，台灣還是個相對友善的避風港。大量難民追隨戰敗的國民黨逃到了這個島嶼，而此地乃中國領土，入境無需簽證。1946 年至 1950 年間，估計共有一百多萬的大陸人逃抵台灣，當中約有半數是在 1949 年至 1950 年的高峰時段抵達。[28]

有些紡織企業家也隨着難民大潮前來。台灣棉紗線生產量的騰飛，證明他們已經在此地大展拳腳。紗線的產量由 1946 年的區區 410 噸，激增至 1953 年的 13,576 噸。[29] 到了 1966 年，紡織業已經成了台灣的第二大工業，擁有 448,000 枚紗錠的生產能力。[30] 不過台灣對這些移民廠主來說，仍有其缺陷。國民黨的統治一旦在台灣確立，就開始直接控制工業生產，在日據時代留下的工廠基礎上，建立起龐大的公營部門。在私營企業界，官方的引導，則是體現在工業許可證的發放上。為了避

---

26   《榮家企業史料》，第 2 冊，頁 663。

27   《榮家企業史料》，第 2 冊，頁 649。

28   S. P. S. Ho (1978), *Economic Development of Taiwan, 1860-1970* (New Haven and London, Yale University Press), p. 105; J. H. Power, G. P. Sicat, and M. H. Hsing (1971), *The Philippines and Taiwan: Industrialization and Trade Policy* (London, Oxford University Press), p. 151, note 1.

29   Power, Sicat and Hsing, *The Philippines and Taiwan*, p. 151, Table 1.2.

30   F. H. Chaffee, G. E. Aurell, H. A. Barth, A. S. Cort, J. H. Dombrowski, V. J. Fasano, and J. O. Weaver (1969), *Area Handbook for The Republic of China* (Washington, The American University Foreign Area Studies), p. 293.

免本土市場飽和，自 1954 年起，政府試圖將紡織業的增長限制在年增
20,000 枚紗錠和 10,000 台織布機的規模內。這項管制直到 1960 年代初
台灣紡織品已經打入國外市場時，才正式解除。[31] 諸如此類的舉措，肯
定不受許多中國棉紡業者歡迎，因為他們還痛苦記得戰後上海在國民黨
統治下，其官僚是如何反覆無常，手續又是如何過度繁瑣。

　　對台灣有所保留的人，其合理選擇就是香港。香港雖然缺乏自然資
源，氣候也不合適，工業的基礎亦弱，但如果和它的優點並列，這都只
是些小缺陷。這裏是除了台灣外，中國人唯一可以自由進入的地方。據
估計，1945 年 9 月至 1949 年 12 月間，有多達 1,285,000 名難民湧到了
這塊殖民地。[32] 如果對照 1941 年 3 月戰前香港的「正常」人口 1,640,000
人，這意味着短短數年間，難民潮就使香港的住民人數倍增。[33] 如此大
量的難民，恰成了香港的一項工業資產。這些人大多一貧如洗，是龐大
的廉價勞力來源，但又不像之前的移民主要是來自鄉區農村。如表 2.2
所示，這批移民的男性多數來自城市地區，當過軍人、警察、專業人
士、知識份子、文員或店員。他們在抵達香港之後的數年間，大多已經
找到工作，成了工廠的勞工、服務業的非熟練工人，或者自僱的工匠和
小販。他們與故鄉的聯繫已橫遭切斷，遂成了定居當地的安穩工人，而
非季節性的移民。[34]

31　See Power et al., *The Philippines and Taiwan*, pp. 201-205; and H. D. Fong (1968), 'Taiwan's
　　Industrialization, with Special Reference to Policies and Controls', *Journal of Nanyang
　　University*, 2, pp. 365-426.

32　E. Hambro (1955), *The Problem of Chinese Refugees in Hong Kong* (Leyden), p. 148.

33　日本佔領期間，許多人曾移出香港。1945 年時，香港人口的估算是介於 500,000 至 600,000
　　人之間。見 Podmore, 'Population of Hong Kong', pp. 24-25。

34　中國移民這種居留取向上的轉變，起初並不為香港政府所察。時任港督的葛量洪
　　（Grantham）後來在回憶錄中寫道：「起初政府幾乎沒為他們做過什麼，因為我們預料一旦中
　　國的新政權確立且諸事復常，他們就會回到家鄉。結果我們錯了。」見 Grantham, *Via Ports*,
　　p. 155。

表 2.2　中國移民在原居地和香港的職業分佈

職業	佔移民人口的百分比	
	在中國	在香港
家庭主婦	33	25
軍人和警察	16	0
專業人士和知識份子	10	3
文員和店員	10	5
農民	10	2
商人	5	2
工業界勞工	3	13
小販	2	7
工匠	3	12
苦力和僕人	1	11
其他	5	5
無業者	2	15
總計	100	100

來源：Hambro (1955), *The Problem of Chinese Refugees in Hong Kong* (Leyden), Tables 29-31, pp. 168-170.

　　殖民地相對的政治安全，對紡織工業家來說同樣具有吸引力。儘管美國總統杜魯門（Harry S. Truman）已經在 1949 年 10 月 21 日決定，美國政府將不會「對英國提供軍事援助來保衛香港免受共產黨的軍事攻擊」，[35] 英國政府還是宣示了它捍衛這個殖民地的決心。英國國防大臣亞歷山大（A. V. Alexander）於 1949 年 5 月在下議院宣佈，「大量援軍」正被派往香港的衛戍部隊。[36] 這對中國工業家 —— 尤其是那些二戰期間

35　見兩位「參謀長聯席會議」（Joint Chiefs of Staff）的秘書 W. G. Lalor 與 J. H. Ives 於 1949 年 10 月 21 日呈交的機密備忘錄，轉引自 D. Tsang, 'Home Truths from History', *FEER*, 14 July 1978, p. 29。

36　*FEER*, 11 May 1949, p. 1.

躲在上海公共租界和法租界以避日軍的工業家來說，無疑是令人寬心的保證。[37] 他們從這段經歷中了解到，西方殖民政府的保護或可讓其免於政治侵擾。香港因此可謂他們的最佳選擇。

　　另一方面，香港政府也試圖對這批移民企業家示好。但這並不意味着殖民地官員特別有遠見，更不是因為他們堅信一場工業革命即將開始。1949 年，時任總督在給立法局的施政報告中說：

> 貿易是本殖民地的命脈……我以身為一個店主殖民地（Colony of shopkeepers）的總督而自豪……我們的工業應該會比戰前更大規模地發展，生產活動也將從住家單位逐漸轉到合適的工廠建築內進行。雖然製造業者的精神令人鼓舞……他們還需要很努力地將設備現代化。香港工業發展的一般前景，從長遠看，還很模糊。[38]

　　話雖如此，香港政府對這批新到工業家的各項需求，採取了靈活與積極回應的態度。這很可能是與港府一直希望讓香港在財政上自給自足有關，以免消耗英國的經濟資源。香港這個殖民地能否存活，顯然繫於港府為大量難民找工作和拓展新收入來源的能耐。港府為此迅速引入行政措施，以配合這批剛抵埠的製造業者。

　　首先是在 1949 年修訂各項公司條例，「讓外國公司不必經總督會同行政局（Governor in Council）的事先同意，就可以在殖民地擁有不動產」。[39] 同年，出入口管理處（Imports and Exports Department）改組為工商業管理處（Department of Commerce and Industry），並加設了一

37　關於某位中國工業家在整個抗日戰爭期間，於上海法租界維持其正常業務的故事，見 H. C. Ting (1974), *Truth and Facts: Recollection of A Hong Kong Industrialist* (Hong Kong, Kader Industrial Company Ltd.), pp. 50-53。

38　*Hong Kong Hansard* (1949), pp. 59-60.

39　*Hong Kong Hansard* (1949), p. 6.

個助理處長（工業）的新職位。此人需「全力專注於鼓勵新工業的發展並擴充既有工業」，還要「向有意投資的工業家建議工廠地點和相關問題」。[40] 工業用地經常是通過私人協約（private treaty）而非公開拍賣的方式出售。為鼓勵工業投資，當局會將租約開頭約 20 年的租金，設在一個較市價為低的水平。唯有當首簽的租約期滿後，製造業者才需要為其廠地支付市場價格。這類首簽租約對廠家之慷慨，或可從 1971 年港府欲重估工業地價值時，工業家群起強烈反對一事中看出，而港府也為此被迫放棄了重估土地的打算。[41]

香港政府在與勞工相關的立法上，也對工業家作出讓步。1940 年代，婦女和兒童在《工廠及工場條例》（Factories and Workshops Ordinance）規定下，原是被禁止夜班工作。不過港府顯然是在紡織工業家要求下，於 1948 年鬆綁禁令，開始允許婦女、兒童在清晨六點至深夜十點間工作。[42]

移民的特點

儘管香港甚有吸引力，但到 1940 年代末時，僅一小部分上海紡織工業家選擇安頓於此。這一小撮人擁有相當突出的特質。

中國的共產主義學者通常會循兩個方面來為本土的資本家歸類。其一是看他們與壓迫中國的邪惡力量 ——「封建主義」和帝國主義的關

40　*Hong Kong Hansard* (1949), p. 73.

41　HKCSA (1973), ʻAnnual Report of the General Committeeʼ (Hong Kong, The Association, mimeographed), p. 5; and N. J. Miners (1981), *The Government and Politics of Hong Kong* (Hong Kong, Oxford University Press), pp. 357-359.

42　*Hong Kong Hansard* (1948), p. 7.

係；其二則是看他們的營運規模與財政基礎。以第一項衡量標準來看，
資產階級會被細分為官僚資產階級、買辦資產階級和民族資產階級。[43]
根據後一項標準，資產階級則有上層、中層與下層之別。樊百川的說法
是：資產階級的上層，是由與大銀行關係緊密的大企業集團構成；中層
則包括那些由本土錢莊或小規模之現代銀行支持的中型企業。這個中層
又可以再細分為中上與中下兩個階層。至於資產階級的下層，則是由僱
工不足百人的小工業家們構成。[44]

　　然而，這類劃分標準一般都很模糊，前述詞彙應用起來也有失準
確。白吉爾（Marie-Claire Bergère）就曾指出：

> 許多中國的歷史學者會去區分「民族」資產階級和「買辦」
> 資產階級，認為前者是純粹以中國人的資本營運，也逐漸培養
> 出對外國人的鮮明敵意，後者則是在經濟、政治兩方面都完全
> 由外力主導。這種區分看似合理，實則武斷。二十世紀初期的
> 中國，正是處於帝國主義強權控制下的半殖民經濟狀態，又豈
> 有獨立的民族企業可言？[45]

　　此外，中國公司與金融機構的關係並不容易確定，因為中國公司一
般不會公開其財務交易的資料。據此，本研究將採用官僚／私人和大／
小之分，來區別不同類型的紡織企業家。

43　例子可見陳真、姚洛編（1957），《中國近代工業史資料》，北京：三聯書店；叢翰香（1962），
　　〈關於中國民族資本的原始積累問題〉，《歷史研究》，第 2 期，頁 26－45。

44　樊百川（1955）：〈試論中國資產階級的各個組成部分〉，載《中國科學院歷史研究所第三所
　　集刊》，第 2 期，頁 99－128。

45　M. Bergère (1969), 'The Role of the Bourgeoisie', in M. C. Wright ed., *China in Revolution:
　　The First Phase, 1900-1913* (New Haven & London, Yale University Press), p. 249. 高家龍（S.
　　Cochran）曾研究英美煙草公司（British-American Tobacco Company）與南洋兄弟煙草公
　　司在中國市場競逐的情況，據此認為民族資本家與買辦資本家的劃分儘管並不準確，仍是有
　　用的，因為「它能讓人注意到從事中外競爭之中國人經常要面對的一類緊迫困局，即該不該
　　與其來自國外的競爭對手合併？」。見 Cochran (1980), *Big Business in China: Sino-Foreign
　　Rivalry in the Cigarette Industry, 1890-1930* (Cambridge, Harvard University Press), p. 210。

　　官僚企業家（bureaucratic entrepreneurs）是指那些主要經由政府任命的相關職務來獲取收入者，負責管理由政府擁有多數股權的工業型企業。官僚企業家的原型，是晚清時期在「官督商辦」體制下管理華盛紡織廠和其他公司的盛宣懷。[46] 如上所述，二戰結束後，紡織領域內曾冒現許多國營企業。1946 年 1 月，中國紡織建設公司（中紡）成立，總經理束雲章是與中國銀行有關聯的工業銀行家。他負責看管 38 家紗廠，轄下共 180 萬枚紗錠，即佔了全國紗錠總數的大約四成。[47] 所以紡織業當時可分官營和私營兩種，彼此的產能可謂相當。

　　國民政府垮台後，沒有任何一位官僚企業家隨帶企業遷來香港。這可部分歸因於國營企業本質上的弱點。儘管中紡在 1946 年就賺得 10,000 億法幣的巨額利潤，約五分之一的盈利卻進了國庫。只有約 500 億法幣或 5% 的利潤，可以留下供機器折舊之用。所以當私營紗廠的老闆訂購新機器時，中紡並沒有任何更新既有設備的動作。[48] 換句話說，中紡沒有新的紗錠可供轉移。此外，管理層內的國民黨派系衝突，也癱瘓了中紡的長程規劃。[49] 據說國民政府崩潰後，中紡的部分資產被不滿的宋子文派系帶去美國，[50] 剩下的則是隨國民黨主流派到了台灣。[51] 就香港政府而言，它渴望在中國內戰中保持中立。為了避免與新的中國政府敵對，這個殖民地並不歡迎國民黨官員。因為如此，最終僅私營的中國企業家落腳香港。

46　A. Feuerwerker (1958), *China's Early Industrialization: Sheng Hsuan-huai (1844-1916) and Mandarin Enterprise* (Cambridge, Harvard University Press).

47　見上海市商會編，《紡織工業》，L 部，頁 1－32。

48　方顯庭（1949），〈民營應自中紡開始〉，《紡織工業》，A 部，頁 74；〈中國紡織建設公司三十五年度工作報告〉，《紡織工業》，L 部，頁 26。

49　林彬（1948），〈解剖中國紡織建設公司〉，《經濟導報》，第 59 期，頁 20－22。

50　《大公報》，1949 年 6 月 16 日。

51　Fong, 'Taiwan's Industrialization', p. 383.

　　我們不難預料私營的廠主當中，只有大而成功者才有動機和資源
遷到香港。回頭檢視那些後來到香港繼續經營的企業家們轄下的中國紗
廠，就可以證實這一點。1947 年時，某份中國刊物曾經記錄了幾乎所
有上海紡紗廠的詳細資料。我們從各廠董事的名字，當可辨識出十一家
稍後已整個或部分遷到香港的紗廠。檢視的結果顯示，這批紗廠比其他
紗廠的營運歷史更久、資本開支也較大（見表 2.3 和表 2.4）。不過僱員
人數方面，它們與其他紗廠之間倒是沒有顯著差異（見表 2.5）。由此
當可合理推論，只有少數出類拔萃的、管理過資本密集型紗廠的私營企
業家，最終被吸納到了香港。

表 2.3　上海紗廠的創建年份

紗廠	在上海創建的年份				
	1920 年前	1920-1929	1930-1939	1940-1946	每行合計
遷移者 *	1	2	5	3	11
其他	5	9	16	85	115
每欄合計	6	11	21	88	126**

X^2 = 10.8; df = 3; 在 0.05 水平上顯著。

說明：＊指後來轉移到香港的紗廠。

　　＊＊本表只納入具相關資料的紗廠，所以紗廠的總數與後兩表略有出入。

來源：聯合徵信所編（1947），《上海製造廠商概覽》，上海：聯合徵信所。

表 2.4　上海紗廠的註冊資本（單位：百萬法幣）

紗廠	500	500-2,000	2,001-10,000	10,001+	每行合計
遷移者	1	4	5	1	11
其他	50	26	10	2	88
每欄合計	51	30	15	3	99

X^2 = 13.5; df = 3; 在 0.05 水平上顯著。

來源：聯合徵信所編（1947），《上海製造廠商概覽》，上海：聯合徵信所。

表 2.5　上海紗廠的僱員人數

紗廠	500 以下	500-999	1,000-1,999	2,000+	每行合計
遷移者	3	1	2	4	10
其他	48	8	15	11	82
每欄合計	51	9	17	15	92

X^2 = 5.2; df = 3; 在 0.05 水平上不顯著。

來源：聯合徵信所編（1947），《上海製造廠商概覽》，上海：聯合徵信所。

　　中國人的紗廠通常是家族企業，不過家族成員分道揚鑣的情況，倒也並不少見。中國最著名的紡織業家族 —— 榮氏家族成員分頭發展的境況，就是當中一例（見圖 2.1）。榮宗敬、榮德生兩兄弟創立了申新紡織集團。哥哥榮宗敬於抗日戰爭期間死在香港，而其殞落，導致榮家這一支系在共產黨逼近上海時群龍無首。如圖 2.1 所示，他的兒子們最終都離開了中國。長子榮鴻元是國立交通大學的畢業生，他到香港後又移民巴西。次子榮鴻三畢業於上海聖約翰大學，後來遷居美國。么兒榮鴻慶也接受過大學教育。他與美國洛厄爾學院（Lowell Institute）培養出來的紡織專家 —— 三姐夫王雲程遷到香港，並在此設立了新紗廠。

　　1949 年時，申新紡織集團的共同創辦人 —— 弟弟榮德生已七十四歲高齡，不再活躍於日常商務。[52] 由於年邁多病，他留在中國，其家系的部分成員也隨之留下。榮德生的長子早逝，次子爾仁乃聖約翰大學的畢業生，接手主持家族事業。共產黨勝利後翌年，家族的生意被重組成一家新公司。榮爾仁出任公司的副主席，其病父則被授予主席的榮譽職銜。[53] 榮德生 1952 年去世後，榮爾仁顯然覺得已盡孝道，很快就動身前往巴西，之後再轉赴美國。榮德生的第三子一心，也是美國洛厄爾學院

52　中國文史研究學會編（年份不詳），《新中國人物誌》，香港：該會，頁 153−155。

53　《大公報》，1950 年 5 月 15 日。

圖 2.1　榮氏家族成員及其分佈

兄弟	子女	1949 年後的居住地
榮宗敬 (1872－1938)	△ 鴻元	巴西
	△ 鴻三	美國
	△ 鴻慶	香港
	○ 卓球 ＝ 丁利方	不詳
	○ 卓仁 ＝ 薛壽萱	美國
	○ 卓霞 ＝ 王雲程	香港
	○ 卓如 ＝ 喬治·哈同（George Hardoon）	不詳
榮德生 (1875－1952)	△ 偉仁	已故
	△ 爾仁	美國
	△ 一心	已故
	△ 毅仁	上海
	△ 研仁	不詳
	△ 紀仁	不詳
	△ 鴻仁	澳洲
	○ 素蓉 ＝ 李國偉	不詳
	○ 菊仙 ＝ 蔣濟卿	不詳
	○ 敏仁 ＝ 宋美揚	不詳
	○ 卓亞 ＝ 李冀曜	香港
	○ 茂儀 ＝ 唐熊源	不詳
	○ 漱仁 ＝ 楊通誼	上海
	○ 輯芙 ＝ 華伯忠	美國
	○ 毅珍 ＝ 胡汝禧	不詳
	○ 墨珍	上海

符號：△ 男　　○ 女　　＝ 配偶

來源：萬林（1947），〈中國的「棉紗大王」「麵粉大王」無錫榮氏家族暴發史〉，《經
　　　濟導報》，第 50 期，頁 5；《榮家企業史料》，第 2 冊；《大公報》，1981 年
　　　1 月 25 日、1982 年 1 月 20 日、1983 年 12 月 22 日、1986 年 6 月 17 日；各
　　　家紗廠在香港公司註冊處的記錄。

的畢業生，1948 年在前往香港監督紗廠成立的飛機上遇難身亡。[54] 榮德生的四女婿李冀曜遂接下經營這家紗廠的重任，而他擁有美國某家大學的工程學位。第四子榮毅仁沒有選擇移民，後來在中華人民共和國贏得相當高的名望。他在 1970 年代出版的某篇訪談中，曾對自己留守的決定作如下解釋：

> 抗日戰爭時期，我正在聖約翰大學求學。畢業後，我沒有出國繼續深造。在中國度過的戰爭歲月，對我的人生觀產生巨大影響，讓我充滿強烈的民族情感……戰爭結束後，我對國民黨在政治、經濟上的表現漸感失望。當中國人民解放軍在 1948 年取得一場又一場的勝利後，我決心留在上海……我的家族很大，彼此各有不同觀點。我的孩子們於是也隨某些家族成員到了香港。1949 年，我把他們帶回來等待解放……[55]

榮毅仁成了重組後的家族企業的董事總經理，並於 1959 年獲中國政府任命為紡織工業部副部長。他連續當選為全國人民代表大會和中國人民政治協商會議的代表，但在文化大革命期間消失於公眾視野。1970 年代他復出後，聲名更著，出任中國國際信託投資公司（China International Trust and Investment Corporation）的董事會主席和總裁，並擔任第六屆全國人大常務委員會的副委員長。[56]

我們或可以從前述例子，歸納出企業家移民傾向上的幾點通則。首先，企業家的年齡，會影響他是否想要離開中國。老一輩的傾向留下，

54　《華僑日報》，1948 年 12 月 21 日及 31 日；《大公報》，1948 年 12 月 24 日。

55　趙鍾蓀（1977），〈訪中國大陸的民族資本家〉，《七十年代》，第 91 期，頁 45−46。Robert Loh 在他明顯是談到榮德生家族的著作段落裏提到，榮德生有四子是正室所出，另三子則是某妾所生。「共產黨奪取上海前，嫡子們匆忙出逃……庶子們卻因此得以接手這個家族企業王國。」見 Loh (1962), *Escape from Red China* (New York, Coward McCaan), p. 52。

56　《大公報》，1978 年 3 月 11 日；W. Bartke (1987), *Who's Who in The People's Republic of China* (München, K. G. Saur, 2nd edn.), pp. 392-393.

年輕一輩則轉赴他鄉開啟新的人生。如表 2.6 所示，在我的受訪者中，僅 8% 的人在抵達香港時已經超過四十歲。六成以上的多數，是在他們二十幾歲或三十幾歲時來到此地。少數幾位在香港去世的棉紡業者，離開中國時都已經超過平均年齡：王啓宇六十五歲，宋文傑五十三歲，唐炳源五十歲，劉漢堃三十八歲。[57] 這種普遍年輕的分佈狀態，是和其他的移民群體一致的。1961 年的香港人口普查顯示，中國移民到此殖民地時的年齡以十五至二十四歲為大宗，比例遠高於其他年齡層。[58]

表 2.6　棉紡業者移民時的年齡

年齡層	人數	百分比	累積百分比
0－10	6	16	16
11－20	5	14	30
21－30	11	30	60
31－40	12	32	92
41－50	3	8	100
50 以上	0	0	100
總計	37*	100	100

說明：* 有三名受訪者生於香港，所以未納入本表。
來源：1978 年的訪談。

　　兄弟間的長幼順序，也對受訪者的移民傾向帶來複雜影響。由於中國自帝國晚期以來已不再奉行長子繼承制，[59] 移民和失去繼承權無關。話雖如此，已經有好幾項研究顯示，長子比那些晚出生的弟弟們較不可

57　HKCSA, *Twenty Five Years*, pp. 95-104.

58　Taeuber, 'Migrants and Metropolis', p. 6.

59　See F. L. K. Hsu (1971), *Under the Ancestor's Shadow* (Stanford, Stanford University Press, revised edition), p. 108; pp. 301-302; M. Freedman (1958), *Lineage Organization in Southeastern China* (London, The Athlone Press), p. 135.

能移民。施堅雅曾假定一個兒子盡孝的態度，是會隨三項因素變動，即此人的兄弟數量、其出生順序和姐姐的數量。[60] 我們若假定某個兒子的移民傾向是和他盡孝的意願成反比，那麼較不可能離家的，就是那些兄弟少、排行較前而又沒有姐姐的男人。

艾倫・斯皮爾（Alan Speare Jr.）通過比較移民與非移民的個案，發現這和台灣中部由內陸鄉區向城市移民的事實相符。他總結道：「移民最多的，是那些擁有很多兄弟的男人、出生順序在中段的男人，以及擁有幾位姐妹的男人。在這些關係當中，最重要的是兄弟的人數愈多，選擇移民的也愈多。」[61]

我並沒有充分的資料，去檢視受訪者姐姐數量多寡對其移民決定的影響。不過就兄弟的數量而言，棉紡業者和台灣鄉區的移民情況類似。他們半數以上都擁有三個或更多兄弟，如表 2.7 所示。1 號廠的某位董事共有兄弟十五人，24 號廠的董事總經理則有兄弟九人。斯皮爾對這種現象的解釋是：大家庭的內在壓力，會迫使兒子們離開。不過就我的受訪者而言，兄弟眾多，更可能是反映這些棉紡業家族的富裕程度，而這和我之前發現遷往香港的中國紗廠中，資本開支一項都比較大是相符的。

不過如果談到出生順序，我的受訪者就與台灣的移民相當不同。在斯皮爾的研究個案中，長子按人數比例來講較少；不過在我訪談過的香港棉紡業者當中，長子卻是最大組別。1978 年針對香港小型工廠老闆所作的調查，也可見長子組別佔有類似優勢（見表 2.8）。這種分

60　G. W. Skinner (1966), 'Filial Sons and Their Sisters: Configuration and Culture in Chinese Families' (unpublished paper), cited in A. Speare Jr., 'Migration and Family Change in Central Taiwan', in G. W. Skinner and M. Elvin eds. (1974), *The Chinese City Between Two Worlds* (Stanford, Stanford University Press), p. 325.

61　Speare, 'Migration', p. 326.

歧，説明了台灣移民和香港的移民企業家性質不同。前者是依然和他的
村落緊密相連的旅居者（sojourners），後者則是不再回望故里的難民
（refugees）。因為這種本質上的差異，家庭諸子盡孝的態度和他們出生
順序之間的關聯也就不同。在逃難的情境下，孝道會驅使長子離家，以
延續其家族生意。長子走或不走，取決於有誰可以留下來看管家族在中
國的不動產。

表 2.7　香港棉紡業者和台灣移民的兄弟數量

兄弟數量 （含本人）	棉紡業者		台灣移民	
	人數	百分比	人數	百分比
一個	2	5	16	5
兩或三個	15	39	140	44
四個或更多	22	56	165	51
總計	39	100	321	100

來源：1978 年的訪談；Speare, 'Migration', p. 326.

表 2.8　香港的棉紡業者和小型工廠老闆的出生順序，1978 年

出生順序 *	棉紡業者		小型工廠老闆	
	人數	百分比	人數	百分比
長子	14	36	174	42
次子	9	23	96	23
三子	7	18	68	17
四子	7	18	31	7
第五及以下	2	5	44	11
未答	1	—	2	—
總計	40	100	415	100

說明：* 僅限於兄弟之間。
來源：1978 年的訪談；Sit, Wong and Kiang, *Small Scale Industry*, Table 10.12, p. 250.

這方面通常會有三種安排。最常見的一種，是由一家之主留守。以劉家為例，劉國鈞在 1949 年時已六十四歲高齡，派長子和某位老練的經理到香港設立了另一家紗廠。他本人則是續留上海經營安達紡織公司一段時間，九十五歲時才在中國去世。[62]

不過一家之主如果太老或已經體弱得無法工作，長子就需要推遲離家，直到盡責完畢。吳家就是這類移民傾向中的有趣案例。1949 年時吳昆生已經六十五歲，他命令長子從香港返回上海。1951 年，其子遂辭去香港紗廠的董事職務，回上海看管母公司。他在中國待了近二十年後，才總算可以放棄這盤生意，在 1973 年帶同垂死的老父來到香港。返港後，他就恢復擔任香港的公司一直為他懸空的主席職務。[63]

第三種安排，則是一家之主和兒子們一同外移。長子在這種情境下，就要被迫留下。1950 年 6 月 7 日，上海版的《大公報》上曾出現一則啟事，內容是嚴家的長子嚴慶祥籲請父親和五位弟弟歸家，不要棄家族在上海和蘇州的紗廠而去。他的四弟當時已經在香港開了一家紗廠，六弟則是到台灣辦了另一家。[64]

這三種安排不論何者，結果都會造成長子在這群逃難的紡織企業家中，比例偏高的現象。這樣的分佈型態，彰顯了他們是永久移民的事實。

企業家在決定移民時的另一重要考量，是他能否重投心愛的業界？前述榮家的例子已經顯示，那些願遷居香港的榮家成員如榮一心、王雲程和李冀曜，多是技術方面的專家。他們從長期的培訓中獲得專技，自然希望能夠留在紡織業界。反觀那些通才教育出身者，就會更願意前往

---

62 《大公報》，1950 年 4 月 4 日；1978 年 3 月 19 日。

63 有關吳昆生的訃告，可見 1975 年 12 月 4 日的《星島日報》。

64 相關報道見《大公報》，1950 年 6 月 15 日。

美國或拉丁美洲，以其通才而非專技去適應當地的新職業。香港因緣際會，遂能匯集到一批技術內行的棉紡業者（這點我們將在下一章具體論述，以證其實）。

最後，企業家的政治參與，對他決定該怎麼走也有影響。留在大陸的榮毅仁所表達的民族主義情感，很可能是他回顧時為合理化其個人決定才拉高的調子，但他在政治上確實活躍。1949 年前，榮毅仁已經是某個小政黨 —— 中國民主建國會的成員。[65] 他可能代表了政治上活躍的資產階級成員，自認為在新中國的締造中也可發揮作用。而外逃香港者，則無疑是試圖閃避政治糾葛的務實主義者。這批人在 1940 年代，似乎沒一人是各家小政黨的成員。在我的受訪者中，也有 60% 的人相當務實地選擇歸化為英國公民。只有約 27% 的人出於個人選擇或客觀情勢，成為無國籍的華人（見表 2.9）。對多數人來說，他們在新環境裏的權宜與調適需要，明顯凌駕了國家認同。

表 2.9　棉紡業者加入的國籍

國籍	人數	百分比
英國人	24	60.0
無國籍華人	11	27.5
香港英國人	1	2.5
澳洲人	1	2.5
巴基斯坦人	1	2.5
未答	2	5.0
總計	40	100.0

來源：1978 年的訪談。

65　《大公報》，1978 年 3 月 11 日。

移民方式

棉紡業者全都是自行安排來到香港，常見的模式則是連鎖移民
（chain migration）。有關公司資產與人員轉移的案例，我將留待下一章
討論企業家的金融與管理資源時，再作描述。容我先在此描述某位企業
家是如何安排自己出逃。3 號廠的某位董事在移民之前，是中國銀行的
僱員。共產黨勝利後翌年，他決定離開：

> 共產黨勝利後，中國銀行的總行必須由上海遷往北京。
> 我申請留在上海，懇求說母親年邁，我們也難以適應北方的氣
> 候。我的申請被拒，於是我請了假，自行來到香港。我的哥哥
> 已經在此，我就住他家裏。他把我介紹給一家銀行的副經理，
> 是個四川人。此人後來又把我介紹給這家公司的董事長，讓我
> 補上會計的空缺。我得到這份工作後，就回上海為全家人辦了
> 出境准證。1951 年 1 月，我們抵達香港。

我的受訪者很少有人在香港已經有親戚或同鄉，所以他們多回憶
說，抵港之初，感覺自己就像個陌生人。他們移民時利用的主要網絡，
不是親人或同鄉，而是商界的熟人。有些人在這個殖民地內已經擁有
銷售處或代表，有些人則要靠業務上的朋友。當我問 14 號廠的某位董
事，在他抵埠前是否已有香港熟人時，他這麼回答：

> 有的，是生意上的夥伴。但他們不是在紡織業界。他們
> 是我父親在建築行業的朋友。我們在上海時，父親曾是一家搪
> 瓷公司的董事，當中有個董事的女兒，正在香港管理一家分公
> 司。父親於是決定藉他們的協助來到這裏。

抗戰時期榮宗敬到香港避難時，他的行程是由英商通和洋行的經理

薛克先生（Mr Saker）和買辦應舜卿安排的。[66] 十年後，榮德生的女婿李國偉將一船新紗錠改運至香港，創辦了九龍紗廠。這項轉移行動，也是在某家英國商行的經理和一位買辦協助下才能成事。[67] 我們從企業家借助這類特殊的網絡移民當可推斷，雙方的商業聯繫必將隨之強化。這事既鞏固了互助關係，也造就一個緊密相連的行內圈子。

對移居社會的基本態度

移民企業家在香港落腳的頭幾年裏，對香港的態度發生一連串的迅速變化。他們從往來穿梭於殖民地和上海之間的過客，到 1949 年前夕攜家帶眷離開中國大陸成為僑民。不少人依然盼望共產黨只是短暫維持勝局，一旦政治情勢轉變，就可以打道回府。[68] 唯有當 1952 年前後，香港和大陸之間的人口流動橫遭阻截後，他們才淪為流亡者。從那時起，他們才拔了自己的根，不再奢望回鄉。

企業家與原鄉關係的決裂，在寶元通興業股份有限公司（Pao Yuen Tung Hsing Yieh Co. Ltd.）和寶星紡織廠（Pao Hsing Cotton Mill）的訴訟案中清晰可見。寶元通興業乃中華人民共和國擁有的公司，1981年提出申索，宣稱它是在香港行將停業的寶星紡織廠的實質受益人（beneficial owner）。根據此案的申索聲明，寶星紡織廠本是由原告提供資金於 1948 年成立的，而原告當時是四川的一家私人紡織公司。公

66　《榮家企業史料》，第 2 冊，頁 23。

67　《榮家企業史料》，第 2 冊，頁 665。

68　譬如 1949 年時，榮鴻元雖已遷到香港，還是對是否該出售上海的某家紗廠猶豫不決。他試圖收回曾口頭答應過的出售協議，理由是共產黨的推進或止於長江，長江以南仍會歸國民黨統治，故上海的紡織生產或許仍有未來。見《榮家企業史料》，第 2 冊，頁 648。

司當時有三位僱員，即楊勝惠、張絜庵和董德美，被派往香港管理這家
新紗廠。

　　這三人起初是和另十八人以這家四川公司的代名人或受託人
（nominees or trustees）身份共享股權。1952 年，楊、張、董三人據稱
在股東會上提出議案，要在該年結束前每股繳付二十五港元。相關的通
知也發給了身在中國的這另十八名股東。不過當他們未作回應時，香港
的這家紗廠就再通過一項議案，沒收了這十八人的股份。這項議案導致
公司股東只剩下楊、張、董三人；楊勝惠被推舉為董事會主席，其他兩
人則是董事。

　　從那時起，紗廠就成了由這三名董事擁有的獨立公司，與那批留在
中國的原始股東顯然再無聯繫。直到這三人都去世後，他們的後人打算
賣掉紗廠時，這家四川公司才試圖干預。該公司把它遲來的申索行動歸
咎於內地這二十八年來的政治形勢，令其無法有效行使職責。香港的法
院駁回了這家四川公司的申索，理由是它來得太晚了。[69]

　　這批工業家移居香港後，大多顯然已經放棄了和國內親人的社會
聯繫。有關他們在內地的親屬的資料並不完整。我的受訪者有二十六人
提供了親屬的資料，當中的六個人告訴我，他們目前在內地已經沒有親
人。而仍有內地親戚的受訪者中，七個人說他們與對方沒有聯繫；十個
人說偶爾會聯繫；只有三個人堅稱和對方仍保持密切聯繫。

　　這批人的流放心態，也反映在他們對移居社會並不依戀的態度上。
由於對香港的政治前景有疑慮，他們明顯是將這裏視為暫棲之地，並總
是在探尋更安全的去處。移居之初，他們因為要面對一個極不穩定的政

69　《南華早報》，1981 年 5 月 29 日；1981 年 6 月 17 日；1982 年 3 月 13 日；以及《大公報》，
　　1981 年 6 月 2 日；1981 年 6 月 3 日。

治形勢，不少人乃試圖對沖風險。7 號廠的董事總經理對這段歲月的憶述如下：

> 1947 年，我們開始在這裏建造一座新廠。我穿梭往返於香港和上海之間。到了 1948 年底，我舉家離開了中國。1949 年，就在共產黨奪下上海的幾個月前，我們在此定居下來……1948 年 3 月，我們的工廠以 15,000 枚紗錠開始生產。約略同時，我在台灣也開了一家紗廠。然後 1950 年至 1951 年間，我又到阿根廷建了第三家紗廠。香港人人都怕共產黨要來。我們必須要有個地方可去。

我在訪談中曾問過這些棉紡業者，是否認真考慮過離開香港，轉赴他處定居？大部分人都説沒有。當中僅六人承認，的確有過這個念頭。不過這樣的否認是否可信，應該謹慎看待。那可能只是意味着：「我已經太老啦，不操這個心。」這就如 1 號廠的董事總經理所説，「到了我這把年紀，難了。」或者他們會有所保留地説：「不是現在，但我有作準備。」3 號廠的董事長向我否認他想再度移民後，我注意到他名片上的住家地址是在美國加州。受訪者對此的普遍情緒可謂矛盾含糊，33 號廠某位董事的回答，就很貼切地反映了這一點：

> 沒有，我沒認真考慮過搬到其他地方。不過和其他人一樣，我也做了最壞打算。但我根本不想離開這裏。香港對中國人來説，可算是最好的居住地了，其次是台灣。這是到東南亞去當個海外華人沒法比的。

出於再移民的預期，幾乎所有紗廠都實施分散投資。附屬的紡織和其他行業公司，已經散佈至東南亞、加拿大、拉丁美洲和非洲的部分地區。例如 25 號廠在印尼擁有一家聯營的紡織公司，在巴拿馬擁有一家控股公司，還有四家在賴比瑞亞（Liberia）註冊的船運公司。而擁

有 1 號廠的企業集團，其業務涵蓋的地理範圍最廣，包括了在台灣的五家分公司、馬來西亞四家、新加坡一家、毛里裘斯一家、泰國一家，而它在英國還有一家貿易公司。如此擴張的背後，顯然是集團的應急規劃。8 號廠的董事總經理在堅稱他沒打算離開香港後，這麼說：「不過潛意識裏，我應該有考慮過這個問題，否則我們也不會在其他地方分散業務。」

　　企業家子女們的居住地點，也清楚反映了這種分散策略。在有成年子女的受訪者中，除一人外，都有孩子住在國外，以下的事例即可說明。

　　3 號廠的董事總經理有五個兒子。兩人在香港經營家族企業，另外三人都在美國，分別是在職的建築師、教師和在讀的大學生。

　　6 號廠的董事總經理有五兒三女。三個兒子在香港從事紡織貿易和進出口生意，四兒子在美國當醫生，小兒子在英國的英國廣播公司（BBC）工作。女兒都已結婚。

　　9 號廠的某位董事有四個孩子。一個就業於加拿大的大眾傳媒，兩個正在加拿大攻讀工商管理碩士學位，最小的還在香港讀中學。

　　12 號廠的董事長有五兒三女。兩個兒子打理家族生意，一個兒子在香港商界工作，還有兩個兒子在美國的工業界發展。三個女兒都已結婚，在美國生活。

　　17 號廠的董事總經理有三個兒子。一個在台灣的紡織業發展，一個在香港從事成衣業，還有一個在美國的銀行界工作。

　　棉紡業者去世後的下葬地點，也為他們的態度轉向提供了線索。棉紡業界的元老王啓宇逝於 1965 年。他的棺木是暫厝於東華機構的

義山，意味着他很可能想未來歸葬於內地。[70] 同年離世的某家紗廠之董事總經理陸佐霖，也選擇了同樣的暫厝方式。[71] 而比他們晚離開人世的企業家們，則或葬在本地的墓園，或火化以利骨灰搬運。最近又出現了一種有趣的趨勢。浙江第一銀行的董事長李德錦，是某家紗廠的董事。1978 年他在舊金山去世後，葬於加州的松柏園墓園（Cypress Lawn Memorial Park），[72] 而早他幾天離世的保華建築公司（Paul Y. Construction Company）的董事長，也葬在松柏園。這位董事長也是上海人，他的兒女都和榮氏家族的成員結婚。[73]

上海的棉紡業者因為大陸之政局變化，於 1940 年代末離開了中國。他們選擇香港作為避難所，是因為它容易入境、穩定，且在經濟生活上面對較少的政府管制。他們多是來自長江下游地區的紡織世家的年輕一代，而這些家族都擁有在中國經營現代化和資本密集工廠的豐富經驗。他們大多也是家中長子，顯然肩負着傳承家族紡織事業的重責大任。他們寧可到一處英國殖民地而非共產黨治下的中國尋求庇護之舉，說明他們是務實之人。他們投身於私人企業的熱誠，明顯超越其民族主義考量。

他們透過連鎖移民的運作方式遷至香港，並在這個以廣東人為主流的社會裏，自成一個獨特的地緣群體。作為流亡者，他們對移居社會的基本態度，有別於昔日那些主要是旅居者的香港移民。所以他們的凝聚力往往更強，也更進取，將精力投注在香港創建一個全新的棉紡紗業。

---

70 見《星島日報》上的訃告，1965 年 12 月 25 日。
71 見《星島日報》上的訃告，1965 年 5 月 4 日。
72 《華僑日報》，1978 年 7 月 22 日。
73 《華僑日報》，1978 年 7 月 4 日。

上海來的棉紡業者在此特定經濟領域的成功，證明了他們作為一特殊移民群體的幹勁。不過他們的成就，很大程度上也繫於他們如何在新環境裏善用其行業技能和資源的能耐。

| 第三章 |

行 業 技 能 與 資 源

　　回顧歷史，上海總是能很快就接受新鮮事物。上海的第一批火車，出現在美國完成第一條橫貫大陸鐵路＊的僅僅七年之後；上海的第一批紗廠，則是創建於美國南方擁有紗廠之前。此外，根據某些計算方法，1930 年時上海就已經擁有世界上最大的工廠。上海的第一家電影院，也是緊跟在舊金山的首家大電影院出現五年後開業。而到了 1930 年代末，上海商務印書館每年出版的新書數量，就已經和全美國的出版業看齊。當然，上海的書品其實多是盜版。[1]

1949 年前，上海曾是中國首屈一指的城市工業中心，佔了中國一半的外貿總額。全國近六成的現代工廠都落戶上海，這些工廠則為同樣比例的國內工業勞工提供了就業機會。[2] 香港身為區域性的大都會，顯然相形見絀。某位曾經見證香港邁入工業化進程的港督就認為，「上海在共產黨統治前的歲月裏，可是個偉大的國際大都會；亦可謂東方的紐

＊　譯按：即太平洋鐵路。

1　L. W. Pye, 'Foreword', in C. Howe ed. (1981), *Shanghai: Revolution and Development in an Asian Metropolis* (Cambridge, Cambridge University Press), p. xv.

2　R. Murphey (1953), *Shanghai: Key to Modem China* (Cambridge, Harvard University Press), p. 3; Quan Han-sheng, 'The Role of Shanghai in the Industrialization of Modern China', in Quan (1972), *Essays on Chinese Economic History* (Hong Kong, The Chinese University of Hong Kong, New Asia Research Institute), p. 698. 有關戰前上海經濟發展的評估，可見 D. K. Lieu (1936), *The Growth and Industrialization of Shanghai* (Shanghai, China Institute of Pacific Relations)。

約—巴黎。相較之下，香港只能算是個小村落」。[3] 所以不難預料，上海
企業家擁有在製造業方面的出色競爭能耐，也掌握了有用的行業技能和
在金融、生產、管理及營銷活動上的寶貴資源。

金融資源

人們普遍相信，上海的工業家們，尤其是從事紡織生產者，在移民
香港時帶來了大量資產，而這有助於他們克服資本積累過程中的第一道
障礙。這樣強大的財務狀況，往往被視為其工業成功之母，因為他們較
本土競爭者佔盡了優勢。

香港無疑在金融方面得益於中國內戰。1940 年代末，當中國的政
治、經濟形勢都急劇惡化之際，巨額的逃難資金流入了這個殖民地。然
而這筆巨資的確切金額為何，並沒可靠的數據可供參考。由於現金和其
他資產的流動在香港不受政府規管，官方數字闕如。而資金的擁有人既
然是在逃亡，對此自然也是秘而不宣、悄悄進行。不過這批資金流入的
規模，還是可以從當時的報章報道和事後的研究估算中略知一二。

大量現金是在 1946 年中開始湧入香港。上海的金融界相信，當年
的 7 月至 10 月間，就有 100 億至 300 億法幣從上海轉入香港。[4]（1946
年 12 月時，美元兌中國法幣的市場匯率是 1：6,063。不過到了 1948 年
8 月，這個匯率已降至 1：8,683,000。）根據「保守估計」，1947 年時，
就有約五十家中國的工業企業撤至香港，帶來了「至少 5,000 萬港元的

---

3   Grantham, *Via Ports*, pp. 104-105.

4   *FEER*, 17 November 1946, p. 10.

機器設備和資本」。[5] 撤資的步伐在翌年加快。1948 年 10 月，據說有 2,000 萬港元想方設法進入了香港的某家「主要外商銀行」。[6]（英鎊兌港元的匯率，當時是固定在 1：16。）

直到這個階段，資本流入的總數為何，都只是猜測。中國國民政府駐港的金融辦事處宣稱，流入的資本高達 600 億港元。他們的估算，大抵是根據本地主要銀行的存款數值。[7] 由於香港在 1964 年前並沒有銀行公佈的統計資料，這項數據無法驗證。[8] 有些記者認為這過於誇大，他們的估計，則是在 40 億至 50 億港元之間。[9]

1949 年底共產黨勝利後，資金外逃達到高潮。翌年流入香港的資金，據說至少達到了 10 億港元。[10] 1950 年 4 月的頭兩週裏，就有報道指出「約值一千萬港元的資本逃離了上海。它們以黃金、商品和股票的形式，被人南下帶入香港」。[11]

經濟學家斯捷潘尼克（Edward Szczepanik）也曾試圖估算 1947 年至 1955 年間，資本流入香港的情形。根據他的計算（見表 3.1），每年由境外流入的資本和無形收益（invisible earnings）的淨餘額，平均就佔了香港本地居民總收入（national income）的約略四成。這方面只有兩個時期明顯例外。一是在 1949 年至 1950 年中華人民共和國建立之

5　*FEER*, 7 January 1948, p. 5.

6　《大公報》，1948 年 10 月 14 日。

7　《大公報》，1948 年 7 月 29 日。

8　Y. C. Jao (1974), *Banking and Currency in Hong Kong: A Study of Postwar Financial Development* (London, Macmillan).

9　《大公報》，1948 年 7 月 29 日。

10　Wong Po-shang (1958), 'The Influx of Chinese Capital into Hong Kong since 1937' (University of Hong Kong, paper read at the Contemporary China Seminar, 15 May 1958), p. 5.

11　《華僑日報》，1950 年 4 月 17 日。

際，資本流入的比例曾高達 65%，即逾 10 億港元。二是在 1951 年韓戰
爆發時，該比例降到了 7% 左右，反映出人們對香港的未來暫時失去信
心。我們其實很難將流入的資本從無形收益中區分出來，不過斯捷潘
尼克引用「殖民地內盛行的、相當一致的觀點」指出，「〔約 1957 年前
的〕近幾年裏，每年流入的資本都在 3 億至 6 億港元之間，而 1948 年
至 1950 年間，這個數額更大」。[12] 他從這些數字得出的結論是：內部儲
蓄在香港工業化起步階段時發揮的作用相對較小，「約有三分之一的投
資是由內部儲蓄支應，其餘三分之二則是來自境外」。[13]

表 3.1　1947－1955 年香港的外來投資估算（單位：百萬港元，整數）

時期	本地居民總收入	外來投資 *	投資佔總收入百分比
1947-1948 至 1948-1949	1,600	700	44
1948-1949 至 1949-1950	1,800	1,200	67
1949-1950 至 1950-1951	2,300	800	35
1950-1951 至 1951-1952	2,800	200	7
1951-1952 至 1952-1953	2,800	1,300	46
1952-1953 至 1953-1954	3,200	1,400	44
1953-1954 至 1954-1955	3,600	1,500	42

說明：* 包括境外流入的資本、無形收益的淨餘額，以及政府和私人轉移的淨餘額。
來源：Szczepanik, *Economic Growth*, Table 46, p. 183.

　　這批境外流入的資本裏，究竟有多少進到棉紡業呢？戰後香港的
首家紗廠，是創建於 1947 年 8 月的大南紡織公司（South China Textile
Company）。它擁有購自美國的二手紗錠 5,000 枚，投資總額包括地

12　Szczepanik, *Economic Growth*, p. 142.

13　*Economic Growth*, p. 143.

價、廠房和設備估計約 400 萬港元。[14] 1948 年又有五家紗廠冒現，當中
四家是由榮氏家族的成員創辦。[15]《遠東經濟評論》的一則報道斷言，這
六家先驅紗廠的投資總額超過了 1 億港元，但那未免估值過高。報道列
出的合共 120,000 枚紗錠只是預測，因為有些紗廠要不是還處於籌備階
段，就是仍未全面投入生產。實際在 1948 年底時就已經安裝好的紗錠
數量，僅 22,000 枚。[16] 一枚美國製的新紗錠約值 400 港元，幾乎是日本
製紗錠價格的兩倍。[17] 考量到這批先驅紗廠中或有些日本製及二手的紗
錠，我們當可合理假設，一枚紗錠的平均價格是 300 港元。所以報道
所預測的 120,000 枚紗錠，如果全數安裝，要耗資約 3,600 萬港元。我
們若假設紗錠佔了紡紗廠固定投資的約略一半，[18] 另一半則是花費在土
地、廠房建設、空調、保險等方面，那麼這六家紗廠的資本開支總計為
7,200 萬港元，而不是 1 億港元。

　　《遠東經濟評論》隨後的報道，已將其估算降到了一個更貼近實情
的水平。1950 年 7 月，它引用了較為可信的 1 億 1,500 萬港元數據，作

14　*FEER*, 7 April 1948, pp. 336-337. 關於投資總額，《遠東經濟評論》其實提供了兩個矛盾的數
字。它在頁 336 的表中提到該廠投資總額是 400 萬港元，不過其內文中引用的卻是 1,000 萬
港元。在 *Asian Textile Survey 1969-70* 一書的〈香港篇〉（Hong Kong）裏，L. C. Chung 顯
然是採用了後一數字，稱第一家紡紗廠的投資額是 625,000 英鎊（頁 77，顯然是以 1 英鎊兌
16 港元的匯率換算）。不過從當時紗錠的價格判斷，1,000 萬港元這個數目太大，並不可信，
極可能只是印刷上的失誤。

15　這些紗廠是偉倫紗廠、南洋紗廠、大元紗廠和九龍紗廠。申新紡織公司在 1950 年代末報告
說，這四家紗廠的紗錠總數是 113,600 枚，估計價值一千萬美元。見《榮家企業史料》，第 2
冊，頁 671。

16　HKCSA, *Twenty Five Years*, p. 118.

17　《大公報》，1949 年 5 月 14 日；《經濟導報》，第 72 期（1948 年），頁 3。

18　United Nations Industrial Development Organization (1968), *Report of Expert Group
Meeting on the Selection of Textile Machinery in the Cotton Industry* (Vienna, UNIDO), p.
49; cited in Y. Nihei, H. S. R. Kao, D. A. Levin, M. E. Morkre, M. Ohtsu, and J. B. Peacock,
(1979), *Technology, Employment Practices and Workers: A comparative study of ten cotton
spinning plants in five Asian countries* (Hong Kong, University of Hong Kong, Centre of
Asian Studies), p. 29.

為這新生的紡紗業共 173,000 枚紗錠的投資總額。[19] 1951 年 4 月 2 日，
香港總商會主席在年度會員大會上致詞時說，十三家紗廠近 200,000 枚
紗錠的投資總額是 1 億 500 萬港元，還有 1 億港元是耗在原棉和機紡紗
（spun yarn）的存貨上。[20] 這是我能找到的最佳估算了，它指出投入的資
本總額約為 2 億港元。

表 3.1 顯示由 1947 年至 1951 年間，境外投資於香港的價值約 27
億港元。斯捷潘尼克堅稱，無形收益就佔了這當中每年約 5 億港元。[21]
所以在此期間，境外淨流入的資本為 12 億港元。如果這是可接受的估
算，那就意味着直到 1951 年，有近 17% 的逃難資本是投入棉紡業，這
對當時只擁有十三家紗廠的棉紡業界來說，可是一大筆錢。

這筆初始資本到底有多重要呢？它對上海人得以在紡紗業建立主導
地位是否關鍵？有一點倒是可以確定：逃難資本的挹注，創造了香港甚
至整個亞洲前所未見的某些最現代化紗廠。這不僅僅是鉅額投資帶來的
結果，更重要的是工業資本轉移的形式，即轉移多是體現在機器設備、
棉紗和一定份額的公司股票上。

中國的經濟和政治形勢，使這種資本轉移的方式成了必然。中國的
紗廠在 1937 年至 1945 年中國與日本進行的持久戰爭中，仍繼續盈利。[22]
不過因為沒辦法進口機器，它們的設備嚴重老化，亟待修復與更新。戰
爭結束後，全球對棉紗等基礎商品久經壓抑的需求再現，紗廠變得異常

---

19   *FEER*, 6 July 1950, p. 3. 據香港棉紡業同業公會（HKCSA）的統計，1950 年終了時，紗錠的
      總數是 132,000 枚（見 *Twenty Five Years*, p. 118）。不過該統計只是涵蓋公會成員的紗廠。與
      棉紡業融資密切相關的（英商）信昌機器工程有限公司（China Engineers Ltd.）於 1950 年末
      的記錄為：殖民地香港共有 190,000 枚紗錠（見 *FEER*, 21 September 1950, p. 346）。

20   《華僑日報》，1951 年 4 月 3 日。

21   Szczepanik, *Economic Growth*, p. 14.

22   有關戰爭初期紡紗業的繁榮，見 R. W. Barnett, *Economic Shanghai: Hostage to Politics, 1937-
      1941* (New York, Institute of Pacific Relations, 1941), pp. 107-110.

繁榮。17 號廠的董事總經理告訴我，1945 年至 1947 年間可謂「黃金歲月」，「那些廠房沒有在轟炸中遭殃的廠主，賺得盆滿缽滿」。儘管國民政府要求私營的紗廠將半數產量以官定價格出售，卻無法有效地執行該法規。私營紗廠老闆據説在 1946 年賺到了破紀錄的近 12 萬億法幣利潤，他們開始整修工廠，且不必仰賴政府貸款或官方提供的外匯。[23] 由於在國外擁有充足的外匯存款，他們從英、美兩國訂購了新的機器設備。據報道，1946 年至 1947 年間，這些私營紗廠老闆共買了 250 萬枚的紗錠。[24]

中國失控的通貨膨脹，促成了這種狂購風潮。[25] 據報道，從 1946 年初開始的十八個月內，中國法幣兌港元就貶值了約 5,000%。[26] 為保存經濟資產的價值，中國工業家迅速地將他們的資金轉換成機器設備、商品和在海外上市的股票。隨着局勢惡化，上海愈來愈不適合工業發展，某些紗廠老闆於是將這類資產轉移到香港。據説在 1948 年底，就有 35,000 包的棉紗線輸入香港。[27] 共產黨奪下上海後，估計又有逾 100,000 包的紗線從中國內地湧入香港市場，導致紗線價格下跌。[28] 設在上海的英商怡和紗廠（Ewo Cotton Mill）的股票，被人帶到香港出售以換取當地貨幣，作為「資本轉移的權宜之計」。[29]

23　上海市商會編，《紡織工業》，A 部，頁 43；*FEER*, 21 May 1947, p. 11; 7 April 1948, p. 336。有關通貨膨脹的詳盡描述申新紡織公司各廠在戰後的利潤，見《榮家企業史料》，第 2 冊，頁 437、455 和 512。

24　上海市商會編，《紡織工業》，C 部，頁 14；*FEER*, 21 May 1947, p. 11。

25　有關通貨膨脹的詳盡描述，見 A. N. Young (1965), *China's Wartime Finance and Inflation, 1937-1945* (Cambridge, Harvard University Press); S. H. Chow (1963), *The Chinese Inflation, 1937-1949* (New York, Columbia University Press); and Chang Kia-ngau (1958), *The Inflationary Spiral: The Experience of China, 1939-1950* (Cambridge, M. I. T. Press).

26　*FEER*, 2 July 1947, p. 132.

27　《大公報》，1949 年 1 月 9 日。

28　《大公報》，1949 年 8 月 21 日；*FEER*, 1 September 1949, p. 268.

29　*FEER*, 25 June 1947, p. 120.

　　不過這批逃難的資本，主要還是用來添購新的機器設備。由於現有的機器老舊、運費高昂，上海的紗廠絕少會將它們拆卸運往香港。[30] 中國在 1949 年擁有的紗錠總數，大約是 500 萬枚。[31] 20 萬枚轉運到香港的紗錠，只是佔了該總數的 4%，但它們都是新的現代化設備，所以所佔比例雖然甚小，卻是中國紡紗業的未來希望。這就好比折下一棵樹的新枝，再嫁接到香港的主幹上。如此景觀，未待其開花綻放，其實就已相當壯麗。《遠東經濟評論》就曾以熱情洋溢的文字，描述某家新紗廠的先進設計：

> 　　廠房的機器，是最新的單進程（one-process）組合，包含近兩百種不同類型的機器，用於添棉、梳棉、粗紡和兩階段的紡紗……建築物的許多設計，都是在香港前所未見，有些甚至還是遠東地區首見。廠房將會是無窗設計、人工照明及全面空調，以便將廠房內的濕度、溫度調控至最適合棉紗生產和工人健康的水平。
> 　　在最新的冷陰極（cold cathode）照明系統下工作，廠內工人將可以享受到更舒適的工作環境，而他們的視力，也可以比他們在天然光照或普通照明系統下工作得到更好保護。這種照明系統可是剛在美國研製完成並首次引入遠東地區的。冷陰極照明不會產生像普通照明系統這麼多的熱量，所以比較容易讓廠方調節廠內的濕度和溫度……。
> 　　由於鋼鐵短缺，廠房房頂的所有支架結構都會是鋁製品。鋁材重量輕、不生鏽，維護保養的花費也少得多。這類鋁質結構在全球範圍內架設的次數，也不超過十二次。整個廠房

30　《經濟通訊》，第 72 期（1948），頁 2。

31　J. K. Chang (1969), *Industrial Development in Pre-Communist China* (Edinburgh, Edinburgh University Press), p. 105.

內也會裝設銅管，作為探測烟霧、預防火患的警示系統，而這也是香港首見⋯⋯。[32]

1950 年代初到訪香港的紡織專家，都對此留下了深刻印象。[33] 棉紡業者與生產商協會國際聯合會（International Federation of the Master Cotton Spinners' and Manufacturers' Association）的某位官員阿諾‧皮爾斯（Arno S. Pearse），就曾如此説道：

> 紗線相當一致，自動織布機織出的布也沒絲毫瑕疵。檢驗室都組織有序、設備先進；瑕疵品很快就會被眼尖的女工挑出。而在捆紗室內，男女廠工都在以極快的速度工作着，這可是比二十五年前（我曾親眼見過）的上海紗廠快多了。
>
> 這些紗廠所用的機器設備多元，來自世界上幾乎所有的紡織機械生產商⋯⋯廠內的所有機器，既新也先進。他們的紗廠有空調和真空廠房；經軸（warp-beams）由拖拉系統運送；自動織布機則大多是豐田（Toyoda）的牌子。這裏連一架普通的織布機都沒有，全是自動操作的⋯⋯。[34]

所以説上海的棉紡業者，自始就憑着資本轉移取得了重要的競爭優勢，即擁有高度現代化的設備。不過他們倒也不是唯一擁有資金投資的群體，這方面的重要性不該被過度誇大。來自東南亞和其他地區的海外華人、[35] 殖民地內實力雄厚的西方公司、大型的廣東人商業機構如永安公司和先施公司等，都是潛在的競爭者。開辦一家紗廠所需要的初期投

32　*FEER*, 26 November 1947, pp. 628-629.

33　見 Calico Printers' Association 的工廠經理 H. Stott 所作的報告，*FEER*, 21 September 1950, p. 346；以及應香港政府之邀來此考察紡紗及織造業的英國專家觀點，《大公報》，1949 年 5 月 22 日及 1949 年 7 月 21 日。

34　A. S. Pearse (1955), *Japan's Cotton Industry* (Cyprus, Kyrenia, 1955), pp. 122-123.

35　See Wong, 'Influx of Chinese Capital', pp. 6-12.

資雖然可觀，卻非高不可攀。檢視 1947 年後的十年間新建紗廠的資本
支出（見表 3.2），當可見到好幾家資本原來相對單薄的公司迅速擴張，
已經趕上了資本雄厚的公司。表 3.3 則進一步顯示，初期投資的多寡，
並未顯著地影響公司資本的增長率。當然，我們對這些數字可以有幾種
詮釋。[36] 資本雄厚的紗廠在創建時的大小，或許就已經趨近於當地經濟

表 3.2　1947－1957 年間所辦紗廠的資本狀況（單位：百萬港元）

紗廠	初始資本	現有資本	資本增長（%）
中南（Soco）	0.2	20.0	9,900
美綸（Beautex）	1.0	1.0	0
大通（Majestic）	1.0	10.0	900
中央（Central）	1.2	40.0	3,230
南豐（Nan Fung）	4.0	10.0	150
寶星（Pao Hsing）	5.0	10.0	100
聯泰（Lea Tai）	5.0	20.0	300
東方（Eastern）	5.0	5.0	0
香港東南（South）	5.0	6.0	20
怡生（East Sun）	5.0	15.0	200
大興（Tai Hing）	10.0	20.0	100
偉倫（Wyler）	15.0	30.0	100
九龍（Kowloon）	15.0	30.0	100
南海（South Sea）	20.0	50.0	150
南洋（Nan Yang）	25.0	30.0	20
會德豐（Textile Corp.）	25.0	20.5	-18

來源：香港公司註冊處的各家紗廠記錄。

36　曼斯菲爾德（E. Mansfield）的研究發現，在鋼鐵、石油和橡膠輪胎這幾個行業內，「小公司
往往能達致比大公司更高及多變的增長率」。見 Mansfield (1973), 'Entry, Exit and Growth
of Firms', in B. S. Yamey ed., *Economics of Industrial Structure* (Harmondsworth, Penguin
Education), p. 94。

表 3.3　1947－1957 年間所辦紗廠的初始資本與資本增長率

初始資本	增長率（%）			
	低（100 或以下）	中（101－500）	高（501 或以上）	每行合計
小（少於 500 萬）	1	1	3	5
中（500－1,000 萬）	4	2	0	6
大（1,000 萬以上）	4	1	0	5
每欄合計	9	4	3	16

$X^2 = 8.7$；df = 4；在 0.05 水平上不顯著。
來源：香港公司註冊處的各家紗廠記錄。

環境下的最佳規模，自然沒必要去追加資本額。另一方面，資本單薄的紗廠，就必須快速發展以求生存與高效。也有可能是許多資本不足的紗廠早已倒閉，剩下的都只是適應力強和成功的紗廠。不過有關紗廠破產和大幅變動的信息很少，說明第二種詮釋可能不太重要。無論如何，上述兩個表的要點都是：一家只憑少量資本起步的紗廠，依然可以成功競爭。

棉紡業的一項特點，是其業務的周轉率低。紗廠要啟動生產，就要確保至少兩個月的原棉供應，而紗線成品通常是以賒賬的方式售出。所以除了用在機器和廠房的固定投資外，有必要維持足夠的營運資金。前已指出上海棉紡業者帶來的資本，主要是機器和股票這兩種形式。說到應付日常的營運開支，他們手上的現金甚少。本來他們的盤算，似乎是想靠戰後勢頭良好的市場來賺取利潤支撐，可能的話也靠來自中國母公司的匯款。可惜這批業者不少人因機器運送延宕，錯過了賺取高額利潤的好時機。緊接着韓戰爆發，又封堵了中國和其他某些市場。部分棉紡業者到了 1950 年底，已經陷入嚴重的財務困難。他們不得不借高利

貸，有時候竟要負擔高達 2% 的月息。[37] 為了獲取現金，他們不惜以無利可圖的價格拋售紗線，據說「比日本的紗線要便宜一成左右，和意大利的價格相當，但品質其實比兩者都更出色」。[38] 1953 年 1 月，因營運資金匱乏，某家擁有 13,000 枚紗錠的紗廠終於不支倒閉，還欠下了逾 1,100 萬港元的債務。[39]

由此可見，上海棉紡業者轉移過來的資本總量，只夠讓他們在此邁開第一大步，卻不能確保成功。而比掌握資本更重要的，是籌集與運用外部資金的能力。某家紡織期刊的編輯，曾經如此評述這批上海來的工業家：

> 他們知道怎樣去善用資本。他們可以用 100 萬的資本，去達成價值 1,000 萬的生意。上海人與非常保守的英國工業家不同，他們像日本人，會用有限的資金去做大生意。所以他們要麼很成功，要麼破產。[40]

這位同是上海人的編輯，或許是在嘗試勾勒一個能夠呼應其同鄉支配工業界之地位的形象。但這確實是個有代表性的評論，因為香港人大多相信，上海工業家在財務操作上很有一手。刻板印象往往也會包含部分真實，所以就讓我們來檢視這個信念背後的事實基礎。上海人是如何以小博大的呢？這有三條路可走，即善用銀行貸款、保留利潤再投資和借力於證券市場。

---

37   *FEER*, 6 July 1950, p. 4; 21 September 1950, p. 356;《大公報》，1951 年 3 月 3 日。

38   *FEER*, 21 September 1950, p. 346; 紗線的價格於 1952 年進一步下滑，見《大公報》，1952 年 4 月 3 日。

39   《大公報》，1953 年 1 月 24 日。

40   類似的說法，也曾被引述於 A. Y. C. King and D. H. K. Leung (1975), 'The Chinese Touch in Small Industrial Organization' (The Chinese University of Hong Kong, Social Research Centre, mimeographed paper), p. 38。

銀行貸款

我們有理由相信，上海的企業家們嫻熟於銀行融資。早在西方的銀行機構被引介入中國前，長江下游地區的商人就已經發展出一套活力十足的、喚作錢莊或銀號的本土銀行系統。[41] 這方面出色的是來自寧波的金融業者。[42] 這些本土銀行家接受了西方影響，逐漸成長為實力強大的江浙財團，在 1911 年辛亥革命後的新派中國銀行家圈子內掌握了領導權。[43] 上海在二十世紀前半葉崛起為中國的金融中心。某位歐洲觀察者認為，這個城市似乎「維持着數量過多的銀行」。1946 年時，上海一地就有着 4 家中國的中央銀行、14 家外商銀行和 388 家華資的金融機構。[44]

中國的紗廠老闆大多曾向這些機構借過錢，且似乎擅於利用現代的信貸服務。曾有報道指出，1930 年代中國紡織業的半數資本，其實是來自銀行貸款。[45] 中國紗廠一如趙岡所觀察的，呈現出「過度使用資本」的普遍傾向。[46] 舉例來說，申新四廠在 1942 年及 1943 年這兩年間使用

41　J. C. Ferguson (1926), 'Native Banking in Shanghai', *The Chinese Economic Monthly*, 3, pp. 168-183; J. C. Ferguson (1906), 'Notes on the Chinese Banking System in Shanghai', *Journal of Royal Asiatic Society North China Branch*, 37, pp. 55-82; A. L. McElderry (1976), *Shanghai Old Style Banks (Ch'ien-chuang), 1800-1935* (Ann Arbor, Center of Chinese Studies, University of Michigan).

42　S. M. Jones (1974), 'The Ningbo *Pang* and Financial Power at Shanghai', in Skinner and Elvin eds., *The Chinese City Between Two Worlds*, pp. 73-96; Y. Shiba, 'Ningpo and Its Hinterland', in Skinner ed., *The City in Imperial China*, p.436; 鍾樹元（1948），〈江浙財團的支柱──寧波幫〉，《經濟導報》，第 67 期，頁 6。

43　J. Ahler (1964), 'Postwar Banking in Shanghai', *Pacific Affairs*, 19, p. 391.

44　As above, pp. 384-393.

45　陳真、姚洛編（1957），《中國近代工業史資料》，北京：三聯書店，頁 761。

46　Kang Chao (1977), *The Development of Cotton Textile Production in China* (Cambridge, Harvard University Press), p. 143.

的銀行貸款，都超過了其資本額的兩倍。[47]

這種傾向在有些紗廠老闆撤到香港後，依然保持。或許身為移民，他們的不安全感甚至強化了這種傾向。這正如某位與香港紡紗業有緊密聯繫的華人銀行家所描述的：

> 工業家們以最少的投資「勉力」經營，並盡其所能地向銀行借款。他們把利潤存放或投資在香港以外的地方。為迎合市場需求，他們會毫不猶豫地拓展規模，但會盡可能向銀行融資來推動擴張。這麼做的風險是：如果香港突然被接管或喪失其市場，他們的事業就會落入銀行之手。不過香港若維持繁榮穩定，他們的業務也表現良好的話，就可以收割利潤、袋袋平安。[48]

到了 1960 年代，據某位知名的香港銀行家說，紡紗與織造公司的銀行貸款，平均已高達業主資金的 75%。[49]

除了最大限度地利用銀行信貸，部分紗廠老闆本身還具備銀行業的經歷。榮宗敬和榮德生兄弟倆，就是由上海錢莊的學徒生涯開啟事業。[50] 榮鴻元為了替其紡織業務融資，曾在抗戰期間開辦過一家銀行。[51] 在我的四十位受訪者中，有四人的父親曾從事銀行業。6 號廠的董事總經理和 17 號廠的董事則是接受過金融業的正規訓練，更有過從業經驗。24 號廠的董事長在受訪時，正擔任某家本土華資銀行的董事。他

---

47   這是由《榮家企業史料》第 2 冊內，頁 315 和 317 所提供的數字計算得出。

48   J. L. Espy (1970), 'The Strategies of Chinese Industrial Enterprises in Hong Kong', D. B. A. Thesis (Harvard), p. 137.

49   P. A. Graham, 'Financing Hong Kong Business', *FEER*, 17 April 1969, p. 152.

50   See W. K. K. Chan (1977), *Merchants, Mandarins, and Modern Enterprise in Late Ch'ing China* (Cambridge, Harvard University Press), p. 147.

51   《榮家企業史料》，第 2 冊，頁 153。

們當中，不少人都有家庭成員涉足金融領域，「任職於某某香港銀行、某某紐約投資公司，或正在發展他自己的互惠基金」。[52]

　　香港在上海人到來之前，當然絕不乏金融組織。早在二戰之前，香港就已擁有一個相當發達的貨幣及銀行體系。[53] 1947 年針對本地華資工廠的一份調查顯示，它們不少都會獲得銀行支持，儘管那很可能只是提供短期的營運資金。[54] 這說明本土的工業家對處理銀行貸款並非沒有經驗。上海企業家的優勢，似乎繫於三種特定能力。首先是他們長遠的時間視野。我的許多受訪者都承認，當地廣東人在錢財方面無疑是「精明」的。但他們也堅持說，本地人受到香港這轉口貿易港的商業傳統影響，經營實業時傾向於要避免長期的財務承擔。這就如 7 號廠的上海籍紗廠經理所言：

> 廣東人主要是投資在像餐飲這一類的行業。他們的資本可以非常龐大，有時候甚至高達數千萬元。但是他們要求高回報、周轉快。他們寧可手握現金。他們缺乏遠見和耐性。在紡紗業，我們在資本獲利前一定要等待……上海人的營商風格是：動用大量的資本，去追求小而穩定的利潤。

　　第二項能耐，是他們相對不受殖民統治所造成的心理障礙影響。譬如有位上海籍的銀行家說，他的企業家同鄉更敢於接觸香港的英資銀行以求協助。他告訴我：

> 那時候〔1940 年代末〕香港還是個很典型的殖民地，政

52　M. Oksenberg, 'Management Practices in the Hong Kong Cotton Spinning and Weaving Industry' (Columbia University, Seminar on Modern East Asia, mimeographed paper, 15 November 1972), p. 10. 我要感謝奧森伯格教授允許我引用他仍未發表的這篇論文。

53　F. H. H. King (1953), *Monetary System of Hong Kong* (Hong Kong, Weiss); Szczepanik, *Economic Growth*, pp. 18-21.

54　王楚瑩編（1947）,《香港工廠調查》，香港：南僑新聞企業公司。

府和外資公司高高在上。滙豐銀行甚至不歡迎本地人。這家銀行就像是中國的地方衙門，本地人會避而不入，而滙豐銀行對他們的存款也沒興趣。我們剛到時，並不習慣這樣的環境。上海雖然也有過公共租界，戰後它就回歸中國了……有些紡織業者帶他們的部分資本來到香港，但他們的投資大部分還是留在中國……他們大多需要資金來重振旗鼓，所以就跑去敲銀行的大門，說：「我們想見你們的經理。」銀行的職員很驚訝，「這些敢要求見經理的人，是什麼來頭啊？」他們不知道該怎麼應付這些人。

不過起初──即 1949 年前──上海人在爭取那些當時在中國設有分行的大銀行幫忙時，並不十分成功。中國棉紡業發展的早期階段，這些銀行曾為紗廠提供資金。不過因中國的紗廠借貸過多，它們後來都不願意再借。[55] 紗廠老闆於是轉向華資銀行如中國銀行和中國商業銀行等尋求貸款，和英國銀行的關係就變淡了。[56] 所以上海的棉紡業者來到香港後，就必須重建他們和英資金融機構的商業關係。他們需要中間人來作擔保，而這時候，上海人第三項也是他們最重要的能耐──調動同鄉網絡，就能派上用場了。這一點我們將留待第五章時詳加討論。

保留利潤再投資

有效利用資本的另一方式，是將商業利潤留下來再投資。由於我在訪談中避免探究財務問題，所以並無實證資料來評估紗廠再投資的比率究竟有多高。不過各種跡象都顯示，上海的棉紡業者抵達香港時，就已

55　Chao, *Cotton Textile Production*, p. 148.

56　《榮家企業史料》，第 2 冊，頁 209；頁 432−433。

具備必要的資本家精神，懂得善用利潤來作長期投資。

　　如趙岡所述，1949 年前，部分中國紗廠的財務規劃與管理能力可謂相當薄弱。有些紗廠會拿幾乎所有賺得的利潤來分配股利，如果公司成立之初就採用固定分紅制度的話，尤其如此。它們往往不會替折舊先撥付足夠的準備。[57] 不過營運得比較成功的紗廠，如申新的紗廠系統，就能避免這類隱患。譬如申新四廠，它是在長期經歷虧損後，於抗日戰爭爆發之際才開始盈利。1937 年時，該廠約 43% 的利潤是被指定為分派股東的股利。不過股利不是以現金發放，而是以額外股份的形式分派，儘管少數股東（minority shareholders）曾為此抗議。[58] 1939 年至 1945 年間，該廠近半的股利都被轉為新股認購。其結果是申新四廠在這段期間的資本額，從 200 萬法幣升到了 1,000 萬。[59]

　　上海的棉紡業者極重視保留利潤以擴大生產和更新設備這一點，在隨後的香港紗廠中同樣可見。香港的公眾可持股的紡織公司裏，少數股東在分紅一事上，往往會遭敷衍對待。16 號廠的 1973 年年度股東大會上，就發生過一宗「我能分到更多嗎？」的事件，即有一位股東抗議公司在連續幾年獲利後，卻只分派在他看來少得可憐的股利。但他抗議無效。[60]

　　再投資的決定，明顯是受兩項主要的動機驅使，即使命感和不願受制於人。1938 年申新公司內部的一場爭論，當可讓人具體感受到這種使命感和他們對實業的投入。如前所述，申新四廠是在 1937 年內遷到漢口後才開始盈利。該廠董事們馬上就用這筆利潤從國外訂購了 19,000

57　Chao, *Cotton Textile Production*, pp. 144-149.

58　《榮家企業史料》，第 2 冊，頁 51－55。

59　同上，頁 317－319。

60　*SCMP*, 31 August 1973.

枚的新紗錠。不過這些機器因戰事而滯留上海，沒辦法運到內陸。進出口公司乃提議取消訂單、退回訂金。榮氏家族拒絕了這項提議，把紗錠留着。榮德生接着向女婿領導的申新四廠的董事會建議，將這批新機器先借給上海的其他申新紗廠，以此換取在它們的未來利潤中分成。申新四廠對此提議強烈抵制，它的某位董事宣稱「我們最重要的目標就是要留着機器，中期利益能有多少反而次要……這 19,000 枚紗錠是我們的未來命脈」。[61] 但他們最終讓步，因為別無選擇。15,000 枚新紗錠被安置在申新九廠，剩下的 4,000 枚，則是為了讓申新三廠的員工繼續有工作而運轉。後者已經落入日本人之手。[62] 儘管初期受挫，申新四廠的董事們繼續在抗戰期間積累資金，一俟戰爭結束，他們就訂購了 75,000 枚的新紗錠。[63]

這種對棉紡業的獻身精神，往後不時重現於香港的上海籍棉紡業者身上。即使是到了棉紡業已偶爾會被人視為過氣的 1980 年代，他們還是重申對行業的投入。1981 年，香港中央紡織有限公司（Central Textiles (Hong Kong) Ltd.）的董事總經理在致《南華早報》（*South China Morning Post*）編輯的一封信裏寫道：

> 香港的紡織業正在經歷一段困難時期。倖存者正在重新裝備、重構和重組，以改變直接向歐洲和美國出口紗線及布料的傳統經營方向，轉到滿足香港服裝業需求的新路上來……我們是心意堅定的工業家，致力於香港的福祉。我們肯定不需要政策扶助或納稅人的補貼。我們需要的，是在將紡織業提升至一個會令香港引以為榮的行業過程中，得到政府和公眾的道

61　《榮家企業史料》，第 2 冊，頁 56。
62　同上，頁 57。
63　同上，頁 545。

義支持。[64]

1984 年，南海紗廠（South Sea Cotton Mill）投資 7,000 萬港元建了一座新廠房。其行政總裁唐驥千對記者說：「身為實業家，我們對企業和員工都有責任。我們如果不繼續投資，就只能放棄，沒有任何折衷之路可走。」[65]

除了使命感，棉紡業者表露出的另一傾向是：善用利潤來盡可能實現財務自主。自給自足的融資體系，往往會在某個企業集團或「經濟組合」（economic group）的框架內設立，而此經濟組合即「一個涵蓋了多家公司的企業，在各個不同的產品市場上都有業務，惟交易皆受共同的企業經營者和財政節制」。[66] 這類組織的眾多優點之一，就是可以促進資本的內部轉移，讓不同的單位間相互支援，以減少依賴外部貸款。這種方法，長江下游地區老一輩的棉紡業者早就相當廣泛地運用過。張謇創辦大生紗廠獲利後，就將事業擴展到了冶鐵、食油、蠶絲、火柴、電燈泡和麵粉等多個領域。他還創辦了一家航運公司、一家電話公司和一家農墾企業。[67] 榮氏家族是另一個例子。榮家的支柱產業是麵粉廠和紡織廠，而其航運公司和另幾家生產機器、紙張、化學產品的工廠，則可支援強化這兩大產業。[68]

在當代香港，南聯實業有限公司（Winsor Industrial Corporation）這家上海人紡織集團的成功，部分也是得力於這種方法。集團內的每

64　*SCMP*, 17 November 1981.

65　《大公報》，1984 年 7 月 20 日。

66　N. H. Neff (1978), 'Industrial Organization and Entrepreneurship in the Developing Countries: The Economic Group', *EDCC*, 26, p. 663.

67　陳真、姚洛編，《中國近代工業史資料》，頁 350。

68　榮氏家族企業的組織架構圖，可見《中國近代工業史資料》，頁 390。

一家公司，都會維持自己的賬目，惟須每年撥出一定比例的利潤給總公司。這種安排，會讓子公司有努力增加盈利的動機，因為它可自行處置餘下的利潤。而如果它遭遇損失，總公司會借錢給它，待生意好轉時再還。南聯實業的一名董事指出，子公司如果向總公司借錢，支付的利息將是銀行利息的兩倍。如此一來，經營不善者會遭到處罰，而它所支付的利息則留在集團。集團的內部競爭，就是這樣在財務相互扶持的環境下建立。到了 1977 年，南聯實業已經擁有四家棉紡紗廠、四家毛紡紗廠、四家針織品公司、四家服裝公司和兩家漂染及整染廠。此外它還有一間倉庫、四家投資公司、四家房地產開發和物業管理公司可供互補。[69]

　　然而這種內部融資的方式，並非上海的企業家所獨有。早在二戰前，由廣東人擁有的永安公司在上海營運五家紗廠時，就已經有效地用過這一招。[70] 而在香港，至少有兩家紗廠 —— 潮州人投資的 8 號廠和廣東人投資的 4 號廠，也採用這種財務模式。

證券市場

　　上海是第一個擁有證券市場的中國城市。當地的西人經紀，早在晚清時就已成立了上海股份公所（Shanghai Sharebrokers' Association）。[71] 1920 年，中國的金融業者開辦了自己的上海證券物品交易所。[72] 在高峰

69　Winsor Industrial Corporation (1978), *1977-78 Annual Report* (Hong Kong, the Corporation), p. 25.

70　見陳真、姚洛編，《中國近代工業史資料》，頁 423。

71　楊蔭溥（1930），《中國交易所論》，上海：商務印書館，頁 37。

72　《中國交易所論》，頁 36－37。

時期,上海共有逾百家交易所日夜營業,交易所有種類的商品。過度的投機操作,導致破產案例普遍可見。交易所到了 1930 年代就只剩下六家,包括上海華商紗布交易所(Chinese Cotton Goods Exchange)。[73]這些交易所雖有發行股票以上市集資的制度安排,某些紗廠老闆如榮宗敬等也是交易所的積極贊助者,但上海的紗廠卻極少這麼做。[74] 我的受訪者大多也是偏好以私人公司的形式運作,這點我將在下一章討論。這裏值得先交代的一點是:在香港,紡織業者不論是否上海人,都很少利用證券市場來融資。[75]

生產資源

長江下游地區有着悠久的紡織生產傳統。自元代以降,此地即是中國手織布料的主要生產中心,也孕生了各式各樣的本土紡織工具,只是仍未取得機械化的突破。[76] 到了明代,已有關於上海地區興旺之布料貿易的記載。據説個別交易有時候可達數十萬兩白銀,產品則是銷往全國各地。[77] 這樣的傳統使該地在現代紡織工藝進入中國後,依然能夠維持領先地位。1932 年江蘇省的某份官方調查顯示,全國 58% 的棉紡紗廠都在該省。它擁有全國紗錠總數的 61%,僱用了 60% 的紡織工人,並

73　《中國交易所論》,頁 37;徐寄廎,《最近上海金融史》,上海:無出版社,頁 296。

74　Liang, 'Cotton Manufacturers in China', p. 167.

75　滙豐銀行和渣打銀行的經理,都曾評論過這種不願利用證券市場融資的態度。見 M. G. Carruthers, 'Financing Industry', *FEER*, 24 February 1966, p. 8; P. A. Graham, 'Financing Hong Kong Business', *FEER*, 17 April 1969, p. 148.

76　嚴中平(1963),《中國棉紡織史稿》,北京:科學出版社,頁 1–14;Elvin, 'High-Level Equilibrium Trap'.

77　Elvin, *Pattern of Chinese Past*, pp. 286-287.

且生產全國紗線總量的 64%。[78]

　　這種地區傳統，意味着許多移民香港的上海棉紡業者，都是經驗老到的實業家。身為專業的紗線生產商，他們即使在新環境裏，還是執意以自己所知的最好方式營運。我的某位受訪者說：「我們知道如何在這個行業裏盈利」，「就算我們賠了錢，我們也知道為什麼賠錢。」他們有些已經是家族紡織事業的第三甚至第四代傳人。不過這類人的數量有限，畢竟中國的現代工業相對來說起步較晚。如表 3.4 所示，只有三名受訪者的祖父曾是紡廠老闆。而高達 35% 的受訪者，則聲稱他們並不了解祖父背景，少數人顯然真的不知道。舉例來說，33 號廠的董事說：「我祖父是個華僑，連我父親都不認識他。」還有些人則可能是不願意講，而這想必是他們對祖父的卑微出身不覺得光彩。至於知道祖父背景的人，大部分都提到祖父是商人。這一點倒是支持了傳統中國的

表 3.4　棉紡業者祖父一輩的職業

職業	人數	百分比
不詳	14	35.0
商人	10	25.0
農民	5	12.5
棉紡業者	3	7.5
學者	3	7.5
政府官員	2	5.0
公司僱員	2	5.0
買辦	1	2.5
總計	40	100.0

來源：1978 年的訪談。

---

[78]　中國實業部國際貿易局編（1933），《中國實業誌：全國實業調查報告之一：江蘇省》，上海：實業部國際貿易局，頁 5。

商人群體「久經磨練，最能擔負起現代商業角色」的論斷。[79] 不過出於某些我們還沒弄清楚的原因，買辦在棉紡業者的家族系譜中並不常見，而照說買辦在為外國公司工作時，必已習得西方的商業與工業技能。[80]

　　我的受訪者中，近半是來自於有實業經驗的家庭（見表 3.5）。兩代都從事紡紗業的至少三成；另有 15% 的人，則是其父經營過其他類別的工廠。商業活動仍是孕育工業企業家的一個要地。約有 12% 的受

表 3.5　棉紡業者父輩的職業

職業	人數	百分比
棉紡業者	12	30.0
其他實業家	6	15.0
商人	5	12.5
行政主管	3	7.5
會計師	3	7.5
公務員	3	7.5
買辦	2	5.0
海員	2	5.0
技術人員	1	2.5
學者	1	2.5
農民	1	2.5
未答	1	2.5
總計	40	100.0

來源：1978 年的訪談。

79　M. J. Levy, Jr. (1949), 'The Social Background of Modern Business Development in China', in Levy and Kuo-heng Shih eds., *The Rise of Modern Chinese Business Class* (New York, Institute of Pacific Relations), p. 5.

80　有關買辦作為工業投資者、經理和企業家的總體評價，見 Yen-p'ing Hao (1970), *The Comprador in Nineteenth Century China: Bridge between East and West* (Cambridge, Harvard University Press), pp. 120-153。

訪者父親是商人，且往往是棉花或布料商人，即與紡織業密切相關。其餘受訪者的父親也多具備行業技能，譬如曾是行政主管或會計師。即使有三人的父親是公務員，他們也非傳統類型的公務員：一人是上海工部局（Shanghai Municipal Council）僱來應對華資工廠的翻譯，一人在中國海關工作，還有一人任職於中國政府的交通部門。

總的來說，受訪者和他們的上一兩代之間，的確存在相當程度的職業傳承與實業經驗的累積。單憑這一點，自然還不足以讓他們成為能幹的經營者。有些學者曾經指出，中國工業化進程的一大障礙，是手工藝者與商人的社會地位低下。[81] 傳統中國的官方意識形態，是將商人貶抑為社會的最低一級。相對於農業生產的「基礎性質」，商業向來被蔑視為「非必需的」外圍活動。商人的財富總是被說成如過眼雲煙，無法招架官僚的任意侵蝕。由於理論上，傳統的等級制度是開放流動的，商人遂有強烈的動機尋求在社會中向上流動。殷商於是會將財富拿來買地，並鼓勵兒子投身科舉以博取功名。一般認為這樣的趨勢，導致商號的資本和才智都難以累積，最終消散弱化。

這個所謂的障礙到了近代中國，又對實業家們建立其技術專長有多大影響呢？這項社會結構因素的重要性，很可能是被誇大了。回顧歐洲的經濟發展史，格申克龍（Gerschenkron）就曾指出，「即使面對一個激烈反對創業活動的支配性價值體系，不少壯觀的創業活動照樣開展」。[82] 格申克龍相信，重要的是辨識出企業家在不獲社會認同下，用以彌補缺憾的「替代品」是什麼。

商人以「替代品」來彌補缺憾，只是克服這所謂障礙的方法之一。

---

81   As above; Levy, 'Contrasting Factors'; Jacobs, *Capitalism and Asia*, pp. 118-121.

82   A. Gerschenkron (1966), 'The Modernization of Entrepreneurship', in M. Weiner ed., *Modernization: The Dynamics of Growth* (New York and London, Basic Books), p. 253.

另一種可能，則是這個社會對商業的態度，其實並不像某些學者所假定的那樣強烈與一致。商人在農業社會中普遍受到猜疑和敵視，大概是因為不帶人情味的交易，往往會冒犯農民對自己農產品慣有的那種神聖感。在傳統中國，官僚之所以敵視商人群體，還很可能是出於一個額外的、攸關財政的理由。韋伯（Weber）説過，「沒有投資於土地的財富，對廣大的帝國行政當局來説仍是『隱形的』，其税收技術無法涵蓋」。[83] 所以在正常時期，國家並不喜歡商人。不過在財政匱乏時期，國家就會想方設法，在一般的税收系統外提高税收。此時官方的態度丕變，商人就成了資產，因為他們有錢去買國家兜售的官銜和爵位。[84] 此外也不乏官員把資金委託商人投資的事例，且兩者之間確實存在很強的共生關係。[85] 所以我們實在不能説，中國的商人總是遭到蔑視。[86]

除此之外，社會的價值觀也會經歷急劇變化。商人和手工藝者的地位，只有在傳統的社會等級仍受尊重時，才是理論上的底層。當這個等級制度一如清朝末年開始瓦解時，官場功名對有雄心、有才幹的人很快就失去了吸引力，轉向其他領域尋求發展。中國最早的一批棉紡業者當中，部分人的傳記就展現了這種價值觀的變遷。[87] 清朝傾覆後不久，某位在中國生活了二十多年的德國漢學家就説過：「商人與其他社會階級之間的區隔，已經徹底消失。大商人在今天中國社會所扮演的角色，就

83　Weber, *Religion of China*, p. 53.

84　Ping-ti Ho (1962), *The Ladder of Success in Imperial China* (New York, Columbia University Press), pp. 46-52.

85　Elvin, *Pattern*, pp. 289-294.

86　See L. S. Yang (1970), 'Government Control of Urban Merchants in Traditional China', *The Tsing Hua Journal of Chinese Studies*, 8, pp. 186-209; T. Metzger (1966), 'Ch'ing Commercial Policy', *Ch'ing-shih Wen-t'i*, 1, pp. 4-10.

87　見陳真等編，《中國近代工業史資料》中的張謇小傳，頁 348−349。

和在其他地方的一樣重要。」[88]

「商人卑下」論的另一缺點，是它忽略了地區差異。商人的社會位階與聲望，在中國的不同地域間或有不同，而一地的價值體系，往往會比相對遙遠的全國價值體系更直接地影響其成員的行為。這種在規範與價值觀上存在着地域差異的事實，可以從中國知識份子對近代上海的鄙視中看得出來。這些知識份子將上海的生活方式喚作海派——膚淺、沒文化、過度熱衷於賺錢。他們頌揚北京的精神特質，稱之為京派——嚴肅、有藝術造詣、崇尚深刻與完美。在北京這個文化之邦裏，某位中國的教育家宣稱，「唯一的『貴族』階級是有學問的人——畫家、書法家、詩人、哲學家、歷史家、文學家以及近代的科學家和工程師」。[89]至於商業化的上海，他則嘆說那完全不同，因為人的價值在那裏是全由財富來衡量。

這類知識份子的刻板印象，其實指向兩座城市相異的次文化或價值取向。當我和32號廠的廠主們討論上海工業家的特質時，這項主題即浮現。以下這段董事長、董事總經理和他們的私人秘書之間的談話，頗有啟發性：

> 董事長：在我們的家鄉無錫，大家傳統上都從事紡織業。我們年輕時，人們對實業家的尊重多過富人⋯⋯
> 秘書：所以這是說，你們更在乎地位而非盈利。
> 董事長：不是地位。我們是實業家〔實業家乃 industrialists 一詞的中文稱謂，字義即從事「實在的」職業者〕。

88　R. Wilhelm (1947), *Chinese Economic Psychology* (New York, Institute of Pacific Relations), p. 43. 關於商人在近代中國的地位提升，見 Chan, *Merchants*, pp. 39-46。

89　蔣夢麟（1971），《西潮》，香港：世界書局，頁 192-193。

董事總經理：沒錯，就聲望來說，是地位。那時候在中國，你可以從政界或實業界獲取聲望。在香港，你們現在就有太平紳士（JP）、大英帝國官佐勳章（OBE）等這一類的勳銜。

最後的一點，是我們總有很多辦法去讓新活動與社會長久以來所珍視的價值相調適。紡織企業家顯然覺得，他們是在發揚自身文化中備受重視的要素，而非與它背道而馳。他們視自己的工作為「基礎性質」，因為這是在生產生活必需品。他們有些人會將紡織業比作農業，因為在他們看來，兩者都着眼於長期回報。他們對這樣的集體形象是如此在乎，以致會同聲譴責投機行為。他們私底下或許也難免去買賣棉花賺錢，但會在公開場合斥責這種做法。32 號廠的董事長説：

部分紗廠老闆的野心太大了。當棉花的價格暴漲時，他們就大量訂購。這是錯的。身為實業家，你應該只買你要用到的量。如果你要投機，倒不如把廠關了，去當個股票經紀。

1975 年時，棉紡業同業公會並不願支持政府成立香港的棉製品交易所。他們顯然是擔心會出現過度投機。[90]

除了試圖營造一個受人敬重的形象，這批工業家也希望以高學歷來強化地位，而高學歷在中國社會向來是贏取敬仰的保證。我的受訪者八成擁有學士或碩博士的大學學歷，但香港從事經濟活動的人口（economically active population）直到 1976 年時，仍只有約 6% 擁有類似的學術資格（見表 3.6）。如表 3.7 所示，上海籍與非上海籍棉紡業者在學歷的水平上相仿。兩者之別，只是表現在所受教育的類別上。在上

90　HKSCA, 'Annual Report of the General Committee for the Year ended 30th June, 1975', p. 7. 亦可見《南華早報》於 1975 年 6 月 14 日和 19 日的社論，以及 1975 年 6 月 18 日香港政府立法局的辯論紀錄。

過大學的棉紡業者當中，有四分之一曾接受過紡織生產的專業訓練，也有近 19% 的人持有各領域的工程學位（見表 3.8）。這意味着他們四成以上都能掌握生產流程的專技與知識。這種渴望擁有技術專長且真有能耐做到的現象，可謂廣見於近代的中國工業家群體。[91] 22 號廠的董事總經理，就展示了這種對自己能夠靈活創新地掌握機器設備的自豪感。他說：

> 在香港，我們有大量關於新型紡織機器的資訊。我們知道它們的優缺點。所以我們會選擇合適的零件，再加以組裝。不過在這附近的國家裏，業者往往是跟一家公司訂購全套的設備，即由頭到底，包括了最後的那顆螺絲釘。這正是為什麼我們跑在他們前頭。[92]

表 3.6　棉紡業者和香港從事經濟活動人口的教育程度

教育程度	棉紡業者（%）	從事經濟活動人口（%）
未受教育	0	14
小學	0	45
中學	20	35
大學本科	55	6
碩士博士	25	—
總計	100	100

來源：*Hong Kong By-census, 1976*, Basic Tables, p. 27; 1978 年的訪談。

91　Chao, *Cotton Textile Production*, p.141; 亦可見丁熊照（H. C. Ting）的自傳：Ting, *Truth and Facts*, pp. 22-26; 34-37; 82.

92　類似的看法，也可見於 1960 年代發表的某份香港紡織工業的調查報告。「香港棉紡業的機械設備來自許多國家，我們很少發現有本地的棉紡紗廠只用來自單一國家的機器組件。這種國際化的特質，乃香港棉紡業成功之道，因為經驗老到的本地棉紡業者，可以挑選每個國家最出色的機器設備來用。」見 *Federation of Hong Kong Cotton Weavers 1961-1962 Year Book* (Hong Kong, The Federation, 1962), p. 44.

表 3.7　上海籍與非上海籍棉紡業者的教育程度

籍貫	教育程度			
	中學	大學本科	碩士博士	每行合計
上海籍	5	18	7	30
其他	3	4	3	10
每欄合計	8	22	10	40

$X^2 = 1.3$；df = 2；在 0.05 水平上不顯著。
來源：1978 年的訪談。

表 3.8　具大學學歷之棉紡業者修習的學科

學科	學士學位	碩士學位	博士學位	每行合計（%）
紡織	4	3	1	8 (25)
工程	4	1	1	6 (19)
經濟	3	1	0	4 (13)
管理	2	2	0	4 (13)
法律	3	0	0	3 (9)
會計	2	1	0	3 (9)
商業	2	0	0	2 (6)
自然科學	2	0	0	2 (6)
每欄合計	22	8	2	32 (100)

來源：1978 年的訪談。

　　3 號廠的董事長並沒接受過什麼正規教育，其成就乃奠基於技術能力。他十九歲時在一家紗廠當學徒，六年後就有了自己的紗廠。他回憶說：「我當時只有一台捻絲機（twisting machine），而我日夜無休地工作着。我身兼經理、工程師、推銷員、勞工。」與此同時，他還是個研發人員。他發明了一種女士服裝專用的華麗紗線，其企業因此取得財務

突破。他説：「就算是晚上，也有人來敲我的門，要買這種紗線。」[93]

　　中華民國時期，主要有三種類型的大學：一是由中國政府所維持的公立大學，二是由中國民間團體所創辦的私立大學，以及三是由西方傳教士組織所經營的教會大學。教會大學實際上就是中國境內的西方學院，它們以英語授課，教職人員的主體也來自國外。[94] 如果這類大學也被歸類為外國教育機構的話，那麼如表 3.9 所示，擁有大學學歷的棉紡業者當中，幾近八成接受過西方教育。這批企業家早年最嚮往的留學之地是美國。有些人進入最頂尖的紡織學校，如美國麻省的洛厄爾學院，以及英國的博爾頓科技學院（Bolton Institute of Technology）、蘭開夏理工學院（Lancashire Polytechnic）和利茲大學（University of Leeds）的紡織系。還有人則是去了國外的精英大學，如麻省理工學院、芝加哥大學、威斯康辛大學、倫敦政經學院和倫敦帝國學院。所以當他們開始其業內生涯時，想必已經能緊跟上這個領域內的現代科技趨勢。

表 3.9　棉紡業者就讀的大學類型

類型	人數	百分比	累積百分比
中國公立大學	3	9	9
中國私立大學	4	13	22
中國教會大學	8	25	47
美國大學	11	34	81
英國大學	4	12	94
加拿大大學	2	6	100
總計	32	100	100

來源：1978 年的訪談。

93　*Hong Kong Standard*, 21 October 1968.

94　J. G. Lutz (1971), *China and the Christian Colleges, 1850-1950* (Ithaca, Cornell University Press).

在西方受過教育的經歷，也賦予他們另一項優勢，那就是能掌握外語，尤其是英語。我的受訪者中僅四人不會講英語，而他們多是白手起家者。另九成的人則是英語流利。南聯實業有限公司的董事長甚至能說多種語言，除了英語和三種中國方言外，還會日語、德語、西班牙語、法語。這種語言優勢所帶來的經濟價值之一，就是讓他們得以直通西方的技術文獻。

這批棉紡業者不僅自身精通技術，還擁有一項生產力十足的資產 ── 他們所僱用的老練技師和熟練工人。這是因為他們在遷徙時，大多已經挑好了一些僱員隨行。高級職員和其家屬是搭乘公司包租的飛機抵達，[95] 其他人則是經陸路前往。這些由長江下游地區移民而來的技術工人，數目相當可觀 ── 3 號廠帶了 300 名女工過來；12 號廠則是從江蘇的常州招了 120 名女工和 100 名男工過來；17 號廠和 24 號廠各帶了約 300 人；32 號廠則是將 200 多名工人調到香港。[96] 24 號廠的某位董事，當時就曾負責帶一隊工人轉移到香港。他饒有興致地跟我講了那一次的經歷：

> 我是帶了 140 名員工來港，當中有 60 多位女工。我們經漢口前往，結果在那裏被地方政府的官員攔下。他們認為我一定是個「奴隸」販子。他們問：「你為什麼帶這麼多女人同行？」他們懷疑我是要把她們帶到香港賣了。

香港當時還極缺乏熟練的紡織工人，這些員工遂成了早年紗廠的勞動力核心。他們協助訓練本地工人，並讓紗廠幾乎可以立即生產。不過他們的重要性，還是應該更客觀地看待。首先，基層員工需要掌握的技

95　《大公報》，1948 年 11 月 16 日。

96　訪談 3 號廠和 32 號廠的董事；《大公報》，1949 年 1 月 23 日及 24 日；以及 *China Mail*, 27 December 1961。

術，其實相當簡單，三個月內就足以把員工訓練成熟練工人。[97] 此外，
這個核心的工人群體並不穩定。因適應不良和其他問題，部分員工後來
返回內地。而他們回上海的旅費問題，還曾觸發了涉及紗廠的第一波工
業糾紛。[98] 還有就是幾年之後，許多當時留下來的上海工人也離開了。
他們或另謀他職，或結婚去了。

　　這批企業家到底帶進來多少工人，其實並不如他們就未來所需之
熟練勞動力作規劃的能力重要。戰前中國在工人的技術培訓方面並沒有
做得很好，不過紗廠老闆本身的經驗，讓他們深刻意識到技術培訓之
必要。紡織業界至 1940 年代時，就已在上海辦了至少三家紡織培訓機
構。南通學院是由大生紗廠贊助；上海工業專科學校則是由華商紗廠
聯合會開辦；而上海市私立誠孚紡織專科學校是由某家私人的紡織公司
資助。[99] 上海的棉紡業者抵達香港後，就成了提倡職業教育的先行者。
起初，每家紗廠都會自己開班來指導技術人員。某些紗廠如 32 號廠，
還會舉辦淘汰性質的考試來挑選學員。香港棉紡業同業公會於 1955 年
成立時，會員廠商更捐資三十萬港元在香港工業專門學院（香港理工學
院前身）內設立和裝備了一處紡織車間。公會草創之初，也成立了一個
「工作諮詢委員會」，由紗廠代表組成，每月聚會一次，討論技術與行
政問題。然後自 1967 年開始，公會還頒發獎學金，送學子到博爾頓科
技學院接受紡織訓練，後來則是轉送日本的學院。最新的發展是：公會
贊助了一家職業先修學校，1976 年 4 月開辦，學額約一千人。[100]

97　Nihei et al., *Technology*, p. 58.

98　《大公報》，1949 年 1 月 23 日；1949 年 1 月 25 日；以及 1952 年 2 月 20 日。

99　上海市商會編，《紡織工業》，M 部，頁 29–36。

100　香港棉紡業同業公會編，《二十五年發展史》，頁 88–92；香港棉紡業同業公會會員大會年度
　　報告（1976 年 6 月 30 日），頁 29–36。

管理資源

　　1 號廠的董事總經理説：「我們剛來時，本地人經常有工間茶點。他們也不上夜班，沒有紀律可言。我們費了很大力氣，才改變了這種工作制度。」然而數落香港不具備工業文化，未免言過其實。十九至二十世紀之交，香港具規模的工廠數量，其實已足以讓某位西方觀察者下結論説：「跡象顯示，這個殖民地有望成為一個偉大的、日益重要的製造業中心。」[101] 怡和洋行在 1899 年左右創辦的香港棉紡織染公司（Hong Kong Cotton Spinning, Weaving and Dyeing Company），尤其值得一提。它曾擁有 55,000 枚紗錠和 700 人工作的廠區。[102] 不過香港早年出於種種原因，並沒實現工業化。香港棉紡織染公司在經營十五年後，1914 年被迫清盤。它的機器設備被運往上海，成為楊樹浦紗廠（Yangtsepoo Cotton Mill Ltd.），該廠後來又與英商怡和紗廠（Ewo Cotton Spinning and Weaving Co. Ltd.）合併。[103] 香港至 1940 年時，工廠的數量已經甚多，很可能有 7,500 家，儘管它們大多是小型工廠。[104] 所以香港缺乏的，只是管理大型生產單位 —— 如上海棉紡業者所擁有者 —— 的經驗。

101　A. Wright ed. (1908), *Twentieth Century Impression of Hong Kong, Shanghai, and Other Treaty Ports of China* (Lloyd's Greater Britain Publishing Co. Ltd.), p. 236.

102　As above, pp. 236-238.

103　嚴中平，《中國棉紡織史稿》，頁 338。Hong Kong Government (1915), *Hong Kong Administrative Report for the Year 1914* (Hong Kong Government Printer), p. 16; *Commercial and Industrial Hong Kong: A Record of 94 Years of Progress of the Colony in Commerce, Trade, Industry and Shipping (1841-1935)* (Hong Kong, The Bedikton Co., 1935), p. 45.

104　F. Leeming (1975), 'The Early Industrialization of Hong Kong', *Modern Asian Studies*, 9, pp. 338-339.

　　總體而言，上海企業家的管理專長並非來自正式訓練。[105] 如前面的表 3.8 所示，我的受訪者對技術教育的重視程度，普遍超過管理學科。他們當中只有 4 位，即約 13% 的人，取得管理方面的學位。這種優先順序，也反映在同一棉紡家族裏成員的分工情況。14 號和 32 號廠，都各有一對兄弟在自家企業裏並肩工作。兩位哥哥都接受了紡織生產方面的教育，而兩位弟弟一學紡織管理，一習商業管理。我曾問 14 號廠的那位弟弟，為什麼選讀紡織管理？他如此回答：

> 　　我申請學校時，利茲大學也問了我同樣問題。我對紡織的技術層面並沒興趣。起初我學的是會計。不過一年後，我就受夠了。它來來去去全是數字，而我對活生生的人和人際關係更有興趣。然後我的家人說：「你何不選讀紡織科系？」你知道的，在香港，家人很重要。既然我哥已經從利茲大學取得一個紡織的博士學位，現在也負責我們紗廠的生產運作，我想我最好去學點不同的東西。所以我挑了紡織管理。

　　當然，這其中也有例外。唐氏家族所擁有的紗廠，就是有趣地偏離前述模式的紗廠之一。唐家三代都畢業自麻省理工學院，在該校交替修讀管理和技術科系。已故的唐老先生是在 1923 年獲得該校的工業管理學位，其子則是於 1949 年取得化學工程的學士學位。他的孫兒 1973 年畢業，讀的又是工業管理。[106]

　　總的來說，上海籍的棉紡業者是透過直接經歷來獲取管理知識。由

---

105 某位上海籍的管理學專家曾經回憶說，1961 年時任哈佛商學院院長的提爾博士（Dr Teele）在香港演講時，「有位傑出的朋友問，為什麼培訓（training）對管理層來說是必要的呢？」與會的其他人則「反對使用『培訓』一詞，並說只有動物才需要接受訓練」。見 Pan, 'Management and Maintenance', p. 1。Richman 認為，中國的工業經理在管理技巧方面，其實最弱。見 Richman (1967), 'Capitalists and Managers in Communist China', *Harvard Business Review*, January-February, p. 70.

106 Massachusetts Institute of Technology, News Office, 'Tang Residence Hall Dedicated at M. I. T.' (M. I. T. news release, 2 June 1973).

於很多紗廠都是家族所有（這一點我會在第六章詳論），這些企業家往往年紀輕輕就當上了紗廠主管，他們遂有很長的時間可以在擔任最高職務前，習得行政技巧。家族的傳統，加上他們很早就開始實際歷練的管理角色，為其駕馭一支龐大的工人隊伍預作準備。相比之下，有好幾位潮州籍的棉紡業者就抱怨說，經營紗廠真是件令人惱火的事。他們為工人們不斷製造的小問題而煩擾。舉例來說，8號廠的董事總經理就說他愈來愈被房地產業吸引，因為他只要和一小撮人打交道，就可以賺更多的錢。這類抱怨，在上海籍棉紡業者當中是極少聽到的。

上海工業家憑着他們所積累的經驗，為香港帶來其組織藍圖，本地紗廠大致上都已跟足採行。紡織公司通常會將其行政與銷售辦事處設在中央商區，而將負責生產的廠房另設於香港的偏遠郊區，主要即荃灣區。[107] 圖 3.1 所展示的，就是這些紡織企業的基本組織模式。

上海籍棉紡業者在樹立他們對工人的權威和掌控工人方面，也頗有一套。他們清楚意識到官僚架構的用處，以及靠保持社交距離來建立權威結構的必要性。就此而言，新成立的 9 號廠的潮州籍董事批判其上海籍競爭對手的評論，頗能發人深省：

> 他們大多能力超卓又經驗豐富。過去他們的確貢獻良多。但他們很沒彈性，太過堅守慣例。他們有非常嚴格的等級架構。董事當然表現得非常冷漠，不過就算他很少到紗廠走動，也還說得過去。可是如果連紗廠經理都自視為大人物，那就說不過去了。今時今日，你必須和工人融洽相處，也要更講究平等。時代已經不同了。

107　這種將商業辦事處和生產廠房分開的作法，在民國時期的中國可謂相當常見。舒爾曼（F. Schurmann）認為這代表了一種「政策─經營的二分法」（policy-operations dichotomy）。見 Schurmann (1966), *Ideology and Organization in Communist China* (Berkeley, University of California Press), p. 227.

圖 3.1　紗廠的組織架構

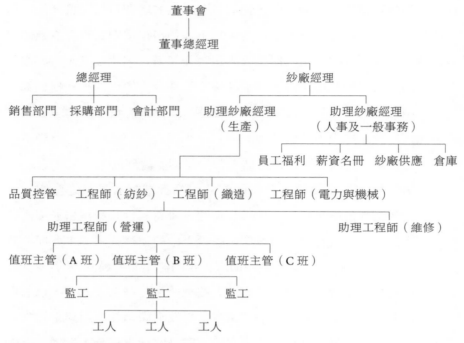

來源：1978 年的訪談。

　　我因為不曾在紗廠駐點觀察過，無法確定這是否對上海籍棉紡業者處事風格的精準描述。但如果真是這樣，顯然會導致員工的不滿無法上達管理層的這類溝通問題。紗廠大都設有讓員工發聲抱怨的雙重渠道，但其設計往往是在強化等級秩序。正常情況下，工人只能向他們的直屬上級投訴。如果事情還是沒解決，他們可以直接去找董事總經理。不過我的受訪者大多承認，第二項求助渠道極少用上。這類中央集權式的管治風格，說來倒也有其優點：管理層比較容易藉此掌握下屬的尊敬和服從。董事和高級職員講的方言有別於一般工人這個事實，很可能也有助於他們與工人保持社交距離。這或許也是為什麼上海籍棉紡業者在香港

待了近三十年後，大多還是不太會講粵語的原因之一。

　　為了維持穩定的勞動力以持續生產，上海籍企業家也奉行一種家長式的控制模式，而這體現於紗廠的獎賞制度。他們可是在香港芸芸華人僱主當中，最早為工人提供可觀的附加福利的群體。香港棉紡業同業公會就曾自豪地記述其成就：

> 　　在〔棉紡業同業〕俱樂部時期，棉紡業者在行業的工資水平上，就已經領先其他工業。我們自始的做法就是：所有紗廠在年終時，都會給員工發放相當於一個月的額外薪酬，或是依其全年的上班日數比例計算出來的金額。紗廠全體至今都還在奉行這項承諾，做法上也沒怎麼改動過，工人們普遍都感到滿意。[108]

　　除了農曆新年獎金，1977 年時，紗廠的體力勞動者還能享有以下福利：

（1）每天 2 至 4 港元的生活費補助；

（2）比正常工資高 50% 至 100% 的加班費；

（3）每月相當於 3 至 6 天工資的全勤獎勵；

（4）每次輪值夜班時，1.10 至 8.40 港元的值班津貼；

（5）1972 年前入職者，工作逾兩年後可獲發長期服務獎金；

（6）每天 3 毛錢至 5 港元的食物補貼，或在工廠的飯堂裏享受免費/資助餐食。

（7）每年 10 天的有薪假期；

（8）每年 12 至 36 天的有薪病假，可獲每日工資的三分之二；

（9）單身及已婚工人在大多數的紗廠裏，都可免費入住宿舍；

108　HKCSA, *Twenty Five Years*, p. 51.

（10）未住宿舍者，也獲安排免費交通；

（11）工人的賠償金和死亡撫恤金；

（12）免費醫療，主要由紗廠的醫生和護士診治；

（13）休閒娛樂活動，主要形式即假日時的短途外遊。[109]

　　前述這一整套福利中，僅有薪年假一項是法定的勞工福利，其他福利都是紗廠老闆在政府沒立法規定下就自願提供的。這種看似開明的做法背後，其實藏有雙重動機。首先是基於經濟的算計考量。紗廠老闆鮮少會在維持穩定生產所需的必要費用之外，再額外付出什麼。1940年代末，香港的勞動力充沛，他們當時就沒照搬在上海時提供的全套福利，而是扣下了部分。他們沒有在香港沿用上海正常的 10 小時輪班制，而是改為 12 小時。至於農曆新年前的年終獎金，上海的常態是相等於 40 天的工資，在香港則淪為只是介於 12 天至 29 天工資的分級獎金制。[110]

　　不過到了 1970 年代初，情勢已變。勞力短缺和員工流動之頻繁，導致部分紗廠在和某個紡織業工會談判後，引入了長期服務獎金。不過棉紡業同業公會也通過一項動議，不對 1972 年後才聘用的工人發放這類獎金，其目的顯然是為了限制紗廠之間的競爭。1974 年經濟蕭條，生意慘淡，部分紗廠就全面取消了長期服務獎金。這讓相關的工會很沮喪，卻也無可奈何。[111]

　　上海籍企業家對成本與員工福利之間的細心權衡，還可見於他們為員工提供免費宿舍一事上。這項福利，起初是為了因應上海於工業化初

109　Hong Kong Productivity Centre (1978), *Textiles Industry Data Sheet* (Hong Kong, The Centre), p. 12; 以及來自我 1978 年訪談時的各項資料。

110　《大公報》，1949 年 1 月 23 日、25 日和 28 日。

111　見香港勞工處勞資關係服務組（Labour Relations Service Section, Labour Department）內，有關 12 號廠和 13 號廠的檔案。

期階段勞力供應並不穩定而安排的。為了吸引周邊地區的鄉下人——尤其是年輕婦女到紗廠工作，就有必要確保他們在這陌生的都市環境裏有個棲身之所。由於這些新進員工仍未適應工廠的勞動環境，讓他們住在緊鄰紗廠的宿舍，也有利於管理層維持紀律，避免員工曠職和遲到。這些紗廠老闆來到香港後，類似的經濟效益，也讓他們覺得該繼續為員工提供免費宿舍。唯一不同的是，員工的城鄉流動方向恰好相反。紗廠因香港缺乏土地，不得不設在郊區。市區的租金昂貴，所以免費住宿對城區來的僱員來說，是個極大誘惑。

　　除了經濟考量，員工的福利也攸關文化。我的受訪者在談論勞工與管理層之間的關係時，就常會拿理想的家庭形象來比喻。他們似乎自覺是一家之長，所以理當關心和照顧所僱之人。譬如 26 號廠的經理會形容其董事總經理是個嚴厲之人，他決定所有重大事務，也甚少白紙黑字地訂下員工福利。不過員工一旦遭遇困難，向他求助，據說他既體貼又慷慨。這正是一位中國父親該有的表現。為證實這個觀點，讓我們回到紗廠老闆所提供的宿舍上來。

　　住在這些宿舍裏的員工，需要遵守許多規則和條例。那是個嚴格管制下的宿舍生活，反映了管理層所奉行的一種道德掛帥的保護員工態度。單身的員工要男女分隔住宿，且禁止異性來訪。每天晚上規定的時間一到，就要熄燈關門。賭博也在禁止之列。這些規例在上海時，曾經激起部分女工趁舍監睡覺之際出逃；而在香港，勞資之間則會因員工被指控在宿舍內聚賭遭到解僱後，發生衝突。[112] 這批企業家就像父母要求孩子應行為端正一樣，顯然把自己視作僱員的道德監護人。

　　這些工業家把附加福利看成是對工人施惠，而非工人本該享有的福

112　薛明劍（1935），〈辦理申新三廠勞工事業的經驗〉，《教育與職業》，第 165 期，頁 336；《大公報》，1949 年 11 月 24 日。

利。這種家長式的作風，含有激發下屬的責任感又抑制其階級意識滋長的意圖。棉紡業者非常謹慎地要避免強大的工會運動出現。在涉及紗廠的大多數工業糾紛案裏，衝突往往是因廠方解僱某些工人而起。在聲援那些失去工作的同事過程中，其他工人也會利用這個機會，針對就業條件提出要求。雙方短暫對抗後，管理層通常會滿足工人的部分要求，提高薪資或提供額外福利。一如香港政府勞工處的某位官員所言，廠主都很在乎面子和他們自己的公眾形象。不過一般來說，他們並不會讓已遭解僱的工人復職。他們極力捍衛自己辭退工人的權力。正因為在乎管理上的特權，他們對勞工處於 1960 年代末積極倡導的勞資共同磋商（joint consultation）的理念興趣缺缺。他們對此的回應基調是：不希望培養出勞工組織者。以下就是勞工處官員為推廣「共同磋商」而到訪紗廠後，所撰報告的部分摘錄：

> 勞資關係向來都非常親善友好；管理層擔心任何對現狀的改變，都可能會打亂這種和諧。
> 管理層擔心，這將為工人成群結黨提供機會。
> 事實上，管理層早在數年前就已試行過這項概念，但他們失望地發現，工人並不願意在自己的群體內選出代表。王先生（紗廠經理）將之歸咎於工人不負責任的行為，以及他們的高流動率。[113]

少數紗廠確實已經意識到擴大工人參與的好處，引入了工人和管理層雙方定期開會的安排。不過廠方並不鼓勵工人推舉代表，這一點我們可以在政府有關 5 號廠這個「成功」個案的報告裏看到。5 號廠每週都

---

113 「共同磋商」推廣活動的訪廠報告：1973 年 5 月訪 30 號廠的報告；1968 年訪 3 號廠的報告；1972 年訪 12 號廠的報告。官員也曾記錄下 13 號廠和 6 號廠的類似反應。見勞工處勞資關係服務組的檔案。

會舉辦一場「論壇」，由部門主管主持，所有職員和一成的部門工人會出席。會議記錄會「予以保存，但不流通」。工人們則會拿到一份年終報告，說明每一場論壇做了什麼。勞工處官員在參觀 5 號廠時記錄說，該廠工人是輪流參加這類會議的，且並沒有選舉出任何代表：

> 管理層的評估是：讓工人輪流來參加論壇，是最合適的代表形式。這樣的做法，既可超越派系利益，也可以避免佔優勢的政治派系在代表的數量上，壓倒弱勢派系（如果工人的代表是由選舉產生，這種情況就可能出現）。此外，輪流制讓工人都可以實際參與，有助教育他們共同磋商的理念。[114]

行銷資源

上海籍的棉紡業者雖鮮少提到資金短缺是他們在香港經營企業時的初期障礙，卻視行銷為一個難關。14 號廠的董事總經理強調，在香港開廠之初，銷售是主要的困難。他說：「我們當時還沒有行銷據點，現在就沒問題了。我們有六成的紗線出口，餘下的四成在本地銷售。」1 號廠的某位董事則反覆強調了這方面業務的重要性，他如此主張：「行銷需要人與人之間的『接觸』，這樣的人際聯繫，你有就有，沒有就是沒有。你是沒辦法從書裏頭學到銷售和行銷技巧的。這就是為什麼你應該加入一家好公司，以歷練自己在這方面的能耐。」所以他們會細心經營和買家的關係，並且努力避免讓買家接觸到競爭對手。最高階的主管通常會親自出差，去尋找潛在市場，並與客戶當面談判。[115] 有好幾位

114　1971 年 8 月訪 5 號廠的報告。見勞工處勞資關係服務組的檔案。

115　Espy, 'Chinese Industrial Enterprise', p. *i.*

董事總經理正是因為公務出差不在香港，而無法應邀受訪。他們看來
非常重視和買家建立私人關係。對某些紗廠來說，買家如果遭對手「偷
走」，會是個大問題。當我問 10 號廠的董事有關其拔擢行政主管的標
準時，他給了我一個意料之外的回答：

> 最重要的是家庭背景。之前有兩三位來自富裕家庭的人
> 讓我們感覺很糟，因為他們後來都成了我們的競爭對手。這對
> 銷售的打擊尤其嚴重。他們都是在和我們的買家建立聯繫後才
> 離開，所以能夠成為紡織交易商，賺取 1% 或 2% 的佣金。

受訪者都把行銷據點當成自家的重大機密看待，所以我只能從片
斷資訊中，推論行銷據點是如何建立的。棉紡業者的教育背景，看來早
已為他們的商業聯繫和營銷情報蒐集，提供了一個甚具價值的社會網
絡。中國各家教會大學的畢業生們，都分別在香港成立了校友會，而這
十五個左右的校友會，後來又聯手組成總會，即「全國基督教大學同學
會」，由各校友會成員輪流擔任主席。某校友會的一位粵籍會員曾語帶
嫌惡地說，其社團已經淪為一個非常「商業化」的組織。他說：「那些
來到香港的上海人，先是在校友會立足，然後就開始尋覓商機，尤其是
保險業的商機，並宣傳其商業冒險計劃。」

話雖如此，棉紡業者大多應該無須訴諸於這類直接的策略。不過在
這些校友群體裏，的確可能有某些同學可以提供一個現成的人際框架，
讓他們接觸到潛在客戶。這些教會大學都曾經由美國的宗教團體資助並
由美籍職員管理，而那可能有助其畢業生於 1950 年代中期就打入重要
的美國市場。至於曾直接入讀英、美大學的人，更是可以和兩國建立直
接的社會聯繫。1973 年，麻省理工學院將某座新建的學生宿舍命名為
「唐炳源堂」（Tang Hall），以表彰已故之唐先生對學院的財政支持。我
們從學院的相關新聞稿中，當可隱約看出其舊生網絡。新聞稿稱唐先生

為「麻省理工的 1923 年班校友」，又提到命名儀式「與唐先生這一班
的五十周年班聚同日舉行」。[116] 如果能了解這批同學對其事業發展提供
過多大幫助，想必很有意思。

　　值得注意的是，受訪者和他們的子女都不是畢業自香港本地大學。
這些人後來能取得高學歷已證明其能力，他們顯然不是因無法獲得本
地大學錄取才留學海外。他們很可能根本就沒申請本地大學，而原因之
一，是他們在本地大學裏交的朋友，未來恐怕沒辦法給他們帶來多少好
處。棉紡世家的孩子，通常會被家人送往美國或英國留學，而兩者正是
香港紡織業的主要市場。這種有意識地將人力資本投資多元化的策略，
可清晰見於近代中國著名的「火柴大王」——上海實業家劉鴻生的家族
史裏。有記者在和劉鴻生的兒子訪談過後，如此寫道：

> 　　他很清楚知道，中國當年是個弱國。究竟哪個國家最終
> 會〔在二十世紀初期〕宰制中國，可沒有人說得準。劉老先生
> 是個聰明人。他把三個兒子和一個女兒送到英國留學，又送三
> 個兒子和一個女兒到美國。而餘下的兩兒一女，他則派往日
> 本。他很滿意，認為計劃完備得無懈可擊。所以未來無論是哪
> 個境外強權成了中國霸主，劉氏家族都已早作佈局，和對方扯
> 得上關係。[117]

　　劉鴻生的明確目的雖是着眼於政治保險，其子女在國外的關係網
絡，想必也有利於市場營銷。

　　上海棉紡業者可以仰賴的另一套網絡，是他們和在上海從事進出
口貿易的西方公司 —— 大多即英國公司 —— 的商業聯繫。棉紡業者需

116　M. I. T., 'Tang Hall', p. 1.

117　Wong Siu-kuan (1966), 'An Interview with a Shanghai Capitalist', *Eastern Horizon*, 5,
　　　pp. 11-12.

要它們來幫忙代訂紡織機器和原棉，也需要它們代為處理紗線和棉布。
這些公司並不是在中國的公司法下註冊，因為它們在通商口岸享有治外
法權。在香港，它們大多是以「中國公司」或「香港中國公司」（Hong
Kong China companies）的名稱成立，以表明其業務主要是在中華民
國。[118] 1943 年當英、美兩國在中國的治外法權被取消後，這些公司就發
現自己的法律處境不妙。擺在它們面前的有兩條路：將業務轉移到英國
和英國的領地，或是遷至香港。於是到 1946 年時，已經有約二百家這
類中國公司成了既在香港註冊、也在該殖民地設立總部的企業。它們比
上海企業家較早來到香港，所以後者抵達時，首先就是找它們協助，例
如身為英商的信昌機器工程有限公司（China Engineers Ltd.）。我會在
第五章進一步討論這種現象。

上海工業家的最後一項行銷能耐，則比較難以捉摸。他們會憑「自
我表現」，營造一種比其粵籍同行看起來更高明的印象。以公司的訪客
接待處來說，他們往往能成功營造出一種舒適的、國際大都會的，卻又
同時很中國的氛圍。這些接待處若非在董事總經理的寬敞辦公室裏，就
是在擺放了出色家具的單獨房間裏。以下就是我在拜訪 3 號廠後，在筆
記裏記下的一段文字：

　　接待室佈置豪華。面向入口的牆上，掛着一張公司董事
長的黑白人像照。而在其肖像下方，則是擺了個紫檀木餐具
櫃，櫃上放着四件裝飾品。擺在左右兩邊的，都是帶框的彩色
照片。左邊的那幀照片，是董事長為香港棉紡業同業公會的會
員和香港上海滙豐銀行交流的一場網球比賽後頒獎。右邊的那
幀照片，則可見董事長於 1972 年的某次賽馬結束後，牽着他

118　*FEER*, 16 October 1946, p. 2.

那頭獲勝的愛駒。而擺在兩幅照片中間的，一是董事長獲委任
為太平紳士時，職員們致賀的銀盤；另一樣則是個製作精巧的
鐘。接待室鋪滿地毯，正中央還擺了個中型圓桌，桌面則是綠
色大理石。而桌邊圍放的六張椅子，則覆着橘黃色的天鵝絨椅
套。某面牆上掛着一幅中國山水畫，還有幾把中國扇畫。

　　當然，並非所有的接待區都讓人如此驚艷。不過地毯、精緻的家
具和中國畫，確是相當常見。相比之下，潮州籍或粵籍老闆的公司接待
處，通常都是既小又徹底功能導向。舉例來説，33 號廠的董事們的辦
公室，就是設在工廠建築的一樓。這裏擁擠地擺放着三張灰色的鋼桌，
而這些鋼桌與外頭大辦公室裏所用的並無二致。顯然，三位董事是共用
這間房間。此外，房裏還有個低矮的咖啡桌和一套簡單沙發。唯一能顯
示這辦公室主人的地位的，是兩張高背的董事椅和咖啡桌上的一盒雪茄
煙。牆上除了一排十二張帶框的照片外，沒有任何裝飾，而相中人則是
身着畢業袍的十位青年男士和兩位年輕小姐。這些都是董事們的家人。

　　除了辦公室的排場，上海籍工業家也比其他同行講究穿着和儀表。
我的訪談是在炎熱的夏季進行，上海籍受訪者卻大多依然穿着全套的
西裝領帶。粵籍和潮州籍的棉紡業者，則往往只是一襲襯衫，也不繫領
帶。上海裁縫和理髮師在香港享譽甚高或非偶然，這足以顯示上海人很
注重其外在儀容。

　　以上對上海企業家行業技能與資源的考察，説明他們抵達香港之
際，其實已具備投身於紡織工業的所有條件。他們所帶來的工業資本，
就是新而現代的機械設備。技術方面，他們游刃有餘。這個群體有管理
大型工廠的豐富經驗，也已經發展出一套應對勞工的辦法。他們又能機
敏地把握和守護市場機遇。他們與粵籍和潮州籍的同行在以下三方面差
異最大：首先，他們能透過啟動同鄉網絡中的社會聯繫，為自己取得香

港英資銀行的支持；其次，他們重視對技工的培訓，而這使他們有餘裕去規劃未來的人力需求；其三，他們懂得展現自己高雅的一面，而這很可能有利其促銷及保住生意。

　　話雖如此，我們倒也不必誇大上海工業家在各項技能上的優勢。他們不愛利用證券市場集資和不太在乎讓自己接受正規管理培訓的作風，實與其他籍貫的工業家們相近。而我也早就指出，香港的粵籍、潮州籍和其他籍貫的華人企業家群體裏，也不乏掌握了金融、生產、管理、行銷等相關技能之人。他們起初或許會落於上海人之後，但這類技能本質上既非天賦，他們也可以很快上手。所以說上海人不能單靠幾項技能，就守住他們在棉紡業界的主導地位。一個可能是：上海棉紡業者所奉行的管理態度與規範，為他們壓過競爭對手再添優勢。我將在下一章詳盡檢視這種可能性。

| 第四章 |

商業意識形態

格萊澤（Glazer）與莫伊尼漢（Moynihan）曾就族群（ethnic groups）一詞如此寫道：「不同族群會在共同的環境下套用不同規範，其成效也因此有別 —— 此所以『族』（group）的地位不一。」[1] 上海人在其職業活動上，是否自成一套規範與態度？若真如此，就意識形態層面而言，這和來自不同地域背景的其他華人企業家有何區別？而上海人的這套規範與態度，能夠幫助他們在工業競賽裏贏過對手嗎？

由於至今少有人探討中國人的商業意識形態，這些問題其實很難回答。[2] 這方面的系統性研究匱乏，反映的無疑是中國資產階級的孱弱。[3] 中國政體在社會結構裏所處的至高無上位置，顯然使學者將關注點主要擺在政治行為者的想法上。

輕忽商業意識形態的現象，其他社會亦然，只是程度有別。本迪克斯（Reinhard Bendix）就曾指出：「工業化的整個進程發展，都伴隨着

---

1   Glazer and Moynihan, *Ethnicity*, p. 17, original emphasis.

2   這方面已有的少量研究，可見 E. Ryan (1969), 'The Value System of a Chinese Community in Java', Ph.D. thesis (Harvard University), pp. 13-36; King and Leung, 'The Chinese Touch', pp. 33-50; S. M. Olsen, 'The Inculcation of Economy Values in Taipei Business Families', in Willmott ed., *Economic Organization*, pp. 261-296; and Bergère, 'Role of Bourgeoisie', pp. 242-257.

3   我對「資產階級」（bourgeoisie）的界定，乃跟從馬克思的説法，即他們是「佔有社會生產資料並僱用受薪勞工的現代資本家階級」（the class of modern capitalists, owners of the means of social production and employers of wage labour）。See K. Marx and F. Engels, 'Manifesto of the Communist Party', in H. J. Laski (1948), *Communist Manifesto: Socialist Landmark* (London, George Allen and Unwin), p. 119, note 1.

知識份子對〔管理〕意識形態的不屑一顧。」[4] 這種拒斥，顯然是基於我們把資產階級的「真實」動機與價值取向都已經搞清楚的假設之上。卡爾・馬克思就資產階級心理狀態的描繪已是一錘定音，進一步的探索看似多餘了：

> 資產階級只要在哪裏佔了上風，就會終結所有封建的、父權的和淳樸的關係。它無情地斬斷了那些把人束縛於其「天然尊長」（natural superiors）的形形色色的封建羈絆，也使人與人之間除了赤裸裸的利害關係及冷酷無情的「現金支付」（cash payment）外，再無聯繫可言。它讓那源自宗教虔誠、騎士熱忱和俗世溫情的超凡幸福感，全都淹沒在自我唯利是圖的冰水之中。[5]

如果資產階級的所作所為，其精髓就是「赤裸裸地、無恥地、直接且殘酷地剝削」，[6] 那其言論自然不值得我們認真關注。

不過這種對資產階級的成見，未免輕率。商人是否比政治人物和知識份子更可能扭曲「事實」來掩飾其自私自利，需要實際驗證。社會學界對意識形態 —— 主要是政治意識形態 —— 的研究進展，已經讓人意識到態度與行為之間的關係高度複雜。思想與行動很少能完全分離，但也不是簡單地從此到彼或從彼到此。學界目前普遍同意，人的態度免不了會帶來行為後果，而同一套意識形態可以有各種不同功能。「它既是個自我釋除疑慮的方法，也是個說服工具、一個權威的正當性來源。」[7] 所以從宏觀的層面看，商業意識形態「可以被視為變化中的階

---

4   R. Bendix (1959), 'Industrialization, Ideologies, and Social Structure', *ASR*, 25, p. 615.

5   Marx and Engels, *Manifesto*, p. 123.

6   *Manifesto*, p. 123.

7   A. Fox (1966), 'Managerial Ideology and Labour Relations', *British Journal of Industrial Relations*, 4, p. 372.

級關係的一個症狀，也因此是我們理解工業社會的一道線索」。[8] 而在微觀層次上，仔細檢視這類意識形態，或能讓我們更全面地理解工業家的社會角色。

本研究是以「強制選擇法」（forced choice）下的幾套陳述，評估棉紡業者的態度。有些陳述是尼科爾斯（Theo Nichols）在研究英國商人時就發展出來的，[9] 為便於比較分析，我在此借用。不過尼科爾斯只關注商業意識形態的某個面向，即商人對社會責任的理解，我遂添加了一些陳述，以涵蓋更廣泛的主題。

強制選擇法有別於另兩種主要的研究途徑。首先，本迪克斯的研究代表了跨文化的歷史研究法。[10] 他避免使用問卷是合理的，因為他關注的主要是曼海姆（Karl Mannheim）所說的「意識形態之總體觀」（total conception of ideology）。[11] 他要評價整個時代與社會的價值觀，尤其是要以僱主和工人之間的權威關係為切入點。他重視的是有關工業活動的意識形態，而非工業家的意識形態。他會去考慮那些不從商的理論家的想法，因為他關心的是意識形態的大勢變化，而不是個人或群體的信念。

第二種方法，或可稱之為精英研究途徑（élitist approach）。它與強制選擇法較為接近，因為兩者都是在處理「特定的意識形態概念」

8　Bendix, 'Industrialization', p. 615.

9　T. Nichols (1969), *Ownership, Control and Ideology* (London, George Allen and Unwin).

10　R. Bendix (1956), *Work and Authority in Industry* (New York, Wiley); Bendix (1954), 'Industrial Authority and Its Supporting Value System', in R. Dubin ed. (1969), *Human Relations in Administration* (Englewood Cliffs, Prentice-Hall, 2nd edn.), pp. 270-276; Bendix, 'Industrialization'.

11　K. Mannheim, *Ideology and Utopia* (London, Routledge and Kegan Paul, 1936), pp. 49-53.

（particular conceptions of ideology），或者說社會某特定群體的態度。[12]
然而除了這一點相似外，精英研究途徑也聚焦於重要商人的公開聲明。
「工業界政治家」（industrial statesmen）演講或文稿的內容，都會被拿
來作不同程度的嚴格分析。不過聚焦於此，會帶來幾個盲點。首先，
這無助於我們理解他們私下的觀點；其次，它無視「沉默大多數」的看
法；其三，這種方法往往也忽略了他們未宣之於口的某些假定條件。

強制選擇法對前述幾點就會比較敏感。它所涵蓋的群體也更為具
體、更有代表性，而受訪者的回答，也可以較清晰地予以量化。強制選
擇法當然也有局限。它主要的局限，是主題和「意識形態選項」都是研
究者事先為受訪者設定的，它們與商人的相關性就成問題。我們在理解
了強制選擇法的這些特點後，以下就針對社會責任、政府與商業之間的
關係、行業內的和諧與衝突、競爭與合作、自主與自僱、利潤共享等多
個主題，檢視棉紡業者的回答模式。

社會責任

有些人會認為社會責任這一商業信條的出現，是與工業社會裏所
有權和控制權的分離有關。[13] 此派的理論家們議論說，這種權力區隔，
會讓一個全新的「專業經理—董事」（professional manager-directors）
階級得以成形。他們與工業資本的關係有別於傳統的「所有者董事」

12　這包括以下研究，如 F. X. Sutton (1956), *The American Business Creed* (New York, Schocken); R. Heilbroner (1964), 'The View from the Top: Reflection on a Changing Business Ideology', in E. Cheit ed., *The Business Establishment* (New York, Wiley), pp. 1-36; T. Christ (1970), 'A Thematic Analysis of the American Business Creed', *Social Forces*, 49, pp. 239-245; M. S. Seider (1974), 'American Big Business Ideology: A Content Analysis of Executive Speeches', *ASR*, 39, pp. 802-815.

13　Nichols, *Ownership*, pp. 52-57.

（owner-directors），既然如此，他們對商業前景的展望也往往不同。此派學者假定，專業經理—董事比較不在意追求公司利潤的極大化，而會更願意去配合公共財（public good）與群體福利的較廣泛利益。

如果這個理論可靠，我們應該會發現相比起西方的工業家，追隨社會責任這項意識形態的香港華人工業家會較少，因為在這個殖民地裏，所有權與控制權的分離程度要低得多。由於香港的棉紡業者大多是所有者董事，他們可能會採取古典自由放任的觀點立場，畢竟他們也是活在一個被視為有利於此古典意識形態的環境當中。話說有位觀察家就形容香港是「約翰·史都華·彌爾的另一座島嶼（John Stuart Mill's Other Island）」，另一人則堅稱「〔自由的〕競爭為當地工業界提供了一個達爾文式的檢驗，優勝劣敗、適者生存」。[14] 曾經在中國沿海城市出現過的一片經濟叢林，這個在費孝通眼中中國社會「道德上不穩定」要素的匯集之地，就孕育出了中國早期的資產階級：

> 一群特殊的中國人被這些港口吸引而來。他們就是人們口中的買辦（compradors）⋯⋯ 從宗教甚至文化的價值觀上看，他們都是不老實的、金錢至上的、個人主義的不可知論者（agnostic）。條約口岸都是超級大城。它們是只汲汲於追求財富之地，傳統與文化闕如 ⋯⋯ 孩子成長時，他們讓其接受現代教育，並將子女送出國，負笈西方的大學。一個新階級正是從這群體中成形 ⋯⋯ 不過因為是在國際大都會的環境裏成長，這群人基本上已是混合體。他們明顯表現出不願承擔社會

14　H. Smith (1966), *John Stuart Mill's Other Island: A study of the Economic Development of Hong Kong* (London, the Institute of Economic Affairs); N. C. Owen, ‘Economic Policy in Hong Kong’, in Hopkins ed., *Hong Kong*, p. 141. 有關香港政府「在宏觀經濟上自由放任，微觀經濟方面卻插手干預」的實踐之道，更細緻的觀點可見 B. Glassburner and J. Riedel (1972), ‘Government in the Economy of Hong Kong’, *Economic Record*, 48, pp. 58-75。

　　責任的買辦性格。[15]

　　如我們在前兩章中所見，這批資產階級的後代裏，有些人已經移民香港。他們在道德上的正直，顯然仍未獲加強。[16]

　　於是兩種關於上海工業家社會倫理的假說就出現了。首先是假設他們就比例而言，比起西方同行較不認同社會責任這樣的信條；其次是假設他們大多是胸懷古典自由放任精神的經濟人（economic men of the classical *laissez-faire* mould）。為檢驗這兩項假定，我用了尼科爾斯所研擬出的那套強制選擇問卷，惟稍作調整。[17]尼科爾斯假設在有關商界的社會倫理上，存在三種意識形態立場。除了社會責任和自由放任，他還設想了第三種正當化商業決策的價值取向，即以公司的長遠利益為考量。他挑選了四個關注領域（areas of concern）──給工人設的裁員條款、商業的社會目的、商人的社區參與，以及工人對公司資訊的知情權。他在每個領域裏都擬出三道陳述，以代表各種不同的意識形態立場。受訪者會被要求從這三道陳述裏，挑出一個最接近自己信念的選項。此人的選擇，就可表明他到底是傾向自由放任的觀點，還是更重視公司的長遠利益或社會責任。[18]

　　除了與「工人對公司資訊的知情權」相關的那一組陳述外，我保

15　Hsiao-tung Fei (1946), 'Peasantry and Gentry: An Interpretation of Chinese Social Structure and Its Changes', *AJS*, reprinted in R. Bendix and S. M. Lipset eds., *Class, Status and Power: A Reader in Social Stratification* (Glencoe, The Free Press, 1st edn., 1953), pp. 646-647.

16　Oksenberg 發現，從事棉紡與織造業的工業家們「不是具有公民意識之人」，而是被「無盡的貪婪」所驅動。見 Oksenberg, 'Management Practices', p. 6。

17　Nichols, *Ownership*, Appendix III, pp. 254-255.

18　這種方法的缺點，是它假設這三種在特定領域內的陳述是相互排斥的，且彼此間的意識形態距離大致相等。比較好的作法，是要求受訪者對每一道陳述都作回應，並以三或五級的評分表來讓他表明他贊成或不贊成該陳述的強度。這既可避免假設不當（unwarranted assumptions）的問題，也讓我們得以運用更細緻的統計方法來從數據中獲取訊息。不過為能夠拿來相互比較，我在本研究裏跟從尼科爾斯的方法。

留了尼科爾斯所擬的其他關注領域。剔除前者的理由，是它過於狹隘地局限在公司的內部政策，而此議題在香港的工業界內並不顯著。我遂以攸關商人政治參與的另一組陳述取代，以提供一個更清晰的意識形態對比。以下即代表這三大意識形態立場的陳述：

1. 自由放任（Laissez-faire）

（a）保護工人免遭失業並非管理層的責任。公司是沒什麼力量控制市場波動的。在經濟衰退時期，有必要解僱工人以確保公司存活。

（b）公司只為一個目的存在，那就是賺錢。經理不該也無法為社會及道德上的後果操心。如果他們這麼做，就會傷及公司的經濟地位，對經濟整體也不好。

（c）工業家不出面去當個社區裏的領頭人物，也有夠多的工作要做。如果他想這麼做，那是他自己的事。不過身為經理，他的位置是在公司。

（d）政治歸政治，商務歸商務。工業家不該涉入政治事務。

2. 長期利益

（a）僱員如果在工作上有安全感，就會更賣力工作。此所以為了公司的長遠利益，應避免在經濟衰退時解僱工人。

（b）利潤對商界來說是絕對必要的，而商人賺錢，社區也能獲益。不過每家公司為求長期生存，都必須贏得社會中其他成員的同情理解與合作。

（c）為了企業的利益，工業家應該讓民眾相信他們乃關心社會的公民（concerned citizens），會積極為社會謀福利。社區服務和公開演講都是經營公共關係的強有力形式，董事們遂該應邀在公共平台上寫作及

發言，並投身於社區內的志願團體。

(d) 政治決策無可避免地會影響工業界。所以工業家該有自己的代表去應對政府，並保護業界利益。

3. 社會責任

(a) 失業會帶來很多社會問題。管理層若以解僱工人為手段來應付經濟衰退，那是在社會和道德兩方面都不負責任的表現。

(b) 做生意如果純粹只為錢，那並不道德。公司乃社會的一環，應增進整個社區的福祉。管理層對公司股東、僱員、顧客和社會全體的福祉，都負有責任。

(c) 每個行業對社區都負有社會責任。高階行政主管應以奉獻其技能和知識予公共生活之舉，履行這項責任。

(d) 政治是所有社會成員的關切，而工業家該積極參與政治討論。

受訪者一般的意識形態傾向，可經由他們在這三大意識形態組別裏作選擇後的總體分佈情況看出。如表 4.1 所示，棉紡業者多不認為自己是純粹的經濟人。他們並不主張無節制的競爭或只埋頭全心追求利潤。他們和尼科爾斯採樣下的英國工業家們一樣，[19] 最關心企業的長遠利益。如果觀察他們不挑的都是哪些選項，那這種傾向就顯得更加清楚。35 位受訪者當中，只有 1 人沒選擇任何代表長期利益的陳述，而未選擇任何反映社會責任與自由放任精神的陳述者，則分別是 10 和 16 人。

19　尼科爾斯的樣本，包括「北方城市」（Northern City）裏僱用逾 500 名工人的 15 家私人公司的 65 位董事和高階經理。這些公司從事不同的製造行業——化學品、重型工程、輕型工程、製藥、麵粉碾磨和動物飼料，分銷及其關聯業務，以及包裝業。見 Nichols, *Ownership*, Appendix I, pp. 247-248。

表 4.1　香港棉紡業者和英國工業家對社會責任的態度

意識形態組別	棉紡業者		英國工業家	
	選擇次數	百分比	選擇次數	百分比
自由放任	22	16	27	10
長期利益	78	57	149	57
社會責任	37	27	84	32
未答	3			
總計	140*	100	260	100**

說明：＊ 有 5 位受訪者沒在這個部分作答，所以選擇次數的總計只來自 35 位受訪者。

　　　＊＊ 因四捨五入，總計並非 100 整。

來源：Nichols, *Ownership*, Table 14.1, p. 169；1978 年的訪談。

　　但這只是意識形態選擇的粗略分佈。受訪者可能只是隨意作出這種態度上的回應，前後未必一致。換句話說，我們也許沒辦法透過受訪者有規律的態度展示，去辨識其意識形態立場。為解決這個問題，可以將數據以兩種方式重組。首先，我們可以評估他們在四大關注領域裏的選擇是否一貫。表 4.2 顯示，除了社區參與這項主題，把受訪者在其他領域內的選擇並排來看時，並未發現顯著變化。我們可以在尼科爾斯的研究發現裏，找到這同樣的偏差。他的樣本中，僅 22% 的人選擇認同社區參與可為公司帶來長遠利益。[20] 我的某位受訪者，17 號廠的董事總經理，為這個反常之處作了解釋。他思考了這道陳述後說：「有些人雄辯滔滔，不必怎麼準備就可以上場作有力演講。但我不是那種人。我非不為也，乃不能也。」他指的是演講這個特定活動，而不是指為了公司利益推進公共關係的必要性。這類陳述句裏的「一題兩問」（double barrel）乃至「一題多問」（multiple barrel）本質，是強制選擇法固有

20　*Ownership*, p.179.

的技術難題，因此有必要請受訪者解釋其選擇。往後如果重做這類訪談，有關社區參與的那組陳述應作調整，以免受訪者的注意力轉到作演講這事上來。

表 4.2　棉紡業者在各關注領域內的意識形態偏好（％）

意識形態組別	裁員條款	社會目的	社區參與	政治參與
自由放任	9	6	35	9
長期利益	77	60	15	75
社會責任	14	34	50	16
總計	100	100	100	100

來源：1978 年的訪談。

　　第二種重組數據的方法，是去看他們在個別組合裏的回應是否一貫。一如所料，極少見到受訪者高度一貫地在同一意識形態組別裏挑完四個選項。話雖如此，近半的受訪者在同一意識形態組別裏挑了三個選項，顯示受訪者認為這些攸關態度的陳述彼此相關（見表 4.3）。

表 4.3　棉紡業者在意識形態偏好上的個人一貫性

意識形態組別	一組內選擇四項	一組內選擇三項
自由放任	0	0
長期利益	2	13
社會責任	1	2
表現一貫的實際人數	3	15
表現一貫的可能人數	33*	34*

說明：*35 名受訪者中，有一人只回應了兩項陳述，還有一人回應了三項陳述。
來源：1978 年的訪談。

　　我們於是清楚看到，棉紡業者自己並不認為他們就是第二項假說

裏那一心逐利而不顧慮社會倫理的香港企業家。至於第一項假説裏所謂香港工業家比西方商人較不重視社會責任的觀點，又該如何看待？這裏我們可再次對比尼科爾斯的發現，依然很有啓發性。為便於比較，我在將商人們歸入各意識形態類別時，會跟隨他的分類法則。尼科爾斯因考慮到受訪者所作選擇的分佈高度偏差，決定採納一套較不嚴格的準則來把他們歸入社會責任型和自由放任型。先説長期利益型。受訪者需選擇全部四項關於長期利益的陳述，或三項長期利益和一項社會責任的陳述，才會被歸為長期利益型。至於社會責任型，受訪者只需選擇三項社會責任和一項長期利益的陳述，或兩項社會責任和兩項長期利益的陳述，就會被納入此型。尼科爾斯對自由放任型的判定最寬，受訪者只要選擇過至少一項關於自由放任的陳述，就會被視為自由放任型。[21] 所以我們在解讀表 4.4 的數據時，應注意到此處的意識形態類型，其實並不「純粹」。

表 4.4　香港棉紡業者和英國工業家的意識形態類型

意識形態類型	香港棉紡業者		英國工業家	
	人數	百分比	人數	百分比
自由放任	19	56	16	25
長期利益	9	26	23	35
社會責任	6	18	26	60
總計	34*	100	65	100

説明：* 一位受訪者只回應了兩項陳述，所以沒辦法將他歸入任何類型。
來源：Nichols, Ownership, Table 16.1, p. 191; 1978 年的訪談。

　　表 4.4 所展示的對比，很引人注目。提倡社會責任的商人雖是尼科

21　*Ownership*, pp. 189-190.

爾斯樣本裏的最大宗，卻是香港棉紡業者當中的最小組別。由於尼科爾斯早就發現「『專業經理』較會被有關商界社會責任的陳述吸引」，[22] 棉紡業者對社會責任立場相對冷淡的現象，很可能正彰顯了香港紡織業的管理專業化程度低落。

值得一提的是，很多工業家並不覺得有關長期利益與社會責任的這兩組陳述之間，有何明顯區別？[23] 這在商業的社會目的這個話題上，表現得最為明顯。我的受訪者中，有 5 人認為「做生意如果純粹只為錢，那並不道德」與「利潤對商界來說是絕對必要的，而商人賺錢，社區也能獲益」這兩項陳述「大致相同」。毫無疑問，棉紡業者之所以認為這兩種立場相近，是反映他們在努力降低其「認知失調」（cognitive dissonance）。要成為出色的商人，他們就必須說服自己，其業內活動至少是與社會的倫理道德相容。不過把這兩種立場視為一類的觀點，似乎還有更多訊息可以解讀。我相信我們也能藉此看清企業家的規範性框架（normative framework）。他們的評論清楚說明，其行為並非由抽象的道德原則決定。8 號廠的董事對有關商業的社會目的之陳述，反應最為直率：

> 我們不能這樣子來談道德和倫理。我們虧錢的時候，政府會還我們錢嗎？每個人都想賺到錢。沒有互利這回事。如果你宣揚互利卻虧了錢，人家只會笑你是個傻瓜。

不過出於實用主義，棉紡業者也會選擇與社會責任有關的陳述。19 號廠的董事總經理在商業的社會目的這個主題上，就是這麼選的。他的務實辯解是：「必須照顧股東的利益，否則他們不會繼續投資。」17 號

---

22   *Ownership*, p. 198.

23   尼科爾斯也發現了相同現象，見 *Ownership*, p. 182 and 186-187。

廠的董事長在裁員的問題上，也有類似觀點：

> 香港的紡織業沒有失業情況，所以這些陳述並不真的適
> 用。不過原則上，我盡可能不解僱工人。「因為社會與道德的
> 原因」，沒錯，我們在公開場合都這麼講。不過更重要的是，
> 出於實際的經濟考量，最好也不要解僱他們。紡紗是周期性行
> 業，如果你在經濟衰退時解僱你的工人，他們將離你而去。他
> 們是熟練工人，你永遠不該失去他們，否則一旦情勢好轉，你
> 就需要重新訓練工人。在製衣業，如果你明天沒活給工人幹
> 了，你可以告訴他們「明天不必再來」。但是在紡紗業，如果
> 明天不開工，我們不會把他們都炒了。我們會付他們或許一半
> 的薪水，告訴他們不用來了。這對他們來說也公平，因為他們
> 什麼工都不必做。

這種對長期經濟利益的關注，可謂根植於強烈的職業使命感。同一位受訪者，在談到不同的話題時宣稱：「我的職業生涯全在紡織業，我不想失去我的紗廠。」正是這種獻身精神，使他們在業界的政策看來與強調社會責任的價值取向很像。棉紡業者給工人提供宿舍、保護他們免遭裁員、重視輿論的原因，不是因為這些舉措本質上是對的，而是因為它們長遠來說對其有利。

不過如果因此認為商業上的長遠利益與社會責任總是可以調和，那也未免天真。兩者若要同步，明顯有其局限。這種不相容的程度，會隨着群體如何界定社會責任而變動。換句話說，這與某行業所身處之政治體系的本質息息相關。

理想的政治環境

香港的政治大環境以及中共和國民黨組織都在此並存的事實，使不少居民將殖民主義與共產主義相關的政治議題都視作敏感。有時候，人們會避免公開談論這些話題。某位受訪者看了一眼那組有關政治與商業關係的陳述後，根本就拒絕作選擇。「政治？不，這組陳述我看都不看。不談政治。」

為避免太多人不作答，我問了個開放式問題，即讓他們談談其概念裏有利工業發展的理想政治環境為何？他們的回覆，再次確認了先前研究中已經觀察到的、他們對社會責任的態度。這當中有些人確是懷着古典資本主義對自由企業的觀點，如 1 號廠董事的回答所示。他說：「不該為四肢健全的人提供社會福利，殘障者和老人才可以享有。要調降稅率。我們既不要政府協助，也不要政府干預。政府別插手。如果真是這樣，世界就完美了。」

但他只是少數。棉紡業者大多心存一個不可能實現的夢想，即政府的支持不以控制為條件。他們批評香港政府在三個政策領域內的作為威脅到其營運，即地價的上漲、「倉促」制定的勞工法規，以及拒絕對境外紡織品的入口實施管制。南韓與台灣政府，往往就是他們口中積極扶助工業的政治體制的範例。不過與此同時，棉紡業者也意識到政府的津貼，常會伴隨官僚行政上的繁瑣與貪污腐敗這兩大惡果而來。他們真正想要的，看來只是政府為他們提供「基礎設施」，然後就放手讓他們自由經營。[24] 這正如 12 號廠的董事總經理所說：

---

24   華商和他們的子女，普遍不信任政府的干預行動。見 Sit, Wong and Kiang, *Small Scale Industry*, p. 332; Olsen, 'Inculcation', p. 292。

政府的支持愈多愈好，但這很難實現。當我說幫助時，
並不必然和錢有關。控制通貨膨脹也是一種協助方式。要去調
節金融和價格。現在政府並不知道明天要推行什麼變化。如果
政策明確，我們才會知道該期待什麼。

他們在回話時的語氣與略過不談的部分，其實和他們說出口的實際
內容同樣重要。他們的意見，充滿聽天由命的無奈和犬儒。33 號廠的
董事說：「我不想被染成紅色或白色（即在政治上靠左或靠右）。我對
這類政治事務無能為力。」32 號廠的董事就此觀點有更進一步的引申，
他告訴我：

黃先生，這些陳述都是反政府的。我不評論。你看，參
與政治沒用，這只是個表面民主。這些人全是唯唯諾諾之人
（yes men）。你說的「是」愈多，得到的榮譽就愈多。所以這
些陳述都只是理論上的，現實中無法實踐。舉例來說，我們全
都反對成立棉製品交易所（Cotton Commodity Exchange），
但是政府想做。那不過是另一家賭館罷了！

當然，棉紡業者雖自稱無權無勢，卻與現實不符。他們因為能提
供大規模的就業機會，而擁有強大的政治影響力。當利益衝突確實發生
時，他們能逼使政府讓步。1970 年代初，香港政府對「官契」（Crown
lease）下的工業用地進行價值重估時引發的爭議，就很能夠說明問題。
第二次世界大戰甫落幕（見第二章），港府為吸引投資者，曾以低廉
的價格批出工業用地，租期約二十年。租約期滿後，工業家們就要為
其用地支付市場價格。不過 1971 年當租約即將更新時，棉紡業者聯手
二十六個工業團體，反對重估工業用地的價值。他們也得到立法局內
所有非官守議員的支持。政府雖堅持重新估價的合法性及有效性無可置

疑，但在經歷過一段持久對抗後，最終於 1973 年 6 月同意修改規例。[25]

　　然而棉紡業者雖擁有可觀的政治權力，卻對政治表達出一種消極態度。他們總是以一種共同的模式表達觀點，即「如果政府會這樣那樣做，那就好了。但我們知道這不會發生」。即使是他們當中最知名的公眾人物，22 號廠的董事長，也說他之所以出任政府中的非官守職位，是因為政府主動邀請，而他「不好意思說不」。他們才不是馬克思口中的那種「以自己形象創造世界」的革命資產階級。[26] 他們缺少世紀之交 *美國商人的那種自信和自以為是的氣概，敢於宣稱「基督徒男人⋯⋯會維護和照顧勞動者的權益。上帝以其無限智慧，已經讓他們掌控了這個國家的資產利益」。[27]

　　棉紡業者這種防禦性的姿態，使他們刻意不講政治詞彙，民主、私有財產、平等、選舉等字眼，就從未提過。「和平穩定」倒是反覆出現的用語。民族主義在美國、非洲和戰前東南亞的華商群體當中，都是重大主題，但在這裏僅兩位棉紡業者提到過。[28] 1 號廠的董事是為了駁斥民族主義，才提到該詞。「在香港，最重要的是錢。」他在被問到行政主管跳槽的原因時，如此回答。「在南韓，你可以說你是在為國家工作。但是這裏呢？」4 號廠的董事，這位我的受訪者中唯一本地出生的棉紡業者，承認他確有某些民族主義情感。他說：

25　HKCSA, 'Annual Report of the General Committee for the Year Ended 30th June, 1973', p. 5.

26　Marx and Engels, 'Manifesto', p. 125.

＊　譯按：指十九和二十世紀之交。

27　Quoted in Heibroner, 'View from the Top', p. 5.

28　See Seider, 'American Business Ideology', p. 807; Heilbroner, 'View', pp. 30-31; R. G. Stokes (1974), 'The Afrikaner Industrial Entrepreneur and Afrikaner Nationalism', *EDCC*, 22 (1974), pp. 557-579; and S. L. Wong (1975), 'Economic Enterprise of the Chinese in Southeast Asia', B. Litt. thesis (Oxford University), pp. 117-120.

　　我想要有一種歸屬感，也希望香港能夠發展。我希望能嘗試建立一個自己所認同的社會，一個「國家」或什麼的。但我們都知道那不可能。我想唯一的務實態度是：只要我還在這裏，我就盡我所能地為它貢獻。

棉紡業者在觸及爭議性話題如冷戰和殖民主義時，是以在工具層次（instrumental level）上討論它們來予以中立化。他們營造自己超然於政治之上的形象。26 號廠的董事就堅持説：

　　政治對紡織業沒什麼影響。中國大陸有生產棉花，但不出口。台灣是我們的競爭對手，也沒東西可以賣給我們。我們既跟美國買棉花，也跟蘇聯買。[29]

談到這方面的壞處時，30 號廠的董事總經理説：

　　〔身處殖民地〕不太好，因為紡織品貿易談判時，香港沒辦法以獨立國家的身份參與，遑論英國還是談判中的對立一方。

棉紡業者的政治願景因此可謂平凡，無宏圖大志可言。這就彷似天氣如果可以，他們會滿足於沿着一處綠洲修築城堡。而當暴風雨來臨，他們會動身遷徙，尋覓另一個春天。他們從未想過自己或許可以駕馭這片荒漠。白吉爾（Marie-Claire Bergère）筆下所描繪的早期中國商人的願景，今天對他們來說依然如是：

　　資產階級既對政治懷抱着一種返祖性（atavistic）的不信任，又兼有博愛的烏托邦式理想。他們似乎認為可以在完全不改變其他中國人的生活下，改變自己的生活方式。此外，他們

29　可參考另一位棉紡業者的敍述，談到其公司如何在韓戰期間，以「好價錢」將所有產品都賣給了南韓。這段話載於 Espy, 'Hong Kong Textiles', p. 276。

也相信要實現一省的現代化，不必然需要讓中國整體都現代
化，簡言之，資產階級相信，中國的復興是可以通過非政治性
的手段達成，也就是以實際的、不需要伴隨意識形態的行動完
成。[30]

和諧與衝突

　　棉紡業者又是如何看待其企業內部的政治呢？他們會將公司視作管
理層與勞工基本上都擁有相近利益的大家庭嗎？還是他們認為，組織內
的衝突不過是健康、正常的現象？他們會接受攘攘的利益衝突是每個組
織都無法避免的嗎？[31] 棉紡業者對這些問題的回應，可見於表 4.5。從
他們所作選擇的分佈情況來看，最值得注意的特點，是他們全都不認為
紛紛攘攘的衝突乃工業組織內固有之事。儘管有 58% 的受訪者同意觀
點上的分歧與衝突對公司有利，但他們將言語上的異議和以行動表達的
異議作了明確區別。19 號廠董事總經理的一句話，可謂總結了他們在
這方面的態度：「觀點上的衝突有，行動上的衝突沒有。」所以實際上
他們的立場，和那些主張公司就像個家庭所以不該有衝突的人並沒太大
區別，差別只是他們不會以同質性和完全服從來看待組織內部的和諧。
他們容許意見分歧，有些人甚至堅持要有不同意見，因為他們對員工

30　Bergère, 'Role of Bourgeoisie', p. 246. 費孝通亦在其 'Peasantry and Gentry' (p.648) 一文
　　中，提到這群新鄉紳「缺乏政治責任感」。史國衡（Shih Kuo-heng）則說早期的中國商人
　　「因為社會地位低下……對自己在社會中可以發揮的角色，心理上虛怯」。見 Shih, 'Chinese
　　Business Class', p. 49。

31　有關某管理研討會上，運用了「角色扮演」法去探討香港的西人與華人行政主管在這方面的
　　觀點差異的報告，見 A. S. Chin (1972), 'Hong Kong Managerial Styles: Chinese and Western
　　Approaches to Conflict Management' (Chinese University of Hong Kong, Social Research
　　Centre, mimeographed paper)。

的順從很警惕。「遵命先生」（yes man）是他們批評的對象。19 號廠的
董事總經理說：「當整個公司裏都是唯唯諾諾之輩，公司就會衰落。我
們並不嚮往一片安寧、徹底無聲。」24 號廠的某位非所有者董事（non-
owner director）強調，直抒己見是行政主管的責任：

> 如果董事總經理說我們該向南走，而我認為向北走才是
> 正確方向，那我會解釋我是基於什麼理由這麼想。如果最終他
> 說我們向東走，我就該隨他東行。最重要的是不當遵命先生。
> 不要只是因為他說要向南走，我們就支持向南走。

表 4.5　棉紡業者對組織內部衝突的態度

選擇	人數	百分比
利益相近，沒有衝突	14	42
有異議是健康和正常的	19	58
衝突有害但無法避免	0	0
未答	2	—
總計	35	100

來源：1978 年的訪談。

　　他們特別挑了「遵命先生」這個現象來批評，似乎顯示下屬的順從
已經構成公司內部的一項問題。

　　根據棉紡業者所說，觀點上的分歧在進一步惡化為實際衝突之前，
就必須予以管控、解決。他們遵循幾項法則來防止異議失控。首先是採
取步驟，確保關鍵決策者的利益相同。22 號廠的董事總經理就曾這樣
跟我說：「我們的執行董事都是中國人，都是朋友。我們可以透過爭論
解決問題。」除了族群及友情上的聯繫，親屬關係也會被用來防範無法
調和的衝突。17 號廠的某位年輕董事說，觀點上的分歧，會由那些負

最終責任的高層解決。他說：「我遵從伯父和父親的建議，伯父也有個兒子在董事會裏，所以我們四個是一家人。只有其他兩名董事會成員是外人。」在此框架內，一個人意見的份量有多重，取決於其等級位階。24 號廠的董事對此作了最好闡釋：「如果他們在我之下，那就由我作最後決定。如果他們在我之上，我就向他們解釋我的看法。如果他們不接受，我就照他們的方式去做。」

不過平輩之間的分歧，就沒辦法簡單解決。每當這類情況發生時，棉紡業者大多不喜歡以投票確立多數的方式來解決。27 號廠的董事總經理解釋其立場如下：

> 我們會為此經歷艱難談判，但我們不相信能夠用投票解決。那不是個好辦法，會在董事之間造成分裂。如果你和我是在少數這一方，基於人類本性，我們就會去挑多數一方的毛病。如果當下沒辦法妥協，我們會拖到下週再處理。三到四個月內，我們總是可以找到解決之道的。這個結果不會讓所有人高興，但至少沒有人怨恨。

每家紗廠達成妥協的特定方法容或不同，但一般而言，都會避免以投票直接對決。他們強調彼此說服，又或如 22 號廠的董事長所言，「總是有某些人教育了另一些人」。

在訪談的這個階段，棉紡業者都只是針對異議和衝突的普遍概念作回應。為了讓討論更加具體，我提出工人組織工會的議題。我給了他們以下選項來展示偏好：

（1）管理層如果實施公平政策，員工就沒必要組織工會；

（2）工人有權自我組織互助；

（3）管理層應與勞動者共同磋商，以傾聽工人的意見。

表 4.6 顯示，有三分之二的受訪者偏好某種形式的共同磋商。他

們對此偏好給出兩個理由。其一是「純粹的、獨立的、單純的工會組織」，在香港根本沒有。這種觀點確有某些事實基礎。這個殖民地裏的許多工會都懷有政治動機，分別效忠中華人民共和國和台灣政府。在紡織業界，既有左翼的港九紡織染業職工總會，也有右翼的香港棉紡業職工總會。兩者在 1971 年時，只吸納了 18% 的紡織業工人。[32] 這些工會在人數上的弱勢及其政治聯繫，讓棉紡業者敢於輕視它們為惱人之物，不予理會。12 號廠的董事總經理跟我講以下的這段話時，絲毫不掩飾其心中不快：

> 工會不是壞東西。是該有真正的工會替工人出聲。但它們需要自外於政治。這在香港很難辦到。工會並沒有在為其會員爭取福利。好些年前，有幾位工會的代表來找我談。他們沒提出任何要求，只是陳述原則。他們對福利措施提出了幾項建議。我告訴他們，這些我都已經在紗廠內落實。他們說這樣並不恰當，建議應該來自工會。目前我們的紗廠內有兩個工會，而我堅持拒絕和他們談。

表 4.6　棉紡業者對工會的態度

選項	人數	百分比
不需要工會	3	9
工人有權組工會	5	16
希望能共同磋商	24	75
未答	3	—
總計	35	100

來源：1978 年的訪談。

32　J. England and J. Rear (1975), *Chinese Labour under British Rule: A Critical Study of Labour Relations and Law in Hong Kong* (Hong Kong, Oxford University Press), pp. 89-90.

　　第二個原因是工人缺乏教育，而這意味着他們不能自我維護利益。19 號廠的董事總經理因此斷言：「香港有工會，但工人的教育水平不夠高。我們是該和工人磋商，但他們不能走在管理層前頭，因為他們沒受過足夠的教育。」棉紡業者遂沿用中國人千百年來的假定，即認為他們既比工人在知識及文化上都要優越，自有其正當權威。

　　從上一章裏所描繪的紗廠內部共同磋商的實際情況來看，他們抗拒讓工人組織工會，顯然還有一個更基本卻未宣之於口的理由，那就是他們不喜歡工人代表這樣的概念。這一點或許有助於我們理解他們既崇尚和諧、又拒絕組織內衝突的心態。棉紡業者對組織內異議所抱持的一般觀點和對工會的特定觀點，看來是衍生自權力結構應該單一而非多元的信念。[33] 他們不接受一個組織內存在多重的權力中心且效忠對象分散，所以 3 號廠的董事才能自信地說：「你必須公正而不偏不倚。如果你的行動合理，就不會激起衝突。」17 號廠的董事長則闡述道：「不該有衝突，這對公司沒好處。反過來說，這對他們〔指工人〕也不好，他們應該要知道。」

競爭與合作

　　紗廠以外，衝突是以競爭的形式呈現。棉紡業者是怎麼看待資本主義的核心過程？奧爾森（Olsen）在對台灣學齡孩童作意見調查後發現，競爭在他們眼中是負面價值。他總結說「競爭在台北商業文化中隱含的

33　福克斯（Fox）在 'Managerial Ideology'（p.368 and p.371）一文裏作了這樣的區分。所羅門（Solomon）則認為，中國政治文化的核心，是對混亂與無序的恐懼。但我不認為需要訴諸於心理上的還原簡化（psychological reductions）來理解棉紡業者的態度。見 Solomon (1971), *Mao's Revolution and the Chinese Political Culture* (Berkeley, University of Califonia Press)。

主要意義似乎是過分的、有害的，而非活力與進步」。[34] 香港棉紡業者的態度可不是這樣。他們半數以上相信（見表 4.7），紗廠之間相互競爭，才能鼓勵大家盡其所能做到最好。只有兩位受訪者認為競爭不必要。[35] 奧爾森的研究發現和我的訪談結果之間的差異，反映我倆的樣本及兩地經濟背景上的不同。還有個可能就是，奧爾森的引導性陳述，如「商業公司應該聚首商議，停止『割喉式』的競爭」這類陳述，會引出帶有偏見的結果。[36] 惟不論是什麼原因造成這種差異，我們都相當確定，香港的紡織工業家對經濟競爭並不反感。不過他們對「本地紡織工廠應聯合起來克服外部困難，而不是彼此競爭」這樣的陳述的反應，非常有意思。大多數受訪者，不論其實際選擇為何，都會說這理論上確實令人嚮往。他們對於和其他中型紗廠合組為統合性工業組織所能夠帶來的實在利益，看得很清楚。32 號廠的董事説，這可是他們久盼的願望，但不可能實現。他闡述如下：

> 我們有公會，有 33 位棉紡業者，每間紗廠則平均擁有 20,000 枚紗錠。每家紗廠又都生產十幾種產品。這很不經濟。如果我們能夠專業化，每家紗廠就只生產一種特定的產品，那就能拉低成本——共用辦公室，一起購買棉花什麼的。我們在經濟不景氣的時候，曾經討論過這種可能性。不過一旦生意好轉……〔他用雙手做了個爭搶動作〕

34　Olsen, 'Inculcation', p. 289.

35　這些陳述是：（1）本地的紗廠需要相互競爭，以鼓勵大家盡力做好。這是讓棉紡業生存、興旺的終極保證；（2）本地的紗廠不必相互競爭，因為空間夠大，足以讓所有人共同成長、發展；（3）本地的紡織廠應聯合起來而非相互競爭，以克服外部困難。這三條陳述並非截然不同，第二和第三條尤其如此。後兩條陳述凸顯的，乃組成寡頭壟斷團體或是偏好讓各廠和平共處、自行發展的問題。

36　Olsen, 'Inculcation', pp. 288-289. 引號出自原文。

表 4.7　棉紡業者對競爭與合作的態度

選擇	人數	百分比
有競爭才能昌盛	18	53
競爭不必要	2	6
以合作代替競爭	14	41
未答	1	—
總計	35	100

來源：1978 年的訪談。

那合作的主要障礙是什麼呢？25 號廠的董事總經理給了以下答案：

> 我們這些紗廠老闆都是好朋友，雖然我們同時也是競爭者。我們會討論技術事宜、比較機器性能，並且會建議他人嘗試新設備。不過每個人都要當自己的老闆，而我們所有人〔我們公司〕的規模都十分接近。這可不像那種大公司和非常小的公司都並存的情況。香港的所有棉紡業者，都是在 1940 年代親手建立自己的公司的。我們可不是專業經理人。如果我們都是專業經理人，那我們可以爭論，而且就算意見相左也可以達成協議。可是身為老闆，如果我就是公司的創始人，那我的想法就是唯一想法。

這個觀點，還可以其他人的類似評論來作補充。譬如有人說：「公司有大有小。小公司不想受他人控制。」「33 家紗廠就有 33 位董事總經理，誰會讓步呢？」中國工業界對企業家獨立自主地位的固執追求，正是它與日本工業界、西方工業界之間的鮮明對比 —— 寡頭壟斷組織如日本財閥（zaibatsu）、卡特爾（cartel）和托拉斯（trust）等，可謂鮮見於中國工業界。[37]

37　我是在 1979 年與伊懋可博士（Dr Mark Elvin）交談時，首次注意到這種對比。

自主與自僱

大衛・麥克利蘭（David C. McClelland）曾把他對成就動機（achievement motivation）的研究，擴展至中國人。[38] 不過除了中國人是否熱衷於追求成就的一般性問題外，重要的是具體追問其奮鬥目標是什麼？又是基於什麼樣的損益來算計？有關中國人經濟價值觀與經濟行為的各項研究，其實都指向一個共同特點：最重視自己當老闆。香港某位小工廠老闆的一番話，就生動地表達了這種態度：「一個上海人如果活到四十歲還沒當上公司老闆，那就是失敗，就是個窩囊廢。」[39]

由於這類研究的對象，大多是經營着規模不大的公司的華商，不能排除這種對自立自主的偏好，是因小型工業的產業結構而起。所以我們若能搞清楚身為大僱主的棉紡業者對於當老闆的態度為何，就有助判定自主價值在整個華人工業界是否普及。我在訪談中提出了以下的假設情境，藉以探索受訪者在這方面的觀點：

> 讓我們假設在你職業生涯的早期，你有機會成為一家大公司的高級主管或一家較小公司的老闆兼經理（owner-manager），而兩者直接的錢財回報都差不多。你會選擇哪一種？

如表 4.8 所示，已經表明偏好的受訪者中，近三分之二的人選擇當老闆。

38　D. C. McCleland (1963), 'Motivational Pattern in Southeast Asia with Special Reference to the Chinese Case', *Journal of Social Issues*, 19, pp. 6-17.

39　King and Leung, 'Chinese Touch', p. 34. 類似的發現，可見於 Sit, Wong and Kiang, *Small Scale Industry*, pp. 297-310; Olsen, 'Inculcation', p.291; Ryan, 'Value System', pp. 20-21; J. A. Young (1971), 'Industrial Networks and Economic Behaviour in a Chinese Market Town', Ph.D. thesis (Stanford University), pp. 195 and 199.

表 4.8 棉紡業者對僱傭狀態的偏好

選擇	人數	百分比
老闆兼經理	21	62
高階行政主管	11	32
沒有特定偏好	2	6
未答	6	—
總計	40	100

來源：1978 年的訪談。

　　如果受訪者全都已經是老闆，我們或可視這種選擇模式為正常。我們當可合理假定，一個就企業家角色作「選擇性招募」（selective recruitment）的過程正在發揮作用，亦即早就有野心要當老闆的人，會有較大的機會達成目標。

　　幸運的是，本研究的訪談對象當中，有人的收入主要源自工資而非利潤。我將這些人稱作「非所有者董事」（non-proprietary directors），以區別於所有者董事。所謂「非所有者」，是指這些董事在以自己的名義持有任何相關公司的股份前，就已經受委為當前職務，而他們隨後可能持有的股份數量，是少於個人股東平均持有的股數。我的受訪者中有十一人，或者說我樣本數裏的四分之一，就是屬於這個類別。有了這樣的區隔，我們就可以探討「選擇性招募」的問題。非所有者董事是否傾向拿薪水受僱於人，而所有者董事則會選擇當老闆？如表 4.9 所示，事實並非如此。受訪者的僱傭狀態和他要自立當老闆的偏好之間，並沒有顯著關聯。

　　那些在生涯早期就選擇創業當老闆的所有者董事，是對香港獨特的機會結構深有所悉。他們看到香港經濟仍未遭巨型的公司支配，因此小企業家們只要勤奮，尚能成功。這當中僅兩位受訪者提到，吸引他們的主要是金錢上的利益。從他們的答覆可見，首要動機是自我提升和不願

表 4.9　棉紡業者偏好的僱傭狀態與實際狀態

選擇	所有者董事	非所有者董事	每行合計
老闆	16	5	21
高階行政主管	6	5	11
每欄合計	22	10	32

$X^2 = 1.6$；在 $df = 1$ 的條件下已作連續性校正；在 0.05 水平上不顯著。
來源：1978 年的訪談。

屈於人下。22 號廠的董事說：「就算這家公司起初很小，你還是可以出類拔萃、不斷前進。但拿人薪水幫人打工是死胡同。」這些答覆裏夾帶的強烈暗示，就是身為下屬，其日子必然是令人窒息而屈辱的。18 號廠的董事總經理說：「這取決於你的個性，很多人安於自己的命運，所以成為僱員。但你要是對自己期望很高，你就會想按自己的意思做事。你必須冒險。」

　　所有者董事既討厭屈於人下，為什麼還有少數幾個說他們希望只當個行政主管？這倒不是因為他們真的看重行政主管的角色。當我追問原因時，他們有人解釋是將行政主管視為日後當老闆的踏腳石，有人則說是因為不堪承受管理龐大低效工人隊伍的沉重責任。12 號廠的董事兼紗廠經理的回答，當可作為前一種觀點的代表：

> 我是工程師出身，而我已經在廠內幹過所有類型的工作。對一個老闆來說，有必要首先了解生產的每一項環節，否則他不會是個好老闆。這在大規模生產且營運非常複雜的當下，尤其如此。

　　33 號廠的董事總經理之子，最近剛接手家族企業的日常營運。他的抱怨，說明了後一種觀點：

我已經厭倦當老闆了。管理工人真的讓人頭痛——員工流動頻繁、勞動力突然短缺等等。而最棘手的是，很多工人是黑社會成員，他們會因為遣散費的問題製造一堆麻煩，諸如此類。

對於有野心想自立當老闆的非所有者董事來說，他們的理據很簡單。24 號廠的經理簡短生硬的一句話，就足以概括：「你可以擁有自己的一些東西。」他們至今無法實現願望的原因，是眾口一詞所說的沒有創業資本。不過真正有意義的，可能不在他們所宣稱的原因，而在其公開表達要當老闆的這個舉動上。這説明他們不覺得需要為了對僱主表示尊敬，而掩飾自己想當老闆的心情。換句話説，這樣的野心是得到社會推崇的。而老闆自己也會承認，其行政主管普遍都懷有這種念頭。他們同意這不該被譴責為不忠或不服從。誠如 32 號廠的董事總經理所言：「這是個艱難的處境。很多高級員工都想自己當老闆。如果他們能夠自立，就可以賺到更多、比現在多很多的錢。在香港，錢很重要。」

儘管有五名非所有者董事沒選擇當老闆，他們與選擇當老闆者其實抱持同樣的價值觀。唯一的區別是，他們不認為以他們當前的處境來説，當老闆可行。他們説棉紡紗廠所需投入的資本龐大，而棉紗線貿易的波動頻繁，對小公司來説也是風險過大。但其職位再高，也未見他們顯露出身為僱員的絲毫自豪感。他們明顯在回話時自我貶抑。24 號廠某位董事的整個職業生涯都是耗在這家公司，他受訪時，為自己多年來固守不動作了以下辯解：

問：您在中國境外工作過嗎？

答：沒。我甚至沒離開過這家公司。我很愚蠢，是不是？

問：您比較喜歡當小老闆還是一位高階行政主管？

　　答：行政主管。每個人的背景都不同。我是長子，沒
辦法冒太多風險，否則全家就要餓肚子〔他大笑〕。在大公
司裏，接觸的東西更廣，可以學到更多。然後這個人才能當
老闆。

　　棉紡業者對個人自主的高度重視，或許源自中國人的文化世界觀。
戰國時代（公元前 403－前 221 年）以降，中國哲學裏的各個流派都有
一個基本前提，即人人「生而平等」。[40] 這意味着人人屬性相同，而社會
上的不平等之所以出現，是因為某些人可通過自身努力特別是教育，實
現其潛能。這種對人的基本概念，卻是體現在傳統中國一個明顯自相矛
盾的社會分層體系裏。嚴格的等級結構，是與一套激勵個體社會流動的
意識形態共存。[41] 所有的地位，不論多高，本質上對每個人來說都是可
達的。一個人為了盡其所能向上流動，就不該讓自己的野心遭到壓抑。
此所以許多華商都喜歡「寧為雞口，無為牛後」這句諺語。[42]

　　這種願景影響了中國人的經濟行為，也給老闆帶來麻煩。老闆就必
須想方設法，應付其行政主管的離心傾向。這種傾向不必然會妨礙行業
的整體活力，也可能激出自己的一類動力。22 號廠的董事就將香港紡
織工業的成功，歸因於民間普遍渴望自僱的心理，以致催生了大量的小
型工廠：

　　日本和南韓的工人非常服從。不過香港的勞工手腳靈

40　D. J. Munro (1969), *The Conception of Man in Early China* (Stanford, Stanford University Press), pp. 1-22.

41　See T. T. Chü (1957), 'Chinese Class Structure and Its Ideology', in J. K. Fairbank ed., *Chinese Thought and Institutions* (Chicago, Chicago University Press), pp. 235-250; Ho, *Ladder*, pp. 1-91.

42　某位閩籍工業家就曾在自傳中，引用此話來說明驅動他發展企業的力量。見桂華山（1975），《桂華山八十回憶》，香港：作者自印，頁 35。南洋兄弟烟草公司的粵籍企業家簡玉階，也曾用這句話來指引其決定。見 Cochran, *Big Business*, p. 89。

巧、工作勤奮。他們樂於加班。我們最近在牛仔布（denim）
生產上的成功，就是個例子。在美國，大型工廠通常會貫徹整
個生產流程。他們沒辦法應付突然增加的訂單或是特別要求，
因為每個人都是打工仔，工人對加班費沒有熱情。香港則是有
大量的小老闆，所以能承接特別的生產項目。這對既有的棉紡
業者有利。特殊規格的商品訂單就算比較小份，我們也能生
產。這只有香港才辦得到。棉紗紡成紗線後，我們有專門的工
廠負責漂染，染好的紗線又可以再送到另一家工廠編織。我們
把整個生產流程拆成好幾個部分，而這提高了我們的靈活性。

　　他這觀察的要點是：當香港人是在為自己工作或當他們有機會積累
未來的商業資本時，他們都願意盡最大的努力做好，更不惜額外付出。
惟就個別的公司來看，這種老惦記着要自我創業的衝勁，其實會破壞團
隊工作。在香港商界，據某位上海籍的管理學專家所述，公司裏的老二
會急着想當老大，而老大會急着想跳出來開展自己的事業，不論它多麼
小。「其結果，就是標準與品質的嚴重下降。」他説當地僱員會「詛咒
他們賺取薪水的那份工作」。[43] 在一場管理學研討會上，據報有某位華人
行政主管這樣説：「我是拿人家薪水的⋯⋯我不想負責任。」[44] 僱主因
此須設法處理下屬的消極狀態和出走風險。

　　棉紡業者看來大多採行對員工不信任的防禦性策略。他們刻意削減
行政主管主動決斷與負責的空間。香港紡織有限公司的總經理在某次訪
談中，就無意間透露了這種低度授權的情形。他説：

　　　　所有和買家的談判都是由父親和我自己處理，所以我們
　　　不需要任何銷售或行銷部門。我們的出口經理會負責和買家之

43　Pan, 'Management', pp. 4-5.

44　Chin, 'Managerial Style', p. 17.

間例行的書信往返，並監督文員安排船運及保險的工作。他也
會負責管理那些專責出口文件的文員。[45]

我在與行政主管的交談中，也可以窺見這種上對下的緊密監察。18
號廠母公司的一名銷售代表告訴我：

> 你很少被賦予真正的責任，尤其是簽署文件。我們廠所
> 有的文件和信函都必須由經理本人簽署、批准，雖然你可能才
> 是草擬文件的人。你不能代表公司簽署。〔問：那會不會讓經
> 理負擔過重？〕這個嘛，就內部生產方面的決定，我們還有些
> 發言權。當你身在廠內，你就會慢慢了解該怎麼做。不過重要
> 的是，要先得到經理批准。

這種策略存在着明顯缺陷。它會導致僱員士氣低落與公司表現平庸
的惡性循環。少數比較開明的棉紡業者，會以恩庇的方式（patronage）
培養下屬的忠誠。這套方法可見於 24 號廠的個案，那是一家由已故趙
先生創辦的紗廠。[46] 我訪談了這家公司的經理，他是自 1946 年起 ——
即他才剛從上海的聖約翰大學（St. John's University）畢業後一年 ——
就在此效勞。以下所述，就是他長期在此服務的原因：

> 問：回顧您的職業生涯，您覺得對您影響最大的事或人
> 是什麼？
> 答：是我們公司已故的老闆，趙先生。是他邀我為他工
> 作的。我們是在 1942 年相識，當年他提供我獎學金升讀大
> 學。我在求學階段，會約略每個月和他碰面一次，討論我的
> 進展。

45　Espy, 'Hong Kong Textiles', p. 279.
46　我改了創始人的姓名，以免這家紗廠被認出。

在訪談稍後，這位經理說如果有機會，他其實會選擇當個小老闆。這家紗廠於 1950 年代史無前例地開辦了一間自己的中學。其辦學目的，當然部分是出於培訓勞動力的需要。但這或許也反映趙先生希望成為其未來員工的施恩者之企圖。不過這種方法的效果有限。贊助者與受助者之間的關係，在企業家有生之年確有作用。惟下屬的忠誠因為是對人而非針對公司，管理上的傳承會變得更加困難。恩庇關係無法被輕易轉移，以用來確保企業的永續經營。

當然，當老闆的理想並非中國人所獨有。這其實也是「美國夢不可或缺的一部分」，美國人對社會地位的騰飛同樣重視。[47] 這種當家夢，要如何與公司需要一支穩定、盡責的行政管理團隊這樣的現實調和呢？22 號廠的董事長注意到了西方對此的其中一項解決之道，但他不認為這在香港可行。他說：

> 西方世界是通過合約制度來控制下屬。譬如和對方簽個兩年合約，屆期再續。這樣就可以制約經理，他會基於這種不確定性而謹慎行事。我想你肯定已經讀過最近福特（Ford）行政總裁被解僱的那則新聞。我看這在西方確實可行。1950 年代的布魯塞爾商品交易會（Brussels Fair）上，我對寫在某陳列櫃位橫幅上的那句格言印象十分深刻，說的是：「就算明日天就要塌，今天我仍將埋首規劃。」但中國人不會如此行事。如果你不知道明年是否會被解僱，你為什麼還要拚了老命工作？這是個艱難的管理問題。

高階行政主管在西方的合約制度下，往往能享受到利潤共享（profit-sharing）的激勵方案。這既有利於降低當老闆的吸引力，也讓

---

47   K. Mayer (1953), 'Business Enterprise: Traditional Symbol of Opportunity', *British Journal of Sociology*, 4, pp. 160-180.

公司能招聘到胸懷大志又能幹的員工，並且留住他們。棉紡業者又是怎麼看待讓公司高階主管加入其老闆行列一事？

分享利潤

棉紡業者當被問到比較喜歡上市或私有形式的公司組織時，會流露出希望將所有權局限在少數人手上的心願。如表 4.10 所示，他們對上市與私有形式的相對優點各有看法，可謂平分秋色。他們給出的理由，顯示他們對一個擴散的「公眾」（public）作為所有者的觀念，以及「公司」（corporation）是個獨立與持久性實體的相關看法，猶待確立。那些喜歡私有模式者認為，工業資本最好是從自己的資源中籌集，如此利潤才能歸自己所有。他們會懷疑那些已經上市的公司的動機。32 號廠主要擁有人的弟弟告訴我：

> 每當提到上市的問題，我哥哥就熱淚盈眶。「我們為什麼要把辛辛苦苦賺來的錢送出去？」他會這麼說。有野心的人是該讓股票上市浮動。但他們大多只是想佔公眾的便宜。我們不願意這麼做。

表 4.10　棉紡業者對公司組織維持私有形式或上市的態度

選擇	人數	百分比
私人公司	16	46
上市公司	15	43
沒有特定偏好	4	11
未答	5	—
總計	40	100

來源：1978 年的訪談。

有些上了市的紡紗公司董事也寧可恢復私人所有權。正如 17 號廠
的董事所說：「在香港這樣的環境裏，私有形式更好。股票市場很不正
常，投機太盛。我們想避開那些貪圖賺快錢的人。」他的深層關切，顯
然是被其他公司接管的風險，以及對原始擁有人的資產缺乏保障。

紡紗廠往往是將上市作為權宜之計。受訪者最常提到的上市好處，
是更容易獲得銀行貸款。銀行對客戶的經營狀況盯得很緊，而上市公司
的公開賬目是有用的控制手段。合夥與合資的企業也常採用上市形式，
以求得到更好的法律保障和在獨立會計師協助下相互監察。而對資本少
卻胸懷發展大計的公司來說，利用股票市場集資幾乎可說是唯一出路。
然而不論其紗廠上市與否，受訪的棉紡業者竟無一人提到，他們有為其
行政主管提供激勵性的利潤分享方案。[48]

地域差異

以上分析，只是大致勾勒出棉紡業者的意識形態取向。如果要探索
它可能存在的內部差異，方法很多，譬如我們可以從年齡、教育背景和
僱傭狀態等的不同層面來看。不過對當前的研究來說，最相關的分歧是
地域差異。上海棉紡業者是否聲稱他們在很多事情上的態度，有別於那
些非上海籍的競爭者？以下各表，說明上海籍與非上海籍棉紡業者在所
有他們被要求作選擇的主題上，都不存在明顯差異。

48　1942 年，李國偉建議給申新四廠的高級管理人員發股以激勵他們，但遭其岳父榮德生強烈
　　反對。榮德生堅持以現金而非股份來作獎勵。這個方案最終沒能落實。見《榮家企業史料》，
　　第 2 冊，頁 198－302。

表 4.11　上海籍與非上海籍棉紡業者對社會責任的態度

選擇	上海籍	非上海籍	每行合計
自由放任	14	5	19
長期利益	8	1	9
社會責任	4	2	6
每欄合計	26	8	34

X^2 = 1.2；df = 2；在 0.05 水平上不顯著。

來源：1978 年的訪談。

表 4.12　上海籍與非上海籍棉紡業者對衝突的態度

選擇	上海籍	非上海籍	每行合計
沒有衝突	12	2	14
異議是健康的	13	6	19
異議具破壞性	0	0	0
每欄合計	25	8	33

X^2 = 1.3；df = 2；在 0.05 水平上不顯著。

來源：1978 年的訪談。

表 4.13　上海籍與非上海籍棉紡業者對工會的態度

選擇	上海籍	非上海籍	每行合計
不需要工會	2	1	3
工人有權組工會希望	4	1	5
能共同磋商	18	6	24
每欄合計	24	8	32

X^2 = 0.2；df = 2；在 0.05 水平上不顯著。

來源：1978 年的訪談。

表 4.14   上海籍與非上海籍棉紡業者對競爭的態度

選擇	上海籍	非上海籍	每行合計
有必要	15	3	18
不需要	2	0	2
以合作代替競爭每欄	9	5	14
合計	26	8	34

X^2 = 2.2；df = 2；在 0.05 水平上不顯著。
來源：1978 年的訪談。

表 4.15   上海籍與非上海籍棉紡業者對自僱的態度

選擇	上海籍	非上海籍	每行合計
老闆	17	4	21
行政主管	7	4	11
每欄合計	24	8	33

X^2 = 1.2，在 df = 1 的條件下已作連續性校正；在 0.05 水平上不顯著。
來源：1978 年的訪談。

表 4.16   上海籍與非上海籍棉紡業者對公司上市與否的態度

選擇	上海籍	非上海籍	每行合計
私人公司	14	2	16
上市公司	10	5	15
每欄合計	24	7	31

X^2 = 2.1，在 df = 1 的條件下已作連續性校正；在 0.05 水平上不顯著。
來源：1978 年的訪談。

　　上海籍與非上海籍的棉紡業者在意識形態上並無歧異這一點，至少可以有兩種解釋。它可能意味着上海企業家所信守的經濟規範與態度，是和來自廣東或潮州等其他地區的工業家們相似。不過話說回來，粵籍和潮州籍工業家的商業意識形態，其實仍待研究。另一種更可能的

解釋，是上海棉紡業者已經為這個行業設下規範與標準，確立了他們的「意識形態霸權」。屈居於少數地位的非上海籍競爭者為了生存，乃不得不接受風行於業界的商業態度。

　　行文至此，我們已透過檢視上海人的集體屬性，解釋了他們為何可以支配棉紡紗業。移民過程中的篩選效果，造就了這個群體在社會與教育層面上的特殊性。這樣的特質，加上他們所具備的行業技能和他們所採行的意識形態立場，無疑是上海人當初成功奪下某工業領域的關鍵。不過單憑集體的屬性，還無法充分解釋上海人為什麼能長期持續地集中於紡紗業，因為這類屬性在傳開後，外人想必也都可以模仿。上海人為了鞏固其經濟勢力和避免被外人擠出這塊職業小天地，就必須組織成一個團結的群體以拒外人。我在接下來的兩章裏，將會論證族群身份與親屬關係（kinship）正是上海人用來劃界以排斥外人的兩大原則。

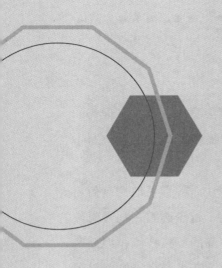

│ 第五章 │
地域意識和競爭策略

　　上海棉紡業者乃經歷過移民大潮的篩檢淘汰後，身懷行業技能，又在一套特定的管理態度驅策下奮進之強者。他們為香港開創了新的經濟領域。這項成就，證明其企業家的稱號當之無愧，因為企業家與眾不同的特質，據約瑟夫·熊彼特（Joseph A. Schumpeter）的說法，正是其創新能力（the ability to innovate）。[1] 不過創新如果是在一個完全競爭（perfect competition）的大環境下進行，經濟上其實並不划算。誠如熊彼特所言：「〔企業家〕把其他生產者都引到他這個行業裏來了。但這些人都是他的競爭對手，會先導致其利潤減少，再讓他徹底賺不到錢。這可不是企業家所樂於承擔的領導位置。」[2]

　　先驅的拓荒者在這種情況下，只能於短期內賺取利潤。如此短暫的利益，並不足以激勵上海棉紡業者入場，因為他們既不自視為浪漫的夢想家，也不想當魅力不凡的冒險者。他們就和真實世界裏大多數的工業企業家一樣，會希望設法維持其支配地位，摒除模仿者。換句話說，他們的企業家技能裏的一個重要部分，正是為不完全競爭（imperfect competition）創造條件的能力，又或者說實現封鎖。

　　所謂封鎖（closure），是指一個群體建立其「壟斷特定機會的過程，

1　J. A. Schumpeter (1934), *The Theory of Economic Development* (Cambridge, Harvard University Press), p. 66.

2　As above, p. 89.

通常是壟斷特定的經濟機遇」。[3] 這可以通過各種不同的方式達成。以經濟手段來抑制競爭的話，可以是利用廣告來突出自家產品的差異、創造絕對的成本優勢，或是建立規模經濟。惟同樣重要的，是動用「市場以外」的各項手段，如暴力、削價競爭和抵制、欺騙耍詐，或是集體串通以限制招聘、工資、產量等。這類手法往往不是體制內的正當行徑，嚴格來說亦不合法，更談不上高尚。而這恰恰是為什麼特殊紐帶和多元關係在不完全競爭的情境下，就可能顯得突出。

　　這類紐帶，可以被利用來達致兩項關鍵功能。首先，它們為群體內的互信，提供了更堅實的基礎。成員彼此之間可藉由特殊關係構成的網絡，獲取更多訊息來評估對方。他們也可以運用群體對成員的制裁力量，更好地控制那些不順從者。其次，這類紐帶正當化了歧視行為。人們可藉此宣稱，擁有共同的特殊關係者，屬於同一個道德社群（moral community），共享權利與義務，所以將經濟好處留在這個群體內是正當的。由於外人不是自己人，將他們排除在外，也就理所當然。[4] 這樣的排外行徑，往往會讓外人覺得遭到不公對待，而心生反感。所以這不單純是在競爭稀有資源，[5] 而是企業家必備的限制性競爭（restrictive competition）的能耐。這種限制性競爭，正是造成大部分的多族群社會裏，族群間的敵對會變得如此令人激動與棘手的原因。

　　一個人為求實現封鎖，可以動用大量的特殊關係。當然，它們的成效不一。在華人企業家圈子內，用於經濟競爭的最重要關係之一，就是

3　M. Weber (1968), *Economy and Society* (New York, Bedminster Press), p. 342.

4　韋伯（M. Weber）已經在 *The Sociology of Religion* (London, Methuen, 1963) 一書中，評論過此「二元倫理」（dualistic ethic）的存在，見 p. 250。亦可見 Rinder, 'Stranger', p. 255。

5　W. F. Wertheim 曾進一步將此論述拿來解釋海外華人與東南亞原居民之間的族群敵意。見 Wertheim (1964), *East-West Parallels: Sociological Approaches to Modern Asia* (The Hague, W. Van Hoeve Ltd.), pp. 39-82。

以相同的祖籍地鍛造出來的地域關係。

祖籍地不必然就是一個人的出生地。在香港出生的人，仍可能會將此視作暫時棲身的「寄居地」（place of 'abode'），而非其籍貫或可以供他溯源的「定居地」（place of 'residence'）。[6] 籍貫在傳統的中國社會本就重要，而社會習俗與官方政策又都予以強化。帝國晚期時，宗族與其他的鄉下組織，常會為到海外闖世界的成員提供某種形式的協助。這些成員雖然已經離開原居地，他們在當地的社會地位一般仍會獲得保留。身處逆境時，他們固然可以回歸這個庇護地尋求支援、保護；飛黃騰達之際，這裏也是其新獲地位得到讚頌、認可之所。

地域身份基本上是一種先賦特徵（ascriptive characteristic），惟移民仍可試圖通過一個困難、漫長的過程，去改變本身的籍貫。為了在居留地紮根，移民必須獲得當地的地位體系接納。箇中關鍵，往往就是他們可擁有地產物業（landed property）的權利，而這種權利，通常要靠幾代人的努力才行。[7] 唯有在買了土地建成祖屋，或者在宗族衍生新支派的案例裏蓋了自家的祠堂後，外來人蛻變為本地住民的過程，才總算完成。

中國的國家機關，曾經是憑藉各地的鄉間組織來控制社會。這一點我們從籍貫一詞的詞源，就可以看得出來。「籍」是記錄人名與家戶成員的登記簿，「貫」則是某人在某地住上法律所訂明的一段時日後，其姓名才獲准入籍之地。[8] 在未獲准入籍前，一個人頂多只能說他是寓

6　Skinner 曾討論過「寄居」與「定居」兩者之別，見 G. W. Skinner (1971), 'Chinese Peasants and the Closed Community: An Open and Shut Case', *Comparative Studies in Society and History*, 13, p. 275。

7　費孝通（1948），《鄉土中國》，上海：觀察社，頁 79–80。

8　中文大辭典編纂委員會編（1966），《中文大辭典》，台北：中國文化學院，卷 25，頁 125–126。

居此地。他和他的後代，都不能在寓居之地參加科舉考試。如果有人犯法，把他送回原籍地就是嚴懲的刑罰之一，用意大抵是讓他去面對鄉里親人和鄰居的羞辱鄙夷。這種行政管理的歷史是如此悠久，以致於當代香港的華人居民，仍慣常地被要求在官方表格裏填寫籍貫一項，作為其個人資料的一環。

中國人在運用地域關係方面，有兩項主要特點。首先是它隨處可見，深入到各類活動領域、地理環境及社會階層裏的社會互動。曼素恩（Susan Mann Jones）在研究 1800 至 1920 年代上海的寧波幫後，總結道「〔原籍〕關係是中國城市裏，家族、階級和商業利益得以清晰表達的首要管道」。[9] 克里斯曼（Lawrence W. Crissman）則是在分析東南亞與北美洲的城市華人聚居區後，發現這些社區基本上是沿着「語群」（'speech' groups）分化，而語群又與眾人的地域源頭相關。[10] 家博（J. Bruce Jacobs）試圖在他對台灣某個鎮的實地研究基礎上，建立一個華人政治行為中特殊紐帶相關性的模型時，也特別強調了「在各類中國政體的任何層級裏，地方關係的重要性」。[11]

地域關係的第二項特點，是其靈活性。上海人會根據情境，運用不同範圍的地域關係。他可以是某地由小至大的一個地理範圍內的人，從他原籍的村落，譬如下車村，到他原籍的無錫縣、江蘇省，再到類別更大的上海人、華南人、亞洲人或東方人，甚至是第三世界的一員。他的身份認同就像是擁有保護色的昆蟲一樣，可以為配合不同的互動脈絡，

---

9   Jones, 'The Ningpo *Pang*', p. 96.

10   L. W. Crissman (1967), 'The Segmentary Structure of Urban Overseas Chinese Communities', *Man*, 2, p. 190.

11   J. B. Jacobs (1979), 'A Preliminary Model of Particularistic Ties in Chinese Political Alliances: *Kan-ch'ing* and *kuan-hsi* in a Rural Taiwanese Township', *China Quarterly*, 78, p. 244.

作出微妙甚至迅速的轉變。棉紡業者在諸如紡織業談判的國際論壇中，就經常是以香港工業家的身份示人，凸顯他們是來自於亞洲發展中地區當中，那個脆弱的自由港。不過當面對外國買家或是殖民地的高階英籍官員時，他們則是華人。在同鄉會聚會時，他們又是來自寧波或上海市的人，大夥共享家鄉菜與地方戲曲。參加商會的活動時，他們則是西化的現代商人。

　　同樣的靈活性，也可見於他們運用語言的模式。英語是用來處理外務的，而在公司與工廠內部，中文（書面語及各種口語方言）則是主要的溝通媒介。董事總經理和高階行政主管是以上海話交談，給他們的本地下屬下指令時，則是講帶口音的廣東話。奧森伯格（Oksenberg）對某家紡織公司內部擺飾的描述，讓我們得以饒有興味地一窺它是如何調整民族風格，來配合企業內部不同的功能區間：

> 　　董事長的套房，佈置得相當豪華──厚地毯、優雅家具，全都是法國文藝復興時期的風格。然後我到工廠，被人迎入主銷售室。這裏的佈置也很高雅，這回則是丹麥風格。接着我又到了會議室，這裏有時候會接待西方客人，有時候則用作工廠成員的聚會之所。會議室的擺設裝飾，基本上也是西式，但我開始注意到些許的中國風格。最後，我被帶到了工廠的私室，這裏是廠內主管幾乎每天都會碰頭規劃生產之地。西方人甚少涉足此地，其室內擺設完全是中式：有鑲着環形大理石面的椅子靠牆擺放，而內有公司創始人照片的一塊區，則是高掛在室內一端，區下還有擺着花的桌子，營造出一種神龕似的氛圍。這種氛圍高雅卻失之空洞。[12]

　　了解了地域關係的特點後，讓我們接着檢視，棉紡業者是如何善用

12　Oksenberg, 'Management Practices', p. 5.

這類關係來經營企業和應付其他公司，以及在社群裏追求地位與權力。

內部組織

通常在一個生產單位內部，都會存在等級結構。每一級的人力需求不同，而這會影響地域關係的相關性。以紡紗廠來說，我們可以區分出勞動工人、行政主管和老闆這三個等級。一家紗廠在香港能否存活，取決於它持續運作及按時完成訂單的能力。這就需要用到大量的低技能勞工，並且最好是能以低價僱用。所以對上海企業家來說，只要勞動力供應充足、生產不致於受到干擾，工人的族群身份不太重要。他們關心的是紗廠人手的穩定性，才不會去管這些人究竟是上海人還是廣東人。

如第三章所述，這批棉紡業者在 1940 年代末，隨帶了一批上海的熟練工人前往香港。一旦他們發現香港的工資較低，就削減了工人的工資與福利，為此引發工業糾紛。上海棉紡業者與工人群體頭一回對峙時，他們的對手可不是粵籍工人，而是來自其上海老家的工人。相同的族群背景，不但沒有緩和彼此在經濟利益上的矛盾，反而強化了衝突。滬籍工人還記得當年在老家時較優渥的僱傭條件，感覺遭到了背叛。有八家棉紡紗廠因此遇上罷工。爭執最終解決，資方改善了工人的福利，包括發放年終獎金。不過這套改善後的福利，還是不及上海標準。[13] 紛爭結束後，紗廠老闆就開始積極培訓當地的粵籍工人。到了 1951 年，已經有報道指出，南洋紗廠勞動力中的上海人比例，雖在紗廠開始營運時高達三分之二，此時卻只剩下三分之一了。[14]

13　《大公報》，1949 年 1 月 28 日。

14　*Hong Kong Industry 1951: The 9th Exhibition of Hong Kong Products* (Hong Kong, Blue Bird Publishing Co., 1951), no pagination.

　　訪談期間，棉紡業者主要的抱怨，是針對勞力短缺和工人忠誠「美德」之殞落。我的受訪者說，香港的年輕人都太唯利是圖了。只要有其他地方給出更高工資，哪怕只是多出那麼一點，他們都會馬上離職。為了應付頻繁的勞工流動和日益增長的工資，有些公司如 16 號廠，就僱用了一批巴基斯坦工人，還有紗廠則是計劃引進菲律賓勞工，遭到移民局阻止後方才作罷。

　　棉紡業對勞力的特別需求以及本土工業勞力之匱乏，迫使他們在勞力市場上扮演公正僱主的角色。[15] 但這不意味着上海棉紡業者對全體勞工一視同仁。他們的人事政策，確實會考慮地域背景上的差異。舉例來說，他們通常會同時提供上海菜和廣東菜的伙食，有時候就在廠內分出兩個食堂。16 號廠的巴基斯坦勞工有自己的宿舍，與本地工人分開。[16]不過這類舉措，並沒有比調整不同品牌機器的例行保養來得更重要。所以在這個組織層次上，其實是工人們更在乎維持族群界限，因為他們的生計會受廠方僱用其他族群的成員影響，直接遭到威脅。[17] 緊張的態勢不時浮現，譬如 1977 年時在 16 號廠，華工就對他們眼中巴基斯坦勞工所專享的宿舍安排，提出抗議。

　　行政主管的聘用，則是另一種情況。由於紗廠對行政服務的需求明顯少於勞工，管理層比較不憂慮缺人。不過另一方面，行政主管因為會接觸到商業情報和親歷商務運作，在組織內部發揮更為關鍵的作用。如果他們跳槽到其他紗廠，或者自立新廠，就會對公司造成傷害。所以在決定這個層級的員工升遷時，紗廠老闆會強調忠誠與能力並重。忠誠是

15　Nihei et al., *Technology*, p. 72.

16　見勞工處勞資關係組所存該紗廠的檔案，以及《東方日報》1977 年 3 月 30 日的報道。

17　關於此現象，可見《榮家企業史料》，第 1 冊，頁 133－136；以及 Chesneaux, *The Chinese Labour Movement*, p. 128, p. 223, and p. 411。

可以透過幾種方式培養的，而相同的籍貫，就是建立互信的基礎之一。然而在提拔行政主管時，他們不會讓族群歧視明白顯示出來。我並沒有堅實證據來判定這方面的歧視程度，儘管高階管理者之間普遍都說上海話的現象，確是這種傾向的跡象之一。此外，不少本地的粵籍主管也相信，籍貫上的偏袒確實存在，他們的前途因此受阻。這種不滿，在我和18號廠所隸屬的漂染公司某位行政主管交談時，就看得出來：

問：你們公司是如何組織的？

答：上層幾乎全是被上海人佔據。他們過去在管理職位上只僱自己人，即自家親戚和他們所信任的人。如今隨着年輕一代接手，他們開始更重視學歷，聘用了更多廣東人和大學畢業生。不管怎麼說，香港沒那麼多上海人。當工廠需要擴充時，他們就得起用本地人。

問：員工的升遷是如何決定的？

答：沒有固定規則，就看老闆喜不喜歡你。我已經在那裏工作了六、七年，但是升遷並不順利。這一部分是和我的個性有關，部分的原因則是制度。我不喜歡阿諛奉承……我們公司的另一項特點，是很少有人能夠獲得頭銜，即使你已經在那裏工作了很長一段時間。我的上司，舉例來說，已經工作了大約二十年，都快到五十歲了。我的職稱只是銷售代表，而他也就是個高級銷售代表而已。

問：他是廣東人嗎？

答：是，他是。我們廠內的高階職位很少……

問：誰最快獲得升遷？

答：從另一家紡織廠來的某人。

問：他是上海人嗎？

答：是。

問：他多大年紀？

答：五十幾歲……

問：除了身為上海人，還有其他的升遷準則嗎？

答：資歷。你在公司工作得愈久，就會被視為愈忠誠，而這有助於升職……

然後，剛成立不久的 9 號廠的潮州籍董事，也這樣告訴我：

棉紡業同業公會會定期舉辦午餐會。但我太忙，所以我讓紗廠的經理代為參加……我希望和他們〔上海籍的紗廠老闆〕成為朋友，但這可不容易。我跟他們的高階行政主管談過，發現他們很久都未獲升職。我問他們來自哪裏，發現他們都不是上海人。其中一人跟我說：「如果我是上海人，我就不會在這裏跟你談話了。」他的意思是，那他就會被提拔到很高的位置，不必再處理公關事務了……。

在整個組織的頂層，即老闆與老闆之間，互信就更為重要。然而與此同時，這方面的問題也愈多、愈不牢靠。紡紗業因涉及相當大的資本投資，紗廠極少是獨資創辦的。創始人通常都要去找合作夥伴，以匯聚資源。檢視公司的記錄當可發現，這三十二家紗廠的半數，起初本是合夥企業，即沒有任何個人或家族掌握多數股份。然而這種所有權的模式很不穩定。到 1978 年時，僅四家紗廠還保持這種合夥形式。19 號廠的董事總經理就點出了合夥人關係的內在張力：

要找個商業夥伴實在很難。舉例來說，你可以和外國公司合資經營，但我不喜歡這樣。商業上的合作，需要彼此徹底理解對方，否則很容易發生衝突。你固然可以輕易找到合夥人開始一門生意，但是當你想拆夥時，麻煩就來了。這不是你可以和陌生人一起做的事，因為每個人都想取得更多的股份來確立主導地位。你未必是想着佔他人的便宜，但你必須保護自己，以免他人在背後捅你刀子。

在此情況下，特殊的關係譬如同一族群，就是必要的黏合劑。老闆之間如果沒共同的特殊紐帶，合夥關係就會非常脆弱。華德英（Barbara E. Ward）研究過香港的某家小型玻璃廠，兩位董事「都是難民，一人來自華中，一人來自華北」。[18] 他倆的合夥關係只維持了三年。其他例子，還有 1950 年移居香港的一位閩籍企業家。他和某位「來自同村的朋友」及一位滬籍熟人合辦了一家搪瓷廠。經過兩年的蓬勃發展，公司的這另外兩位老闆陷入無法調和的衝突，大家被迫拆夥。上海人提出條件，希望和這位企業家繼續合作，但他覺得他必須拒絕：

> 我確信這盤生意一定搞得起來，因為我這位上海朋友非常投入。但我必須拒絕他的提議，以免我的同村友人誤會。我試著表現得體，並且和這兩個人都維持友誼。[19]

所以在棉紡業界，持久的合夥關係，大多是由同一籍貫的董事達成。上海人和廣東人能夠在董事這一層級合作的，就唯有 4 號廠，而這項合作並不平等，因為是由粵籍家族持有大股。還有少數的合資企業，是由華人和外國投資者聯手。合夥人在這類企業裏，因為無法靠族群關係來維繫互信，就會構思出額外的保障制度。常見的安排，就是嚴格分工，由華人董事負責生產，外國老闆則監管企業財務或行政。

安排最細緻的是 10 號廠。這家紗廠是由兩家公司共同創立，一家為華人所有，持有 A 型股；另一家為日本人所有，持有同等數量的 B 型股。根據公司章程，股份只能以相同的比例增加。A 型股和 B 型股的持有人，都只能各自任命和撤換最多三名 A 型股和 B 型股董事。此

18　B. E. Ward, 'A Small Factory in Hong Kong', in Willmott ed., *Economic Organization*, p. 380.

19　桂華山，《桂華山八十回憶》，頁 72。

外，「A」董事有權任命總經理和助理廠務經理；「B」董事則有權選拔
廠務經理和助理總經理。這種安排在公司上市前，維持了整整十一年。
合夥人之間互不信任的狀態，於此表現得再明顯不過。[20]

外部業務往來

　　一家紗廠的涉外業務，主要是處理公司與公司之間的兩類關係。一
類是共生關係，涉及它與供應商、分包商和買家的互動；另一類則是競
爭關係，是指它該如何應對業界同行。

　　就共生關係下的互動而言，棉紡業者經常會運用地域紐帶來助他們
開啟商務關係。華商與陌生人打交道時，總會習慣請來與他們有某種相
同特殊聯繫的中間人幫忙。上海棉紡業者來到香港後，在尋求銀行貸款
時，也跟從這項做法。由於大銀行起初都不願意給他們貸款，他們就需
要中間人來做擔保。

　　最初的中間人是（英商）信昌機器工程有限公司（China Engineers
Ltd），其總裁是英中混血兒。這家公司在上海設有分行，主要是經營
紡織品的進出口貿易，也曾在上海辦過紡紗廠。這樣的背景，使它既
與中國的棉紡業者有業務往來，也跟上海的滙豐銀行打過交道。當棉
紡業者初抵香港需要銀行貸款時，信昌公司就成了經紀人。它以 7% 的
年利率，先從滙豐銀行那裏取得貸款，再以 9% 的年利率，轉借給棉紡
業者。[21] 1951 年時，一筆估計超過五千萬港元的貸款，就是透過這種

20　見 10 號廠在香港公司註冊處的公司記錄。另一例證，可見於南洋兄弟烟草公司的簡家內部，
　　就是否接納與英美烟草公司合併之建議而爆出的激烈爭吵。簡氏兄弟中的一人反對合併，
　　因為英美烟草公司的西方董事們「非我族類，其心必異」，所以不可信。見 Cochran, *Big
　　Business*, pp. 88-89。

21　1977 年 5 月 6 日與該華人銀行家的訪談。另見《榮家企業史料》，第 2 冊，頁 665。

方式辦理。[22] 作為回報，棉紡業者必須通過信昌公司組建的中央營銷組織 —— 棉紗廠聯營體（Cotton Mill Pool）來購買機器設備、原棉和賣出紗線。這個聯營體曾經涵蓋十三家紡紗和織造工廠，抽佣 2.5%。[23]

　　棉紡業者對這種安排感到不滿，抱怨對方的貸款收費不合理。[24] 他們向一位 1950 年代初就來到香港的滬籍銀行家求助。這位銀行家畢業自北京的清華大學，還擁有紐約大學的商學碩士學位，最初任職於駐中國的通用電氣公司（General Electric Company）。後來他到中國銀行工作，推動了中國銀行對工業界的借貸。[25] 此君不僅擁有廣泛的金融歷練與聯繫，還當過湘黔鐵路的經理、1947 年時「出口管制委員會」的委員及「外匯穩定基金」的成員，1948 年時，更當過中美兩國政府聯手設立的棉花供應委員會的委員。[26] 他告訴我，他是如何為棉紡業界的同鄉作出新的金融安排：

> 　　我到香港後，就告訴他們不必這麼做（即經由信昌公司來借貸）。我認識這些棉紡業者，所以就代表他們去滙豐銀行。我們必須說服殖民地官員和滙豐銀行，讓他們相信紡織業對香港有好處。只要他們能看到金融方面的效益，這事就不太難。當時二戰剛剛結束，對紡織品的需求很大。需求旺盛下，紡織業非常賺錢。工廠老闆可以在三年內，就收回他們投入的資

22　《大公報》，1951 年 8 月 2 日。

23　《大公報》，1950 年 7 月 18 日；*FEER*, 21 September 1950, p. 346; W. C. Gomersall (1957), 'The China Engineers Ltd. and Textile Trade', in J. M. Braga ed., *Hong Kong Business Symposium* (Hong Kong, South China Morning Post), p. 513。

24　《大公報》，1951 年 8 月 2 日；1951 年 8 月 16 日。

25　有關戰前中國銀行在替中國紡織業融資上發揮的作用，見 R. C. Bush III (1978), 'Industry and Politics in Kuomintang China: The Nationalist Regime and Lower Yangtze Chinese Cotton Mill Owners 1927-1937', Ph.D. thesis (Columbia University), pp. 199-200。

26　人物背景的細節引自潘孚碩編（1948），《上海時人誌》，北京：展望出版社，頁 61；《經濟通訊》，1947 年第 1 期，頁 1040；《榮家企業史料》，第 2 冊，頁 627。

本。滙豐銀行看到這麼高的利潤後，就說：「錢在這裏，借給他們吧。」所以我成了滙豐的非正式顧問。我每星期都會替滙豐辦一場晚餐會。後來我非常忙碌，但是滙豐說：「我們需要你。」我就這樣留了下來，起初三年，然後六年，直到現在。我們彼此從來沒簽過合約。

到了 1954 年，香港最大的兩家銀行，估計已經給棉紡紗業提供了總數達八千萬至一億港元的貸款。[27]

奧森伯格也記述過一個行業中介的類似案例。1970 年代初，某家打算給香港紡織公司供應石油產品的美國石油公司，聘用了「一位與紡織業界有着良好關係的長江下游地區商人，既給他付聘用定金，也讓他抽佣。此君年輕時，曾在 1949 年前的上海為這家公司當前的主要對手工作」。[28]

有跡象顯示，紗廠在選擇分包商和經紀人時，也存在族群考量。33 號廠的潮州籍董事講述過的一件事，就顯示個人關係會如何隨着生產環境的轉變而變：

> 幾年前，我們有個員工為其他工人組織了一場農曆新年聚會。他想為自己樹立權力基礎。這威脅到了我的地位〔該董事當時負責技術運作〕。我別無選擇，只好先動手解僱他。為此他背地裏四處攻擊我。幾年後，我們必須處理掉某些舊機器。當時他已經成為二手紡織設備的經銷商。我們要在他和另一位滬籍經銷商之間作選擇。我把這筆生意給了他。他帶了幾隻雞來謝我。我跟他說：「你沒必要謝我。你是我以前的員工，我當然會照顧你。你當時並不理解我的處境。」

27　唐有庸（1954），〈棉紡工業向銀行借了多少錢？〉，《香港工業月報》，第 1 期，頁 23。

28　Oksenberg, 'Management Practices', p. 8.

　　他沒明説這位前僱員是否來自潮州，但他暗示他寧可不用滬籍經銷商的服務。

　　話雖如此，利用地域紐帶來促進共生型的生意，畢竟有其局限。棉紡業者通常無法基於非經濟性的考量，去挑選供應商和買家。如果過度仰賴族群關係，會為生意招來損失。例如由廣東人擁有的南洋兄弟烟草公司，主要是招募廣東同鄉來當分銷商，所以在 1900 年代，除了華南，很難進入中國的其他市場。[29] 通常只有在市場嚴重失調的情況下，族群和其他特殊關係才會更加有用。舉例來説，在戰後中國的賣方市場裏，申新四廠的董事們為了規避政府對囤積居奇的管制，將部分產品託付給某位和他們有緊密關係的紗線經銷商代為儲藏。[30]

　　至於説到公司與公司之間的關係，因為是競爭而非共生關係，棉紡業者的關鍵問題就是要如何設置入場壁壘（entry barriers），以阻撓潛在的競爭對手。[31] 某個行業的入場壁壘如果很低，既有的企業家就甚難維持封鎖。所以我們可以假設，某個行業的入場壁壘愈低，業者就會更積極地運用特殊關係來構成一個團結的群體，以便將闖入者拒諸門外。

　　有位經濟學家在比較過十三個行業後發現，紡織生產是入場壁壘最低的行業之一。這是因為規模經濟對紡織業來説不太重要，產品差異化的機會也甚少。而原料方面，也不存在技術專利或供應遭到嚴格管制的

29　Cochran, *Big Business*, pp. 72 and 76.

30　《榮家企業史料》，第 2 冊，頁 257。

31　有關行業競爭中的入場壁壘問題，可見於諸如 J. S. Bain (1956), *Barriers to New Competition: Their Character and Consequences in Manufacturing Industries* (Cambridge, Harvard University Press); G. J. Stigler (1968), *The Organization of Industry* (Richard D. Irwin); and M. Porter (1980), *Competitive Strategy: Techniques for Analyzing Industries and Competitors* (New York and London, The Free Press) 等書。

問題。[32] 不過上海棉紡業者對表達其族群認同相當謹慎寡言，這一點我將在本章稍後説明。這種刻意淡化其族群認同的現象，並未推翻我的前述假設，因為在香港確立的紡織品配額制度（textile quota system），已經大幅降低了外人闖入紡紗業的可能性，大幅提高了入場壁壘。

我在這裏沒辦法詳述配額制，只會説明其基本特點。[33] 基於簽訂蘭開夏條約（Lancashire Pact，1959－1965）、棉織品協定（Cotton Textile Arrangement，1962－1973）和多種纖維協定（Multi-Fibre Arrangement，始於 1974）的結果，香港同意限制其出口到西方工業國家的紡織品數量。每年出口到這些國家的最高額度，需要定期談判，惟香港政府保留了它在內部向每個生產者分配定額的自主權。至於分配的基本原則，起初是看各廠的生產能力，隨後則修訂為以公司前十二個月的出口表現為據。公司在前一年賣到海外的紗線愈多，所獲之配額也愈大。如果公司沒有充分利用其配額，政府就可以將它收回或予以裁減。不過這種情況不太可能發生，因為公司可以將它仍未用盡的配額，賣給其他生產者。所以出口限制實際上是給了那些在 1960 年前就營運的紡織廠極大優勢，配額制就是在這一年確立的。它可説是大致固化了各家紗廠的相對競爭位置。每家紗廠都獲派一個固定的出口市場份額，而其結果，就是造成實質上的寡頭壟斷。新的競爭者因為缺乏配額嚴重受阻，為了向現有的紗廠購買配額，而拉高了生產成本。

業內人士自始顯然就充分意識到，配額制有抑制競爭的潛在好處。當中有人在 1962 年發表的某篇文章裏，強調了這一點：

32　H. M. Mann, 'Entry Barriers in Thirteen Industries', in Yamey ed., *Industrial Structure*, pp. 67-77.

33　細節可見 Hongkong and Shanghai Banking Corporation, *The Quota System September1977: Hong Kong Textiles and Garment Export Restrictions* (Hong Kong, The Corporation, 1977)。

　　　　這種現況〔指出口配額制的實施〕，顯然意味着本地紡織
業擴張及投入新資本的歲月已經結束。我們未來的重點，應該
擺在改善效率以更好地利用現有的生產資源，而非強調進一步
的投資、增購機器和提高生產力……如此情勢下，行業內的
新投資不僅無利，反而有害。[34]

　　這種好處，顯然是被進口國以接受貿易上的限制為交換條件，給了
既有的香港紗廠。在有關出口限制的早期談判進入關鍵階段時，紡織企
業家曾使勁地維護自己的利益。香港棉紡業同業公會的權力增長，正是
基於業者當時需要在談判中展現一個共同陣線。

　　談判揭幕前，紡紗業和織造業就先組成聯盟。這觸發了一個足以
突出行業競爭裏族群面向的事件。織造業與上海人所主導的紡紗業不
同，它分成上海人和廣東人兩幫。滬籍的織造業者創設了「香港棉織業
同業公會」（Federation of Hong Kong Cotton Weavers），粵籍人士則是
掌控「香港布廠商會」（Hong Kong Weaving Mills' Association）。1959
年前半，這三家行業公會舉辦過圓桌會議，以協調彼此的策略。他們的
目標，是反對延長為期三年的「自願承諾」方案。這個方案限制了他
們對英國的出口，目的是給蘭開夏的工廠老闆「喘息空間」。1960 年 6
月，三家公會達成協議，全體不參加「棉紡織業針對與英、美兩國之配
額問題所開展的跨界別討論，要求先就某些基本議題作出令人滿意的澄
清」。[35] 與此同時，香港政府在英國的壓力下介入，成立了棉業諮詢委
員會（Cotton Advisory Board），以便就英、美兩國所提的配額方案，
尋求解決之道。

---

34   S. J. Ting, 'Does Hong Kong's Textile Industry Permit Unlimited Investment?', *Federation of Hong Kong Cotton Weavers 1961-1962 Year Book*, p. 37.

35   HKCSA, 'Annual Report of the General Committee for the Year Ended 30th June 1961, Supplementary Note', p. 1.

然而 1960 年 7 月 11 日，這個跨界別的行業聯盟就突然瓦解。棉紡業同業公會以秘密備忘錄的形式通告會員，謂「某家織造業公會已經向政府表示，願提名人選加入擬議中的棉業諮詢委員會。另一個公會緊隨其後，採取同樣行動」。[36] 備忘錄中並沒點名是哪個公會率先違諾，但極可能是粵籍織造業者的公會。由於很多滬籍的織造業者也從事棉紡業，要是他們違諾在先，他們在棉紡業同業公會內的同儕，想必會憤怒地譴責他們。

協議一旦守不住，業者就開始各謀經濟利益了。織造業者迅速從政府方面獲得保證，出口配額會根據工廠現有的織布機數量來分配，置棉紡業者於不顧。棉紡業者則是認識到大勢已去，於是勉強同意派代表加入棉業諮詢委員會。

配額制為新入場者設下了令人生畏的障礙，穩定了紡織業的內部競爭。但有一條通道仍為潛在的競爭者開放，那就是他們可接管擁有配額、卻經營不善的現有工廠。為了維持封鎖，現有的棉紡業者就必須設法管制生產性資產轉移到圈外人手中。族群在這方面發揮了重要作用。這一點我們可透過幾宗公司轉手的個案來加以說明。

6 號廠由上海人擁有，自 1949 年創辦以來，就長期面對困難。1955 年，它向一家廣東人的金融財團尋求資金援助。作為交換，對方安排了擁有否決權的四名粵籍董事進入董事會。三年後，廠主轉為向滬籍的金融家借款，兩名上海人因此被安排加入董事會，取代所有的粵籍董事。這顯然是個先發制人的動作，目的是避免公司遭到廣東人接管，因為他們在辭職後，依然保有兩成的公司股份。1972 年，這家紗廠賣給了由上海人控制的、欣欣向榮的南聯實業有限公司，粵籍財團的計劃

36　As above.

最終幻滅。[37]

　　滬籍紗廠老闆之所以能夠讓生產性資產在自己人的圈內流轉、不落外人田，靠的是自家的資訊網絡。這就如我的受訪者一再提到的，紡紗業界就像個「俱樂部」，所有人都互相認識。其中一人説道：「本地的紡紗、織造及漂染行業裏的中層和高層人員，大多籍貫相同。他們在生活和工作習慣上，也有許多共通之處。」[38] 他們不僅在公會的活動中碰頭，還會通電話討論客戶的信用狀態，或是諸如出口條例等的技術事務。他們會在下班後聚會，而有競爭關係的紗廠董事可能會一道出席賽馬活動，或是相約打打網球、搓搓麻將。所以圈子內哪個同行有財務困難，他們會最先知道，也就可以盡早開價，買下對方的設備。

　　1978 年 7 月，11 號廠停產，公司將廠基出售後大賺了一筆。紗廠遣散了它逾千名的工人隊伍。19 號廠的滬籍董事總經理在評論這起突如其來的關廠事件時，是這麼對我説的：

> 　　我們是非常要好的朋友〔指他和 11 號廠的老闆〕，但這回他們沒跟我們討論碰到的麻煩。這也許是面子問題。要不然，我們會出價購買他們的紗錠，因為我們相信紡紗業在香港依然重要。他們倒閉，不意味着紡紗業沒有前景。他們經營不下去，很好，那就讓我們接手。29 號廠也一樣。過去一年裏，我們都和他們保持聯繫。但他們想賣他們的地。我們跟他們説：「土地太貴了。你們賣地後，我們願意買下廠房和機器設備。」

　　有時候，族群圈子外的人開價更高。不過金錢上的獲益可能夾帶

37　6 號廠在公司註冊處的公司記錄；及與 22 號廠某位董事的訪談內容。他是該廠的粵籍董事之一，現任職於南聯實業有限公司。

38　S. C. Fang, 'How to Treasure Our Achievements?', *Federation of Hong Kong Cotton Weavers 1961-1962 Year Book*, p. 39.

可觀危險，因為賣家沒辦法控制外人如何處理紗廠。由上海人持有的華僑紡織有限公司（Overseas Textiles Company），就碰到這類問題。該公司 1976 年時的年利潤，曾達到 200 萬港元。有一家粵籍的土地開發公司合和集團（Hopewell Conglomerate），獻議以 2,500 萬港元的價格買下紗廠，而那幾乎是其資本價值的九倍。這個誘惑太大，所以就算南聯紡織集團早已出價，董事們還是決定將廠賣給了這家開發商。粵籍開發商擁有紗廠後，就立刻停產，並且在沒有事先通知下，解僱了所有工人，激起他們的憤怒抗議。一份本地出版的紡織業刊物，當時曾以措辭強烈的社論，譴責了這家紗廠的老闆：

> 在香港的經濟環境裏，如果說工業家沒有充分的權利憑一己意願去處理財產，那是說不過去的。不過在這個環境裏賺了錢的人，應該有責任去確保其行動不會為社會帶來破壞性後果。棉紡紗廠就算是在發達國家，也具有非常重要的社會價值，遑論發展中國家。這不僅僅是個道德問題。華僑紡織廠的關閉方式，擺在其他任何地方，都會引發暴動。1966 年的一場工業糾紛，就曾在香港激起了三天的騷亂。[39]

值得注意的是，這本刊物的編輯是上海人。他的憤慨，至少部分是出於上海人在紡織業的聲譽遭到了玷污。32 號廠的一名董事追憶，當時他們是如何被殖民地政府認定，該為這事集體負責。他抱怨香港政府對他們懷有偏見：

> 華僑紡織公司在幾年前轉手賣給合和集團時，合和關閉了這家工廠。港督對我們上海人非常憤怒。但是你看看 CTV〔一家由廣東人擁有的電視台，1978 年關閉〕，有什麼事發

39　*Textile Asia*, July 1976, p. 10.

生呢？

　　這個痛苦的教訓，並未能徹底阻止棉紡業者將紗廠轉讓予外人，惟此後他們必須謹慎行事。1977 年，又一家上海人的紗廠歇業，廠房被某家潮州籍的織造公司買下，成為 33 號廠。這是上海人的紡紗廠首次被非上海籍的紡織生產商接管。這事對上海人的自尊是個打擊，因為 33 號廠的董事們，會逮住每一個機會吹噓其收購行動。33 號廠的一名董事在訪談過程中，就將話題引到了這裏：

> 　　我們都是廣東人，所以我告訴你這件事。我們公司真是為廣東人掙足了面子。以前只有上海籍的棉紡業者，像是 15 號廠的 A 先生，去吞併廣東人的織造廠。身為粵籍的織造業者，我們是吞併上海人紡紗廠的第一家。

　　儘管有損上海人的顏面，滬籍廠主還是會為了兩大理由這麼做。首先，潮州籍織造業者在 1970 年代末牛仔布景氣時，曾經賺取巨額利潤，他們有多餘的資本開出高價。其次，該紡紗廠向來是這家織造廠的主要紗線供應商，兩者存在長期的商務關係，上海人當可確信，紡紗廠不會像華僑紡織廠那樣也慘遭關閉。結果紡紗廠的原有工人都被 33 號廠留下，沒有發生停產。

　　如上所述，上海籍棉紡業者在限制外人進入其行業方面，做得相當成功。不過當他們試圖將投資多元化、希望介入本地經濟時，就輪到他們面對入場壁壘了。如第三章所述，這批棉紡業者自視為「意志堅定的工業家」，少有人會分心去搞商務。前已提到他們對工業的專注投入，是出於幾項理由，包括他們受過的技術訓練和他們早已擁有的機器設備。除此之外，移民身份也形塑了他們對工業的執著。發展成熟的行業和生意類別對他們來說，相對難以進入。這種處境，我們可以透過檢視廣東人所擁有之永安集團的企業決定，來作說明。

　　永安集團在二戰前，曾經擁有上海第二大的私營紡紗事業。1940年代末當它撤退到香港時，它與其他上海籍的棉紡業者處境相同。但這當中有一個關鍵區別：永安零售生意的總部在香港生根已久，就此意義而言，它也是一家本地公司。永安沒有在香港恢復其紡紗事業，原因很可能是它在這個殖民地裏不乏商業機會。永安的某位創始人後來對此深以為憾。[40]

　　類似的情境，還可見於棉紡業者強烈反對成立香港棉製品交易所一事。他們宣稱這個交易所乃投機性質，所以反對。但他們卻被人暗諷是「酸葡萄」心理作祟，因為 1949 年前的上海，畢竟也有過「華商紗布交易所」（Chinese Cotton Goods Exchange）。著名的棉紡業者榮宗敬，正是華商紗布交易所的其中一位積極贊助者。

　　房地產業是棉紡業者機會受阻的另一例。1 號廠的董事在比較了滬籍和粵籍工業家的特質後，這樣跟我說：

> 　　投身房地產的大部分是廣東人，上海人很少。如果我們當初將用在棉紡生產的投資拿來買地，現在已經賺得盆滿缽滿了。我們可能已經像香港置地（Hong Kong Land）〔香港最大的房地產公司〕那麼大。但我們在上海的時候已經被搞怕了。我們知道政治情勢一旦逆轉，我們沒辦法帶着土地一塊走。

30 號廠的董事總經理是上海人，他細說如下：

> 　　那些廣東人，譬如 33 號廠的老闆，是在牛仔布熱銷時賺了錢。然後他們投資地產。這真是個好主意。上海人就只是將他們的紡織公司擴展到國外，譬如去東南亞和非洲。從根本上來說，差別是廣東人視香港為原居地，上海人不是。

40　齊以正等（1980），《香港超級巨富列傳》，香港：文藝書屋，頁 156。

上海人的難民心態，顯然影響了其投資行為。不過還有其他的原因，讓他們錯過了房地產開發的賺錢良機。這是因為在相當長的一段時日裏，粵籍開發商似乎有能力大致獨霸此業。不過 1980 年代初當房地產業邁入繁榮期，新來者都爭先恐後地要分一杯羹，就把這個行業的入場壁壘衝破了。上海籍的棉紡業者也禁不住這番誘惑。擁有香港最大棉紡紗廠的南豐紡織（Nan Fung Textiles），開展了一個名為南豐新邨（Nam Fung Sun Tsun）的大型屋苑工程，還拿下另外的幾個地段來興建豪華別墅。[41] 上海籍的棉紡業者經營的南聯實業，也和遠東發展（Far East Consortium）成立了一家合資公司，重新開發它剛剛買下的另一家紗廠的土地。這項計劃，是要建造一組多功能的工業樓宇出售。[42] 也許不令人意外的是，遠東發展的老闆也來自上海。[43]

地位與權力

布魯默（Herbert Blumer）曾經寫道：「工業企業被引入有種族等級劃分的社會時，若要能**理性**運作，或需眾人對該種族秩序的準則與敏感之處尊重配合。」[44] 香港作為殖民地，存在着明顯界定的族群等級。最主要的分界線，就是區分少數「歐洲人」（其實也包括美國人）與多數華人的那條族群邊界。而在香港華人當中，廣東人遠較其他籍貫的多。這樣的族群人口分佈，使香港有別於東南亞各地高度分化的華人社群。

---

41   *SCMP*, 23 October 1980.

42   *SCMP*, 25 August 1981.

43   有關邱德根先生的傳略，見 *SCMP*, 22 June 1982。

44   H. Blumer (1977), 'Industrialization and Race Relations', in J. Stone ed., *Race, Ethnicity and Social Change* (Cambridge, Duxbury Press), p. 160, original emphasis.

這些社群裏的各籍貫成員，雖然多元，人數卻大致相當。[45]

上海的棉紡業者來到香港時，當地歐洲人與華人之間的差異，已經因為日本人的佔領而縮小。[46] 公然的種族歧視作為，開始遭到廢止，惟基本的族群互動模式依然不變。為了讓自己躋身本地的地位與權力結構，上海人將他們大部分的社會精力，都擺在贏取歐洲精英的認可與支持上。

為保障他們在殖民地的投資，有些人用上一種已經多次試用過的辦法，來掩飾其企業本來的族群身份。[47] 他們會將好幾家公司以當地知名的英籍商人的名字註冊，讓它們看起來像個英國公司。資本來自申新四廠、創立於 1948 年的九龍紗廠（Kowloon Cotton Mill），就採用了這種方法。由英國人擁有的信昌機器工程有限公司的行政總裁，並不曾對這家新紗廠作過任何投資，卻被列為主要股東。不僅如此，他在九龍紗廠營運的早年，還被授予董事總經理的職務。兩方其實有互換文件，文件上則載明信昌公司名下、相關股份的真正持有人是誰。信昌公司之所以願意配合，顯然是因為它可藉供應設備和貸款給紗廠獲利。與此同時，這些上海老闆也成功自漢口的英國領事館那裏取得證明文件，闡明九龍紗廠母公司的股權主要是由英國人持有，故有權享受英國政府的保護。[48]

45　See Crissman, 'Overseas Chinese Communities'; and H. J. Lethbridge, 'The Social Structure, Some Observations', in D. Lethbridge ed. (1980), *The Business Environment of Hong Kong* (Hong Kong, Oxford University Press), pp. 52-53.

46　H. J. Lethbridge (1969), 'Hong Kong Under Japanese Occupation; Changes in Social Structure', in Jarvie and Agassi eds., *Hong Kong: A Society in Transition* (London, Routledge and Kegan Paul), p. 124.

47　中日戰爭爆發時，這個方法曾被中國的棉紡業者廣泛使用。見《榮家企業史料》，第 2 冊，頁 42－48 及頁 106。南洋兄弟烟草公司的粵籍創始人也跟從這套做法，聲稱他是為了生意，才去取得日本公民權。見 Cochran, *Big Business*, p. 64。

48　《榮家企業史料》，第 2 冊，頁 664－668。

　　榮氏家族在香港創辦的另一家企業 —— 南洋紗廠，也試圖套上西方的外衣。它自始就得到羅蘭士‧嘉道理（Lawrence Kadoorie）的幫助，儘管本人不是主要股東，卻出任董事會主席。嘉道理是生於香港的英國公民，在上海長大，其猶太裔父親正是在那裏成為著名商人。1950年代初，嘉道理是香港政府的立法和行政兩局議員，而他當時主要是在經營中華電力有限公司（China Light and Power Company）。[49]

　　上海籍棉紡業者在和香港的外籍社群交往時，有一項重要技能可用，那就是他們在上海或國外知名大學受過西方教育後掌握的流利英語。英語在二戰後的至少二十年內，仍是香港唯一的官方語文，也因此是晉身社會上層的關鍵。[50] 棉紡業者所散發的國際化氣息，以及他們身為大規模勞動力的僱主的超凡經濟能力，意味着他們比大多數本地廣東人更能贏得政府官員的尊敬。他們顯然對精通英語深以為傲，既以英語作為商務用語，也在和外界交往時主要使用英語。他們的同業公會的出版品大多是以英文撰寫，[51] 常務委員會的會議記錄也是如此。[52] 而他們自 1960 年以來，也為員工出版英文的技術性刊物。一直到 1970 年，他們才終於意識到，「絕大多數從事紗廠生產營運的人，都比較容易吸收以中文撰寫的技術性文章的全部內容」。[53] 在我的訪談過程中，他們大多也是選擇以英語受訪。榮毅仁的夫人自 1949 年後，一直都住在上

49　Database Publishing ed. (1984), *Who's Who in Hong Kong* (Hong Kong, Database Publishing), p. 179.

50　C. Smith (1972), 'English-educated Chinese Elites in Nineteenth Century Hong Kong', in M. Topley ed., *Hong Kong: The Interaction of Traditions and Life in the Towns* (Hong Kong, Royal Asiatic Society Hong Kong Branch), pp. 65-96.

51　See for example HKCSA, *Twenty-Five Years*; *A Glance at the Hong Kong Cotton Spinning Industry*; and *Federation of Hong Kong Cotton Weavers 1961-1962 Year Book*.

52　See HKCSA, 'Annual Report of the General Committee', 1955-1979.

53　As above, 1970, p. 9.

海，最近接受某位中國記者採訪時，也講英語。[54]

除了精通英語有助於他們接觸殖民政府外，籍貫在他們和政府官員建立融洽關係這方面，也幫了一把。香港的高級華人公務員大多是畢業自本地大學的本土廣東人。雖然來自上海的寥寥無幾，有位上海籍的公務員，卻難得地成功攀上了官階的頂層。

曹廣榮是移民，且並非出身於富裕家庭。他沒大學學位，起初是以皇家天文台的科學助理身份進入香港政府，隨後成為衛生督察。1966年，他成功地轉到工商業管理處，在那裏一帆風順，由助理貿易主任一路晉升為負責國際貿易談判的主管。曹廣榮在那個職務上，帶領過由棉業諮詢委員會的成員組成的香港代表團，這當中有些人是棉紡業者。據說，他贏得了委員會裏工業家代表們的讚譽。

1983年，他獲擢升為新聞處處長，接着又出任政務司（Secretary for Home Affairs，其後更名為 Secretary for Administration）。為慶祝他高升至最頂級官職之一，聲譽卓著的香港慈善組織——保良局的一群董事，特地為他在上海聯誼會辦了一場盛宴。香港紡織有限公司（Hong Kong Spinners Ltd.）董事長之女、利登有限公司（Leighton Textiles Company）的董事梁王培芳女士，代表該群體向曹先生頒發了紀念品。[55]

上海籍的棉紡業者雖然熱衷於和商界及官府內的洋人套交情，卻沒什麼興致和本地的粵籍企業家交往。他們初抵香港時，當地已經有三個主要的商界團體，即由英商主導且私下被視為西人商會的香港總商會（Hong Kong General Chamber of Commerce）、香港中華總商會

54　見《大公報》，1982 年 4 月 20 日。

55　《明報》，1985 年 3 月 31 日。曹廣榮與梁王培芳二人的傳略，可見 Database Publishing ed., *Who's Who in Hong Kong*, pp. 370 and 231.

（Chinese General Chamber of Commerce of Hong Kong）和香港中華廠商聯合會（Hong Kong Chinese Manufacturers' Union）。許多棉紡業者很快就加入香港總商會，[56] 但卻少有人成為香港中華總商會的會員。[57]

　　1947 年，中華總商會內所謂的上海幫和本地幫之間，爆發了激烈的選舉爭執。爭議後來鬧上法庭，並以本地幫取得有利的判決告終。不過棉紡業者是否牽涉其中，其實不太清楚。[58] 1950 年代，棉紡業者竟無一人加入中華廠商聯合會。該會每年都會舉辦本地華人廠商的產品展銷會。[59]

　　上海工業家來自中國最繁華的大都會，所以會試圖為自己打造民族精英的形象，而非局處於香港華人社群裏的少數。儘管高度集中於紡紗業，上海企業家並不像潮州人那樣，強調他們的地域認同。潮州人是香港第二大的華人地緣群體，他們組織了自己的潮州商會，還有二十個其他性質的潮州人社團。[60] 早年當紡紗業界還只是非正式地以俱樂部的形式組織起來時，他們的聚會，是由唯一一位非上海籍的紗廠老闆——寶星紡織廠（Pao Hsing Cotton Mill）的楊勝惠主持。[61] 棉紡業者一貫地淡化他們的上海人認同。當我請他們描述滬籍企業家和粵籍企業家之間的分別時，有人跟我這麼說：

56　見鈕魯詩（W. C. G. Kowles）在 *Federation of Hong Kong Cotton Weavers 1961-1962 Year Book* 中的文章，頁 8−9。鈕魯詩是當時的香港總商會主席。

57　See the Chinese General Chamber of Commerce of Hong Kong (1958), *Members of the Twentieth Committee 1956-58* (Hong Kong, The Chamber).

58　陳大同（1956），《中總歷屆改選回憶錄》，香港：無出版社。

59　工商觀察社（1958），《責香港中華總商會》，香港：工商觀察社，頁 26 及頁 31−32；Hong Kong Chinese Manufacturers' Union (1957), *Classified Directory of Members, 1956-57* (Hong Kong, The Union)。

60　王齡（1949），《香港潮僑通覽》，香港：無出版社，頁 1−4。

61　HKCSA, *Twenty-Five Years*, p. 51.

當我在約二十五年前初來乍到時，我對這種差別非常敏感。不過現在這些界線都變模糊了……有些人在談論成立一個上海俱樂部（Shanghai club）。我告訴他們，上海的大閘蟹（Shanghai crabs）可能更好。上海的大閘蟹，看起來確實不同。

上海人的社團雖逐漸增多，我們還是不該據此認定，這是他們地域意識增強的結果。它也許是在顯示一個相反的趨勢。上海聯誼會的某位創始人透露，他們的主要目標，是募資興辦一所醫院。他說如果不盡早行動，老一代的上海人都會凋零，而他們的子女可不會這麼慷慨、熱心地捐錢。聯誼會舉辦的第一場募款活動，是中國戲曲演出。他們選擇了上演國劇（京劇）而不是滬劇。[62]

類似的語言偏好，也可見於由蘇浙旅港同鄉會這個老牌社團所贊助的教育機構。在蘇浙公學的落成典禮上，同鄉會會長特別強調，來自其蘇浙老家的人有「不局限於狹隘地域觀念」的「優良傳統」。[63] 蘇浙小學和公學不僅在招生時不考慮學生的地域背景，更是香港僅有的使用國語——即普通話作教學語文的學校。同鄉會的某位滬籍理事應邀在學校的畢業典禮上致辭時，還自覺地為他本人講不好國語而致歉。[64]

上海籍企業家冷漠及自視為精英的姿態，使他們不為本地的粵籍領袖所喜。「廣東人對來港居住並在此開創事業的上海華人，懷有憎惡之感。」香港前港督葛量洪（Alexander Grantham）曾如此寫道。「他們認為上海人過於精明和狡猾。」[65]

62　上海聯誼會，《籌募福利基金國劇義演特刊》。

63　蘇浙旅港同鄉會，《蘇浙公學蘇浙小學彙刊》，頁49。

64　江厚塏（1976），〈先後媲美的兩個畢業典禮〉，《大成》，第35期，頁42。

65　Grantham, *Via Ports*, pp. 104-105.

　　1940 年代末時，在香港的地位與權力等級架構裏，華人上流的途徑已經確立。英語教育是競爭的決定性前提。只要具備了這種能力，有野心的人，就可以攀着由華人社團搭成的社會階梯向上。他們可以從街坊會起步，一路從保良局攀上東華醫院的董事會，再晉身政府的各類諮詢委員會，最終躋身立法局和行政局。

　　上海籍棉紡業者甚少加入攀爬這個傳統的上流階梯，但這不意味着他們拒斥該體制。如果能夠在立法局和行政局裏佔一席之地，這對他們和其他華人居民來說，顯然同樣是最高榮耀。某種程度上，正如某些社團裏發生的事件所示，上海人可能已經遭到本地的精英排擠。開達公司（Kader Company）滬籍創辦人在北角區街坊會（North Point Kaifong Association）的經歷就是一例。據說這段經歷是如此令其不悅，以致他撤回了興建一座學校的捐款。[66]

　　不過這批人如果確實遭到排擠，他們也不力圖擠進去。整體而言，上海工業家繞開了本地人既有的社會進階途徑，開創了自己的上流之路。他們創辦自己的社群團體，再藉這些團體大致憑己力地贊助了一家醫院（仁濟醫院）和資助新亞書院及崇基書院。新亞和崇基這兩家專上機構，後來都成為香港中文大學的組成部分。然後，基於他們強大的工業實力，獲香港政府邀請加入棉業諮詢委員會及 1960 年成立的香港工業總會（Federation of Hong Kong Industries）。

　　上海籍企業家一旦踏上各類諮詢委員會和法定機構的跳板，沒多久就有人首次攀上了本地權力結構的頂峰。1964 年，唐炳源獲任命為立法局非官守議員，1969 年又成為行政局非官守議員。

　　他的任命顯示，港府確認了華人社群的領導層已經改變。那些老

66　Ting, *Truth and Facts*, p. 86.

牌的粵籍家族，不再能夠唯我獨尊。在此之前，粵籍的行政、立法兩局中的非官守議員，就是華人居民的代表。譬如在 1948 年的預算案辯論中，周峻年正是以這樣的話結束發言：

> 最後，我願代表華人社群，贊成閣下就近日與中國達成的
> 關稅協議問題上，在上次會議裏作出的評論。[67]

1960 年代中期，即上海人移民香港幾近二十年後，他們終於有了自己的立法局議員，得以為工業家群體發聲。唐炳源在 1965 年的預算案辯論中，將他首次的發言內容，都集中在「工業用地不足且價格過高」這個主題上。他以下面的這段話總結：

> 我毫不懷疑，政府如果對土地政策這攸關工業未來增長
> 之事展現它細究的誠意，各方都會感到滿意。尤其是工業界，
> 工業界才能因此確信，政府將全面、迅速地重新思考土地政策
> 的定位。[68]

兩幫華人領袖的政治修辭，已經歷更替。廣東人所慣用的族群政治的表達風格，已經被上海人講究經濟利益的風格取代。隨着唐炳源在行政、立法兩局內任職，上海工業家已經在他們移居的這個社會裏，重建了自己的經濟精英地位。

67　*Hong Kong Hansard*, 1948, p. 80, emphases added.

68　*Hong Kong Hansard*, 1965, p. 152, emphases added.

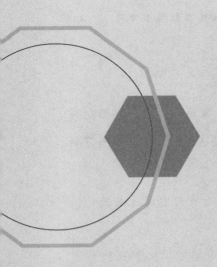

| 第六章 |

家族意識和工業企業

親屬關係與族群認同（kinship and ethnicity）作為集體行動的組織原則，有很多共同之處。兩者都涉及一個人基於其出身所形成的社會關係。生理上的血緣，是親屬關係的本質；相同的地域背景，則是建構族群認同的核心。在多數情況下，一個人的父系或母系親屬，同時也是其同鄉。但至少會有些同血緣的親人，和他分屬不同地域。親屬關係除了家系血統外，還包括由婚姻構成的社會關係。如此形成的姻親關係，更具有自願色彩。除了親屬之間通婚的情況外，一般而言，一個人的姻親會來自不同的祖先或地域。所以親屬與族群的範疇確有重疊之處，卻很少完全一致。

親屬關係賦予我們某些凝聚力最強的社會紐帶。基於這樣的原因，斯梅爾瑟（Neil J. Smelser）認定它是經濟上緊密團結小群體的主要形式。[1] 不過親屬關係在經濟上的重要性，會隨不同的社會而異，取決於家族與親屬系統作為社會結構裏主導體制的程度。家族與親屬關係被廣泛認為是華人社會的螺帽與螺栓，而它們至少在傳統時代晚期，還是所有華人忠誠之所繫。所以不令人意外的是，許多觀察者都相信，「在華人的經濟生活裏，『家庭／家族』（family）就是一切；華人的商業力量，源於親屬間的團結；而華人的成功，是建立在一種無法棄絕的親屬

1　Smelser, *Sociology of Economic Life*, p. 57.

義務的堅實基礎之上」。[2] 不過莫里斯・傅利曼（Maurice Freedman）基於其田野的親身經歷，對這類傳統智慧持疑，並且試探性地提出「新加坡華人社會裏可以見到的許多經濟組織，其實是立足於一種非親屬關係上建構的團結」。[3] 他主張華人與西方人在經濟行為上的關鍵區別，不在親屬與非親屬（kin and non-kin），而是個人與非個人（personal and impersonal）。華人傾向於將經濟關係個人化，親屬關係不過是實現團結的可能基礎之一。

我們若同意這項籠統的表述，那就還有問題值得進一步探究：親屬關係在不同的經濟活動領域裏，有什麼相對的重要性？親屬關係很可能在強化華人工業企業的內部組織上，比調節其對外關係發揮更重要的作用。箇中原因，在我們比較過族群關係與親屬關係的特質後，就會變得清晰。

我在前一章裏已經指出，族群認同在形成群體方面的優勢之一，在於它靈活的邊界。對比之下，親屬關係的界定限制較多，也較不容易向外延伸。一個人出生之後，就只能擁有人數有限的父系親屬。通過家族中女性成員建立起來的姻親關係，往往會使他的姻親人數更多，地域上的分佈也更廣。但其範圍仍相當狹窄。其結果就是親屬關係在有限制的場域裏最為有效。在政治領域，家博（J. Bruce Jacobs）已經向我們展示過，華人的親屬關係在村這一級很重要。但他進一步闡釋說，「一個人親屬數量上的〔生理〕局限，使他需要在政治體系的較高層級也動用其他關係。一段成功的政治生涯，畢竟不能只靠那些不夠廣泛的姻親與父

---

2   M. Freedman (1957), *Chinese Family and Marriage in Singapore* (London, Her Majesty's Stationery Office), p. 87.

3   As above, p. 88.

系親屬的關係網絡」。[4]

　　同樣的原則，也適用於經濟上的競爭。除了靈活性，親屬關係有別於族群關係之處，是它的強度更大。親屬之間的權利與義務，更具體也更有約束力。這給了某些人在某些情境下，避免和親屬有經濟往來的理由，遂削弱親屬關係適用的經濟範疇和它的實用性。這條規則下的一項例外，或許是宗族關係，我會在稍後談到華人企業間的經濟交易時再予檢視。現在，就讓我們先關注親屬關係在華人工業企業的內部組織中起到的作用。

企業內部組織

　　值得注意的一個有趣現象是：有關華人公司內部構造的少量社會學調查中，大部分都是在海外華人群體內進行。這也許並非巧合，因為中國人的企業家精神，往往是在異國土地上發揚光大。唐納德‧威爾莫特（Donald Willmott）可說是為這些研究確立了主題，他宣稱「〔印尼〕三寶壟（Semarang）華商組織最引人注目的特徵，正是其家族意識（familism）。它在絕大多數的案例裏，都構成了這個華商組織的核心」。[5]

　　人類學家巴奈特（M. I. Barnett）在美國的廣東人社群裏，也發現了類似模式。他說：「唐人街的〔人事〕慣例，很大程度上是建基於家庭和個人的關係之上。老闆在僱人時，會先考慮親人和同鄉。」[6]他總

4　Jacobs, 'Particularistic Ties', p. 247.

5　D. E. Willmott (1960), *The Chinese of Semarang: A Changing Minority Community in Indonesia* (Ithaca, Cornell University Press), p. 47.

6　M. I. Barnett (1960), 'Kinship as a Factor Affecting Cantonese Economic Adaptation in the United States', *Human Organization*, 19, p. 45.

結道：「就北美城市的情況而言，華人在經濟上努力調適之餘，仍固守着許多廣東人的行為規範，尤其是與親屬關係相關者。」[7]

　　至於香港的上海籍紡織工業家，奧森伯格認為「所有的紡紗與織造公司，或許都可以被寬鬆地標籤為『家族公司』（family firms）」。他留意到「公司的所有權和管理權，往往都是被一個單獨的延伸家族所掌握」，而「那些在公司內身居要職者，若非家族成員，就是與家族有着長期聯繫之人」。[8]

　　我們可以從這些陳述中清楚看到，「家族意識」這個概念有幾層意思，必須區辨分明，才能繼續進行有成效的分析。家族意識，首先是指管理上的一些慣常做法。管理層可能會將家族的理想，宣揚成一種人事管理上的模範。「家長式管治」（paternalism）是對這種較寬廣用法的一個合適詞彙。家族意識也可能是特指在組織內部招聘和升遷時，優先考慮親屬。這種行為模式通常稱作「裙帶關係」（nepotism）。家族意識還有另一層意思，是與公司的所有權有關。這方面我將以「家族企業」（family enterprise）一詞，專指由單一家族掌握多數資產的公司。家長式管治、裙帶關係和家族企業三者，或可在某些華人公司裏並存，但理論上它們並無內在關聯。家族企業固然可以採用非個人的（impersonal）途徑進行管理，那些不是由家族擁有的公司內部，也可能會出現家長式管治和裙帶關係。

7　　As above, p. 46.

8　　Oksenberg, 'Management Practices', p. 7.

家長式管治

　　我在有關行業技能與商業意識型態的篇章裏，已經某程度上談到了家長式管治。這裏可再提供兩位見證者，用來說明紗廠老闆普遍都抱持家長式管治的觀點。當我問私人擁有的 12 號廠那位持股最多的董事有沒有在公司內僱用親屬時，他給了我肯定的答覆。當我再追問所僱親屬的人數時，他回答說：「這很難說。我們中國人對親戚有很寬的界定。誰是親戚？例如，已經在公司內工作很久的老員工，就像自家親戚。」

　　這樣的情感，也可見於上市的紡織公司內。當我問 1 號廠的某位董事，他的行政主管除了固定薪資還享有什麼福利時，他評論如下：

> 　　我們親密得像一家人〔此前他曾表示，他寧可不僱用親人〕。員工每年都有年終獎金，金額多寡取決於每個部門的表現。我們的員工比較想要現金，而我們會建議他們如何投資……。

　　家長式管治會帶來兩個主要後果。首先，它要求下屬形式上的服從。這方面強調的，是一個人要在表面上尊重其組織內的上級。舉例來說，員工在董事會上，應避免和他們的行政總裁有眼神接觸。[9] 行政主管或可提出異見和自己的看法，有時候甚至會被要求這麼做，但必須在適當的時機提出，以免造成和上級公然唱反調的印象。[10] 其次，它可以抑制工人群體階級意識的滋長。這不意味着華人的公司裏沒有摩擦，而是

9　R. Silin (1976), *Leadership and Values: The Organization of Large-Scale Taiwanese Enterprises* (Cambridge, Harvard University Press), p. 66.

10　這方面在茅盾的小說《子夜》（1957）裏，就有個好例子。北京：外語出版社，頁 58—59。拉丁美洲也有類似現象，見 T. C. Cochran, 'Cultural Factors in Economic Growth', in H. G. J. Aitken ed. (1967), *Explorations in Enterprise* (Cambridge, Harvard University Press), pp. 130-131.

衝突往往藉個人的行動表達，如曠職、辭職，而不是藉勞資雙方利益兩極化下衍生的集體談判行動表達。某位著名的粵籍企業家就強烈意識到這一點，他寫道：

> 西方的工業社會並不欣賞家長式管治，但在香港，它卻是社會劇變之際取得工業成就與達致社會均衡的手段。這裏再度值得一提的是，1968 年時，工業界約 1.7 億個工作日（man-days）中，僅 8,432 個工作日是虛耗於糾紛。[11]

1960 年代初，巴奈特對美國的華人也有過類似觀察：

> 儘管存在高度發達的美國工會運動，由僱主和僱員構成的傳統華人行會，仍在有關薪資、工時和工作條件方面，發揮着決定性作用。為華僑經濟提供框架的，是家族關係與地域關係下的社會紐帶，而非階級認同。[12]

然而有跡象表明，家長式管治手法的客觀基礎，已經遭到削弱。戴約（Frederic C. Deyo）寫道：「針對大型華人公司的研究顯示，它們正經歷一場顯著轉變，由非正規的家長式管治，轉化為非個人的、高度規範化的人事與監管體制。」[13] 年輕一輩的華人行政主管接受過西式的教育和培訓後，已經熟悉非個人化的官僚體制的規範與角色預期。他們比較不願意從僱主那裏接受家長恩賜式的福利，而是將福利視為自己的權利來作要求。我有一位同學前陣子剛從一家上海人的航運公司辭職，這家公司有為職員提供福利。他表達了對公司深重的家長式管治作風的不滿：

11　Sik-nin Chau (1970), 'Family Management in Hong Kong', *Hong Kong Manager*, 6, p. 21.

12　Barnett, 'Kinship', p. 46.

13　F. C. Deyo (1978), 'The Cultural Patterning of Organizational Development: A Comparative Study of Thai and Chinese Industrial Enterprise', *Human Organization*, 37, p. 69.

公司有為職員提供住房貸款，但沒有人想接受。任何事情都很個人化。你要乞求，才能獲得老闆恩賜貸款。它會讓你覺得欠了老闆人情。那沒制度可言。可是在香港大學，你可以根據規定獲得貸款，不欠人情。

家長式管治手法在工業界逐漸失效的一個更重要因素，或許是香港已經由勞力剩餘轉型至勞力短缺的經濟狀態。由於工作機會增多，員工的更替難免會變得更加頻繁，工人對僱主的依賴感和感激之情已經不可同日而語。員工既不再重視忠誠與長期服務的價值，老闆們也就難以再維持家長式的作風與立場。

裙帶關係

中國和西方學者在討論中國的現代化或工業組織時，裙帶關係 —— 即優先聘用自己的親人 —— 都是他們的典型批判對象。小列維（Marion J. Levy Jr.）就對裙帶關係的惡果，提出了強有力的理論批判。在傳統—特殊性（particularistic-traditional）和現代—普世性（universalistic-modern）的二分法下，小列維論證說，當代工業與傳統的華人家族並不相容，因為後者幾乎可說是特殊性結構的極品。「現代工業是對『傳統』華人家族穩定性的首個真正威脅」，而「『傳統』家族所孕育的裙帶關係，則是對高效的工業制度構成了極大障礙」。[14] 小列維堅稱，親屬之間的義務是如此強大，以致極少華人企業家敢冒着被社會排斥的風險，拒絕為親人在公司裏安排職位。所以商人們要面對兩個

14　M. J. Levy, Jr. (1949), *The Family Revolution in Modern China* (Cambridge, Harvard University Press), p. 354.

同樣沒吸引力的選項。「如果讓這些人擔負一般職務，會危及公司的營運效率；如果讓他們佔閒職坐領乾薪，則是對企業的沉重財務負擔。不論哪一種情況，現代商業的作用都會受阻。」[15]

中國方面的評論者，同樣覺得安插親屬之舉，會對大型工業廠如棉紡紗廠的管理構成極大障礙。趙岡在有關中國棉產業發展的研究中，比較了近代中國境內日資、英資與華資紗廠的組織特點。他發現華資廠的表現比不上日資廠，而他將此部分歸咎於普遍存在的裙帶作風。他說：「紗廠老闆不太可能沒意識到裙帶關係的弊端，但它繼續盛行。」[16]

中國親屬結構上的一項特點，似乎讓這類論據看來更加可信。中國人有着非比尋常的大量親屬關係詞彙，而這反映中國人認同在這寬廣的親屬網絡內，彼此對對方都負有責任。這樣的關係，很可能帶來顯著的經濟後果。[17] 佩爾茲爾（John C. Pelzel）在比較過中國人和日本人的親屬關係詞彙後，強調了前者在這方面的獨特之處：

> 中國人的親屬關係詞彙，會清楚確認自己與親人的許多屬性，諸如性別、輩份、世系、相對年齡和旁系關聯，形成一個把關係甚遠的親人也納入的親屬圈子。另一方面，日本人的相關詞彙在描繪親人的屬性上，甚至比美國英語有的還要少 …… 就親屬詞彙作為引導個人行為的信號而言 …… 日本人的用法，是只提醒自己注意到那些最親近的親屬。因為是一家人，他可能會被期待與他們緊密互動。至於他該怎麼應對其他

---

15   Levy, 'Business Development in China', p. 12.

16   Chao, *Cotton Textile Production*, p. 154. 亦可見谷正綱（1935），〈從申新七廠事件説到中國的紗業〉，《中國實業雜誌》，卷1，頁583。

17   See for example, D. K. Lieu (1926), 'The Social Transformation of China', *Chinese Social and Political Science Review*, 1917, reprinted in C. F. Remer ed., *Readings in Economics for China* (Shanghai, The Commercial Press), pp. 68-69; and Levy, 'Business Development', p. 12.

人，就得到其他地方去找提示。反觀中國人的親屬關係詞彙，
能夠引導自己去辨識大量的特定關係和範圍廣泛的行為責任，
從最親近的到相對淡薄的都有，還有一整套的分類……。[18]

我們當可據此推斷，裙帶關係給中國商人帶來的重擔，遠要比日本
商人來得重，因為有更多人可以跟他們攀親認戚、要求好處。

裙帶關係在實踐裏究竟有多常見，是個很有意思的問題。小列維相
當確定它很普遍。在中國社會科學家和資料提供者所提觀點的基礎上，
他進一步闡述：

〔一個人如果〕不協助近親……〔他〕可能會被說成不孝
或是表現悖德*，即不愛那些與他有天然關係的人。不孝和悖
德，都是不人道行為的極致……它可以帶來極大壓力，所有
涉足新工業領域的中國人仍要臣服。老闆、工程師、行政主管
和工頭們，全都要或多或少承受這樣的壓力。[19]

當我問受訪者有沒有在紗廠裏僱用親屬時，近六成的人說有（表
6.1）。然而這個比例既顯得過低，也可以說過高。說它過低，是因為
那只是棉紡業者選擇告訴我的數據。除非我能夠對紗廠的員工作全面調
查，否則沒法獨立予以證實。有時候，受訪者並非故意少報。有些受訪
者並未將直系的家庭成員算作親屬。如果我確切知道他們有父親、兄弟
或兒子和他們共事的話，我會改正這些錯誤。至於說該比例顯得過高，
是因為回答「有」的受訪者都強調只用了「一兩位」或「幾個」親戚。
考慮到每家公司都有至少兩百名員工，親屬佔員工總數的百分比，其實

18　J. C. Pelzel, 'Japanese Kinship: A Comparison', in Freedman ed., *Family and Kinship in Chinese Society* (Stanford, Stanford University Press), pp. 228-229.

*　譯按：《孝經·聖治章》有云：「故不愛其親，而愛他人者，謂之悖德。

19　Levy, *Family Revolution*, p. 355.

微不足道。

表 6.1　香港紗廠僱用親屬的情況

僱用親屬	人數	調整後百分比 *
有	20	59
沒有	14	41
未答	6	—
總計	40	100

說明：* 只計已作答者。
來源：1978 年的訪談。

　　在這個殖民地進行的其他研究，也得出類似結果。1969 年，埃斯皮（Espy）訪談了 27 家大型的華人工業公司的行政總裁（當中 11 家為上海人所有）。在願意提供相關資料的 23 人當中，14 人或 61% 的人，有「家族成員」受僱於公司。不過這 14 例中的 9 例，只涉及行政總裁的兒子。[20] 1978 年對香港 415 家小型工廠的調查中，則發現有約 47% 的工廠老闆僱用親屬。[21] 華德英（Barbara E. Ward）對一家只有 20 多名工人的玻璃廠的個案研究顯示，沒有任何員工和那兩位董事經理有關，而該廠招人時一視同仁，並沒定出特殊準則。[22]

　　這些研究結果表明，香港或有約半數的華人公司存在裙帶關係，但除非公司太小，所僱親屬顯然只佔了這類公司整體員工裏的極小部分。如果情況確實如此，那小列維等人就可能高估了華人企業家對親屬的偏愛程度，與此同時，也可能是華人對親屬關係的價值觀，已經在香港工

20　Espy, ʻChinese Industrial Enterpriseʼ, Table 10.2, p. 174.

21　Sit, Wong, and Kiang, *Small Scale Industry*, Table 15.3, p. 353.

22　Ward, ʻA Small Factoryʼ, p. 364.

業化的衝擊下迅速改變。

　　當僱主落實裙帶關係時，被任命的往往是哪一類親屬呢？又，他們會被委以重任，還是被草草安排閑職？要回答這些問題，首先就必須區分以下的親屬類別：家、親屬網絡（kin network）、家系（lineage）和宗族（clan）。家是中國社會最小的親屬單位，即社會科學家一般界定為家庭／家族（family）者。家是持有財產的單位，這個群體「是由那些在分家時，有這或那個權利分到家產的人構成」。[23] 家以外有所謂的「大家庭／大家族」（greater family）。根據劉大鈞（D. K. Lieu）的説法，這是一個「既大又不斷變動的組織，包括經血緣及婚姻形成的所有類別的親屬，以某些特定的人物為核心，惟每個人具體的親屬構成都有不同」。[24] 作為一個憑可追溯之親屬關係建立的、缺乏組織結構且以自我為中心的網絡，它與中國人所説親戚一詞的意思約略相等。我寧可將它稱作親屬網絡。家系和宗族都是父系單位，不過對華人社會來説，該怎麼為這兩個概念正確地劃界，是存在爭議的。傅利曼（Freedman）的區別之道，是家系為持續性的小群體，為了凝聚群體，已經建立起某個聚焦點，最常見的形式即宗祠、族產或祖墳。當這類聚焦點闕如，而集體行動又甚短暫時，這個父系單位就是宗族。[25]

　　如果將我的受訪者所僱親屬的親人位置在資料允許的情況下，盡可能羅列出來，我們就可以清楚看到，他們絕大多數是「家」的成員（見表 6.2）。餘下的幾個案例，則是企業家親屬網絡的成員：表兄弟（因為與受訪者不同姓，他們顯然不是受訪者父親的兄弟之子）、姐夫、妹

23　M. L. Cohen, ʻDevelopment Process in the Chinese Domestic Groupʼ, in Freedman ed., *Family and Kinship*, p. 27.

24　Lieu, ʻSocial Transformationʼ, p. 70.

25　Freedman, ʻIntroductionʼ, in Freedman ed., *Family and Kinship*, pp. 13-14.

夫或遠房親戚。至於家系或宗族的成員，受訪者並未提及。「家」的成員往往會被安排在關鍵的決策位置，而親屬網絡中的其他親人，則會被擺在較低階的位置。「家」的成員在老闆所僱親屬中的支配地位，已獲其他研究確認。埃斯皮就此而言，並無具體數據，但他的印象是：「香港的華人工業公司其實更傾向於不僱用行政總裁的親人（特別選定的兒子或姪、甥兒除外）。」[26] 1978 年針對小型工業家的抽樣調查顯示，有僱用親屬的老闆當中，近 83% 的人只用了家族成員。[27] 香港華人企業家的裙帶關係，主要是套用在其自「家」人，而甚少涉及親屬網絡、家系或宗族的成員。

表 6.2　廠主在紗廠內僱用的親屬類別及其職務

受訪者 *	親屬類別	職務
B6	「幾個親戚」	不詳
A8	兩個兄弟	董事
	「表兄弟」	紗廠經理
B8	兩個兄弟	董事
	「表兄弟」	紗廠經理
A9	「幾個親戚」	不詳
B9	父親	董事長
	兄弟	董事
	「幾個親戚」	「低職位」
B10	父親	董事
	「表兄弟」	董事
A12	兄弟	董事 / 經理
	兩個兒子	行政主管
B12	兄弟	董事
	兩個「姪子 / 外甥」	行政主管

26　Espy, 'Chinese Industrial Enterprise', p. 175.

27　Sit, Wong, and Kiang, *Small Scale Industry*, Table 15.3, p.353.

（續上表）

受訪者 *	親屬類別	職務
A13	兄弟	董事／經理
	兒子	董事／經理
B13	父親	董事
	「叔叔／伯伯」	董事
A14	父親	董事長
	妻子	董事
	兩個「侄子／外甥」	紗廠經理和行政主管
B14	祖父	董事長
	「叔叔／伯伯」	董事
	「姑姑」	董事
	兄弟	行政主管
B16	「幾個親戚」	不詳
B17	父親	董事
	「叔叔／伯伯」	董事
A19	兄弟	董事
A30	妻子	董事
	姐夫／妹夫	董事
A32	兄弟	董事／經理
	「幾個親戚」	「低級職員」
A33	父親	董事
	「叔叔／伯伯」	董事
	兄弟	行政主管
B33	兄弟	董事
	兩個「侄子／外甥」	行政主管

說明：＊「A」代表訪談的資深董事；「B」代表訪談的另一位董事。數字代表紗廠。
來源：1978 年的訪談。

　　僱用親屬普遍被視為有害官僚效率。然而要客觀評估裙帶關係的經濟後果，可謂十分困難。一個可能的辦法，是去探究華人企業家僱用親屬的原因。出於各種原因，他們可能會積極偏向於僱用親屬，亦即實踐積極的裙帶關係（*active* nepotism）。他們也可能會違背自己的

商業判斷，基於義務而任用親屬。裙帶關係在這類情境下，就是消極的
（*passive* nepotism）。

　　只有少數棉紡業者贊同積極的裙帶關係。我會問他們一個假設性的
問題：「如果你有兩個資歷和能力相當的求職者申請同一職位，一是親
人另一人不是，你會請哪位？」如表 6.3 所示，僅四分之一的受訪者表
示會任用親屬。半數以上的人寧可聘用陌生人。反對僱用親屬的主要理
由，是他們會干擾企業非個人化的運作，並削弱企業家本身的權威。他
們通常會視親屬僱員為麻煩之源。正如 3 號廠的董事長所說，「如果我
對他好，他不會感激我；但我要是對他稍微嚴厲一點，他就會說我對他
很差。」棉紡業者大多希望營造自己公平對待所有員工的形象，以鼓勵
他們努力工作。有好幾家紗廠的老闆遂將拒用親屬立為規矩。某家上市
紡織公司的董事們做法更激進，甚至不讓自己的子女參與公司事務。其
中一位董事告訴我：

　　　　我不會任用親戚。這會帶來管理問題。沒有人可以控制
　　他們。我們最高管理層已經決定，公司不得僱用董事們的孩
　　子。他們必須自力更生。否則的話，員工不會賣力，因為難望
　　升遷。現在我們總是在關注哪個員工有成功的潛力。譬如我們
　　有位員工是來自社會福利署。我們的薪金比政府的要低，但他
　　還是因為這裏較有前途而加入我們。

　　前述 3 號廠的董事長進一步強調，他們試圖將裙帶關係自組織上下
清除殆盡：

　　　　我們也不喜歡員工介紹親戚，因為這樣一來，你就沒辦
　　法自行判斷。如果你開除他們，你的員工會不高興；但你如果
　　容忍他們，你就是在養冗員。

表 6.3　棉紡業者僱用親屬或非親屬的偏好

偏好	人數	調整後百分比 *
親屬	9	26
不是親屬	18	51
沒有偏好	8	23
未答	5	──
總計	40	100

說明：* 只計已作答者。
來源：1978 年的訪談。

　　「僱用親屬麻煩多多」這樣的認識，絕非新趨勢或只是棉紡業者所獨有。在印尼，就有至少一家主要的華人公司，重視資歷甚於個人的特殊關係。威爾莫特（Willmott）告訴我們，「遠在黃仲涵於 1924 年去世前，他就替公司建立了嚴格的人事政策。這被視為革命性的創舉，因為公司用人看重的是其智力、能力和學歷，而非家族聯繫」。[28] 在 1940 年代末的新加坡，傅利曼也聽到「華商們在說，隨着商界日益熟悉西方的效率標準，許多公司的負責人開始在招聘市場上爭取最佳資歷者，而不是將親人安插在管理或技術職務上」。[29] 瑞安（Ryan）在研究爪哇的一處華人社區時，發現「某位資料提供者當着他母親的面，表示他不願給一名年輕的親戚提供工作。這位老婦人很憤慨地說：『你必須幫助 Tjoing，他是你的親戚。』」[30] 這當中重要的一點是：該年輕商人的第一衝動，是要避免招募親屬。

　　我們如果問裙帶關係會否妨礙華人的商業活動，只能得出一般性的

28　Willmott, *Chinese of Semarang*, p. 50. 威爾莫特還進一步指出，這家公司的所有權與最高管理層在 1940 年代時，仍是由黃家把持。由此看來，摒除裙帶關係的人事政策，也可以和家族所有制的模式共存。

29　Freedman, *Family in Singapore*, p. 88.

30　Ryan, 'Chinese in Java', p. 37.

結論；一個更能揭示實況的做法，則是去釐清在什麼條件下，一個營利組織的主事者會積極地安排親屬入職。我們在討論裙帶關係時，常會輕率假定親屬事實上乃不合格的僱員。6號廠的董事在回答我提出的那道假設性問題時，就說：「我寧可聘用親人。我更了解他。」所以對資本有限的小企業來說，僱用親屬，可以是個理性的經濟抉擇。家族成員，或某種程度上的其他親人，可提供廉價的勞動力以降低經營成本。香港的小型工廠當中，僅 67% 付給親戚和普通工人相同的工資。[31] 趙岡在研究中國的手工藝編織行業時指出，這些本土企業在面對大規模生產的西方舶來品時，其彈性是建立在家族勞工的低機會成本之上。[32] 在新加坡，李繩毅（Lee Sheng Yi）發現 1975 年至 1976 年間的經濟衰退時期，「〔小型〕工業和貿易公司宣稱他們之所以能夠倖存，是因為在公司裏幹活的家族成員不會對薪酬諸多要求，願意少拿工資，卻更賣力地工作。」[33]

　　不過這樣的經濟模式，顯然不能給像棉紡紗廠這樣的大規模經營者帶來多大利益。我們由受訪者所僱親屬中「家」的成員就佔了絕大多數這一點，可以看出香港紗廠招攬親屬的偏好，很大程度上是家族所有制模式的衍生現象。為了避免家族財產和商業利潤逐漸流失到外人手中，企業家們會將兒子或其他「家」的成員，安排在負責任的職務上。埃斯皮關於大型華人工業公司的資料顯示，讓家族成員加入管理層，對公司的表現似乎沒什麼不利影響。在他的研究案例裏，企業的成長率和聘用

31　Sit, Wong, and Kiang, *Small Scale Industry*, p. 355.

32　Kang Chao (1975), 'The Growth of a Modern Cotton Textile Industry and the Competition with Handicrafts', in D. H. Perkins ed., *China's Modem Economy in Historical Perspective* (Stanford, Stanford University Press), pp. 167-202.

33　Lee Sheng Yi, 'Business Élites in Singapore', in P. S. J. Chen and H. Evers eds. (1978), *Studies in ASEAN Sociology: Urban Society and Social Change* (Singapore, Chopman Enterprises), p. 39.

家族成員之間並無關聯。[34]

　　要解釋這樣的情況，其實不難。企業家們通常都會悉心栽培家庭成員以勝任高職。如棉紡業者教育背景的資料所示，他們大多資歷十足，也受過相關的技術訓練。在此我們可以香港紡織有限公司的總經理為例說明。此君 1961 年獲得加州理工學院的機械工程碩士學位，之後在美國的通用泵業公司（General Pump and Corporation）當過兩年的設計工程師。1963 年，其父將他召回香港，開始栽培他接班。他回憶說：

> 　　我試圖要求父親讓我負責某些技術問題，但他說這並不重要。他反而是要我參與他和外國買家的談判。每次當生產合約簽定、買家離開後，父親就會和我詳細核對他的計算。他會讓我知道他報價的依據，還有他預期能有多少毛利。沒過多久，他就讓我去預備所有的報價了。我負責這事大概三個月後，父親到美國出差三個禮拜，就讓我獨自接待買家了。[35]

　　珀金斯（Dwight H. Perkins）在衡量過中國人裙帶關係的利弊後，認為有必要區分公家及私人的僱用。他說在公家的官僚機構裏，「中國官員可以不用自己花錢就任命親人到官府職位，且想必還能給自己帶來某些財務利益」。[36] 然而在私人公司，老闆僱用親屬是因為更信任對方，且親屬也可能比其他員工更賣力工作。不過這方面的重要區別，倒不是落在公共或私人組織，而是僱主所感受到的安全或不安全感。中國官員任命親屬的一個好理由，是因為根據規定，他們會被派到沒有特殊聯繫的地方任職。在一個充滿敵意又陌生的環境裏，有親人輔佐無疑令人安

34　Espy, 'Chinese Industrial Enterprise', p. 174. 在成長率高的公司群裏，有四間並沒僱用家族成員，另七間則有。而在成長率低的公司群裏，這兩項數字是五和七。

35　Espy, 'Hong Kong Textiles', p. 280.

36　D. H. Perkins, 'Introduction: The Persistence of the Past', in Perkins ed., *China's Modern Economy in Historical Perspective* (Stanford, Stanford University Press), p. 14.

心。同理，當營利組織裏的企業家感到其利益或地位遭受威脅時，就會把親屬或他可以倚靠的其他人召來。[37] 剛成立不久的 9 號廠的廠務經理解釋說，他需要親屬加入工廠的原因是：「工人非常暴力，經常打鬥。當我嘗試維持紀律時，我的親人可以幫我，並給我安全感。」10 號廠的董事年近四十，擁有化學工程方面的美國博士學位。儘管年輕又受過西方教育，他卻毫不含糊地表示自己愛用親屬，因為「最重要的是信任與忠誠」。有跡象顯示，他的公司內充斥派系運作。這是一家由他的家族和兩間日本公司合資經營的企業，已經連續虧損了好幾年。有位知情者告訴我，「董事們會將有賺頭的訂單交給自己的工廠，而讓這家集團虧錢」。裙帶關係在這類例子裏，就很可能會加劇組織內部的問題。但它顯然只是症狀，而非導致企業失靈的原因。

我們對積極的裙帶關係的討論，就到此為止。棉紡業者在僱用親屬這件事上，表達的態度與實際行為並不一致。這意味着不少棉紡業者是在心不甘情不願下，讓親屬進入他們的公司。1978 年針對香港小廠主的調查發現，在有僱用親屬的老闆當中，約 46% 的人說他們之所以這麼做，是出於關照親屬的義務。[38] 不過少有證據表明，消極的裙帶關係會加重企業的負擔。有好幾項因素，都能抑制人們動用親戚關係來謀職的意願。14 號廠的董事總經理就清楚立下了僱用親屬的條件。「我可能會對年長一輩的親戚破例，以顧及他們的面子。至於輩份比我低的親戚，我只會在一種情況下幫助他們，那就是當他們碰上經濟困難。」12 號廠的董事說：「但他們〔指親戚〕要是沒工作，我就得給他們一些工作。」其必然結果，是親屬若向企業家求援，就需要付出一定代價。此

37　或許這就是為什麼在中文詞彙裏，可靠的助手會喚作「親信」，即結合親屬與信任兩詞。

38　Sit, Wong, and Kiang, *Small Scale Industry*, p. 355.

人必須承認自己急需工作，而這可能會令他的家族在親屬網絡中蒙羞。此外，他需要接受對方給他的任何工作，沒什麼選擇薪酬或職務的餘地。所以他極可能在萬不得已時，才會去找他這位企業家親戚求助。即使如此，企業家雖同意有義務幫他，還是可能會透過自己的人脈替他找一份其他公司裏的工作，以免為自己帶來管理上的麻煩。最後，由於中國企業家通常會離開原籍地到城市經商，身處不同的省份或國外，他們工作的社區裏親戚無論如何不會太多。

這方面值得記下的有趣一點，是有好幾位上海籍的受訪者將裙帶關係歸咎於粵籍商人。22 號廠的董事說：「很多人都這樣〔指關照親戚〕，尤其是廣東人。這是他們最大的問題，導致他們不能發展。其他省份的人比較不會這樣。」1 號廠的董事總經理和 4 號廠的一名董事，也抱持同樣觀點。但此說法難獲實證支持，還沒有證據顯示中國人對親人的情感存在地域差異。上海人這麼說，很可能只是基於他們對廣東人的優越感，也反映出他們拒斥裙帶關係的社會價值觀。受訪者之所以會有這樣的看法，也可能是因為本地的小家族企業大多是廣東人所有，畢竟廣東人佔了人口多數。這樣的評論，也展現出本土及移民企業家的客觀差異。前者在這個社會裏，難免會比後者有更多的親戚需要照顧。

家族企業

衡量過親屬關係在管理實踐中的作用後，現在就讓我們來檢視它在擁有和傳遞工業資產上的重要性。香港政府公司註冊處所收存的各家公司檔案，可謂紗廠所有權方面最有系統也最可靠的資訊。法律規定每家公司成立時，都必須跟政府註冊，並向公司註冊處出具組織章程和一份董事及股東名單。如果公司在這些方面有任何變動，都必須在每年

上呈註冊處的回報中彙報。所以公司股份轉移的日期和數量，在其檔案裏都可清楚見到。我們當可假定，這些記錄相當準確，因為一旦出現糾紛，個人股東可藉此保護自己的財產。多數情況下，股東都可以憑個人的名字認出，但有兩種情況例外。香港允許股東以無限責任公司的形式登記，通常稱作「記」，如張三記或李四記。身為無限責任公司，它們只需登記簡略的資料即可，所以很難藉此發現所有者的身份。所幸以「記」來登記所有權的，僅寥寥數家。上市公司方面，許多股票是被銀行代理人以匿名的方式持有。這種做法是為股票的持有者保密，也讓我們幾乎無法詳細分析上市公司的所有權。

我運用這些記錄，試圖確定不同形式的紗廠所有權的相對比例。我將所有權形式分為四類，即獨資企業（sole proprietorship）、家族企業（family enterprises）、合夥企業（partnership）和上市公司（public companies）。所謂獨資企業，我是指由一個人持有總資產一半以上的公司。如果掌握多數股權的是家族而非個人，就可稱為家族企業。股東之間的親戚關係，並不能從公司記錄裏一眼看出。不過因為紗廠大多已經成立了二十餘年，這個家族裏或有至少一人已經離世。富有的華人會按習俗，在當地主要的中文報章上發訃告，詳列死者家族成員的名字和親屬地位。我將各家公司檔案裏有記錄的逝者都記下，再搜尋香港兩家主要的中文報章 ——《星島日報》與《華僑日報》裏有關逝者的同期資料，結果大部分人的訃告都能找到。如果無法找到死者家族的這類精確資料，我就靠住址和人名來作推論。如果幾個人的住址相同，且他們大多同姓、名字裏有個字也相同，我就會假定他們為兄弟姐妹。住址、姓氏相同但名字不同的那個人，會被認定為一家之主，姓氏不同的那位女士則為其妻。在某些案例裏，我得以根據《華僑日報》每年出版之《香

港年鑑》裏登載的知名華人小傳 *，確認我的推斷。第三種所有權的形式，是合夥企業，即任何個人或家族都沒有掌握 50% 的股權。最後一種形式是上市公司，其股票可在本地的證券市場中流動。這個類別，包括了附屬於其他上市公司之下的紗廠，以及用自己名義上市的紗廠。

表 6.4 展示了四類紗廠所有權形式的分佈，其中半數是家族企業。不過就算比例高達五成，這還是無法充分表達家族在掌握工業資產上的重要性。儘管上市公司老闆的身份可以局部保密，很多跡象依然顯示，上市紡織公司的所有權模式與家族企業的區別不大。這種相似之所以可能，是因為香港的商業法律只要求上市公司將四分之一的股票上市。22 號廠的董事總經理也是某家上市公司的董事長，他說：「幾乎所有的紡織公司都是家族所有，甚至包括上市公司。他們只需要拿出 25% 的股票上市，餘下的都是由幾個家族持有。經營者本身通常就是老闆。」

表 6.4　紗廠所有權形式的分佈

所有權形式	紗廠數量	百分比
家族企業	16	50
上市公司	11	34
合夥企業	4	13
獨資企業	1	3
總計	32	100

來源：香港公司註冊處的工廠紀錄。

家族在合夥經營的公司當中也很顯眼。儘管在我研究調查期間，僅四家紗廠是合夥企業，但有十六家紗廠，或說紗廠總數中的 50%，成立

---

*　譯按：即載於《香港年鑑》內的「人名辭典」。

之初實際上都屬於這個類別。這種變化，除了突出合夥搭檔的所有權模式並不穩定外，也指出合夥經營解體後，有轉化為家族企業的傾向。

　　至於獨資企業，只有一例，但那實際上也是因我的定義而人為造就的。這家紗廠的董事總經理擁有 84% 的股份，但其餘的 16%，則是由他的妻子擁有。這很可能是因為子女尚小，他還沒給他們分派股份，公司也就依然沒有成為我定義下的家族企業。21 號廠的發展過程，就是這方面的一個好例子。紗廠是於 1948 年成立，由二十一人合夥，資本額為 500 萬港元。黃先生在這批合夥人當中，持股 4%。[39] 1952 年 12 月，十八位合夥人的未繳足股份（partly-paid shares）遭公司沒收，而這批股份就佔了總資本額的整整九成。七年後，黃先生向公司買入大量股份，成為持 56% 股份的獨資所有者。此後他的股份份額穩步增加，至 1975 年時已達 75%。惟約略此時，他似乎知道自己得了癌症。翌年 4 月，他將自己的大多數股份轉入妻子和孩子全資擁有的一家新公司。1977 年當他去世時，這家公司已經成了家族企業。這個案例顯示，在某種意義上，獨資所有者乃為其後代代管資產的信託人，而不是為己。所以熊彼特那句「階級與階級理論的真正單位，不是肉體上的個人，而是家族」，同樣適用於香港的華人企業家。[40]

　　當家族是以一個單位來掌握工業資本時，會對企業本身帶來什麼影響？這會不會容易導致公司既小又無法久存？家族所有權和公司規模受限這兩件事，如蘭德斯（David S. Landes）對法國工業場景的研究所示，可能會同時並進。他寫道：「眾所周知，典型的法國商戶都很小。但我

39　這裏的黃氏乃假名。

40　J. Schumpeter (1951), *Imperialism and Social Classes* (New York, Augustus M. Kelly), p. 148.

們較少意識到的是：大部分的商戶是以家族為結構。」[41] 他議論説，在家族企業的體制下，「追求成長的強烈衝勁……要不已經弱化，要不即蕩然無存」。這是因為：

> 主要的目標是要避免使用貸款，並在大致穩定的營業額內盡可能提高利潤率；還要盡快清償開銷並建立巨額儲備；然後再以此巨額儲備來支持擴張，或實現法國人所謂的財政自主（auto-financement）。
>
> 強調保存及鞏固實力所帶來的阻滯效果，又因為家族亟於追求獨立自主而強化。法國企業家往往會拖延可能的發展機會，而那只是因為擴張遲早會迫使他們仰賴外部的資本支持，並嚴重影響企業家獨有的個性……。[42]

威爾莫特筆下的印尼華人經濟，也呈現出類似景象。他提到「絕大多數的華人企業，小得只需要一個家庭經營，除工人或書記外，無需僱用外人」。[43] 他還追加了一個導致華人公司短命的因素。「老是因繼承者眾而分割財富，意味着華人商業企業必須以最少的既有資本來經營。很多家庭的兒子們無意繼承父業，企業遂隨父親而逝。」[44] 除了諸子均分制，家族的商業或工業資本因兒子揮霍無度而消散，也是經常被人引為家族經濟動力衰微的原因。何炳棣（Ping-ti Ho）就引用了十八世紀中國鹽商的案例，來具體說明基於上述原因，「像李家這類規模相對小的財富，可以在兩或三代之間散盡。而像程家那樣的巨額財富，則或可以

41　D. S. Landes (1951), 'French Business and the Businessmen: A Social Cultural Analysis', in E. M. Earle ed., *Modern France: Problems of the Third and Fourth Republic* (Princeton, Princeton University Press), reprinted in Aitken ed., *Explorations in Enterprise*, p. 185.

42　As above, p. 186-187.

43　Willmott, *Chinese of Semarang*, p. 50.

44　As above, p. 52.

相當好的在五代間逐漸消散」。[45]

不過我們對這些學者的論述，多少該有所保留。事實上，有證據表明，華人的親屬關係可以是大型企業的基礎。伊懋可（Mark Elvin）曾描述過十六世紀的某位徽州商人，是如何與同「宗族」的成員聯手，成就龐大財富：

> 他召集宗族裏的賢豪之士，湊到約十個人，每人拿出三百串銅錢合資。他們在吳興的新市經商。其時程氏宗族鼎盛，年輕一代競以奢侈為尚，程鎖乃和這十位合夥人立約，要求他們拒斥這類行為，正視艱苦局面⋯⋯時間一久，他們的事業大起，十人皆成巨富。[46] *

即使合作是百分百局限在「家」的範圍之內，我們也可以舉開創了近代中國龐大紡織企業的榮家為例。1930 年代，這個家族擁有九間紡紗廠，共計 500,000 枚紗錠，佔了華資廠紗錠總數的逾五分之一。1947 年時，榮家的工業資產更已增長至 625,278 枚紗錠，是私人華資廠紗錠總數的約 23%。[47] 這個例子說明，華人家族結構裏不存在制約企業規模的先天因素。

關於家族公司不願擴張的說法，曾經研究過香港金融結構的史坦默

45　Ping-ti Ho (1954), 'The Salt Merchants of Yang-chou: A Study of Commercial Capitalism in Eighteenth-Century China', *Harvard Journal of Asiatic Studies*, 17, p. 167.

46　Elvin, *Pattern*, p. 295. 劉易斯（W. A. Lewis）曾綜論說，「如果我們是身處一個無法靠陌生人來提供忠誠服務的社會裏，那家族也許就是最適合大型企業的單位」。此說見 Lewis (1955), *The Theory of Economics Growth* (London, George Allen and Unwin), p. 115.

*　譯按：這段引文的原文，是出自明朝汪道昆《太函集》第 61 卷的〈明處士休寧程長公墓表〉：長公乃結舉宗賢豪者得十人，俱人持三百緡為合從，賈吳興新市。時諸程鼎盛，諸俠少奢溢相高，長公與十人者盟，務負俗攻苦，出而即次。即隆冬不爐，截竹為筒，曳踵車輪，以當炙熱。久之，業駸駸起，十人者皆致不貲。

47　姚崧齡（1978），〈民國人物小傳：榮宗敬（1873－1938）〉，《傳記文學》，第 33 期，頁 142；《榮家企業史料》，第 2 冊，頁 558。

（D. W. Stammer）並不同意。「工商業界充斥家族生意而非上市公司的事實，意味着家族可以將高比例的利潤保留作再投資。某些有規模的、進取的企業，已經好些年來都將**全部**利潤用於財政擴張。」[48] 由於華人公司運用利潤的資料難以獲取，我們無法確定史坦默這句陳述的準確程度。不過我想史坦默是在描述家族企業身處經濟順境時的行為，而蘭德斯的分析，則適用於經濟不太景氣之時。此外，香港的華人家族企業確實會向外尋求資本供應，例如跟銀行貸款，但卻沒放棄他們排外的所有權。不過最重要的是，家族企業的規模和增長潛力，應該配合家族生命周期的發展來看。這是值得深入探究的一點。

華人家族的一些特點，會影響它作為工業所有權單位的行為。首先是父系血統的原則，意味着相對獨立又持久的集體親屬單位得以建立起來，以管理經濟資源。其次是諸子均分的法則。其三則是分好幾個階段完成的分家過程。照規矩，第一項要分的資產，是來自家族不動產業的利潤。然後則分別是家產的使用權和轉讓權。分利潤的要求，可以在繼承人成家後提出，惟使用權和轉讓權的分家，則必須等到一家之主退休或去世後才能進行。

繼承人是否急於提出這些要求，很大程度上取決於家產的性質。如果家產的形式是工業資產，而這涉及規模經濟、集體協作、商譽和金融貸款，那一般而言，繼承人推遲家產的實體分割，才符合自身利益。

了解這些特點後，我們就可以設想華人家族公司發展上的四個重要階段，以更好地理解它們。這四個發展階段經整理後，示於表 6.5。它們與「家」內部的世代更替往往一致，由此導致家族企業的利潤、管理

48　D. W. Stammer (1968), 'Money and Finance in Hong Kong', Ph.D. thesis (Australian National University), pp. 261-262, quoted in Brown, 'Hong Kong Economy', p. 10, original emphasis.

和不動產都逐漸支離破碎。

表 6.5　華人家族公司的發展階段

階段	家族公司的各方面		
	不動產	管理	利潤
新興	＋	＋	＋
集中	＋	＋	－
分割	＋	－	－
解體	－	－	－

説明：＋表示統一，－表示分化。

在新興崛起的階段，家長企業家（pater-entrepreneur）通常是和幾位合夥人合資開業。他以家族的積蓄作為股本，而鞭策其商業活動的主要動力，就是為其家人謀幸福。如前所述，華人家族的一家之主，是扮演家族財產信託人的角色。不過這裏需要對家長企業家經繼承得來的家產和他自己獲取的家產兩者之間作區別。[49] 後者既可讓他較自由地支配運用，也可以為他贏得社會的認可、敬重和其後人的感激。以宗教的觀點來説，家長企業家的「救贖」或不朽名聲，也有賴其家系的延續與榮耀。這全都是他努力創造財富以惠澤後人的強有力動機。

中國商界中的合夥關係，是格外不穩定的。大部分人顯然都是以這類商業聯盟形式為權宜之計，充分意識到他們終歸要靠自己。其結果，就是這類經濟組織經常資本不足。合夥人老是拖延繳足股本，卻又要求獲取投資的最大回報。舉例來說，張謇創辦的大生紗廠必須在實際生產

49　Sung Lung-sheng (1981), 'Property and Family Division', in E. M. Ahern and H. Gates eds., *The Anthropology of Taiwanese Society* (Stanford, Stanford University Press), pp. 361-378.

開始前，就給所有合夥人支付每年 8% 的保證「官利」。[50] 由於缺乏互信，每個合夥人都企圖在公司內安插自己人，遂往往導致派系及小圈子叢生。如果這盤生意在這類障礙干擾下，依然能夠欣欣向榮，那公司的股權分佈就會出現不對稱的增長。某些合夥人因為處在較有利的位置上，就會比其他人更容易增加自己的所有權份額。常用的方法，就是去奪取關鍵的管理高職，以享有公司為激勵工作表現而分派之額外「紅」股的權利。[51] 而那些在合夥人當中有近親者，也會明顯比其他人優勢，因為他們能夠聯合行動。這就解釋了兄弟組合為什麼會在不安穩的初創階段如此常見。[52]

一旦某位股東成功掌握了合夥企業的多數股權，或已經透過這家合夥企業累積到了自立門戶的足夠資本，家族企業就可說是進入了「集中」（centralization）的第二個階段。由於家長企業家是自己賺得這筆財富，他有足夠的權威隨己意來支配資產。在分家產前，他拿家族資金來投資並不需要諸子同意。[53]

所以在這個階段，決策權是高度集中於家長企業家之手。這項權力，有時候會被寫入公司的組織章程裏。例如，3 號廠有兩類股份——創始人股份和普通股份。僅董事長持有 100 股的創始人股份，這使他成為紗廠的執行董事與永久董事。這 100 股的創始人股份，是與所有

50　S. C. Chu (1965), *Reformer in Modern China: Chang Chien, 1853-1926* (New York and London, Columbia University Press), p. 29.

51　有關這類「紅」股的分派，實例可見 Y. H. Lin (1947), *The Golden Wing: A Sociological Study of Chinese Familism* (London, Kegan Paul, Trench, Trubner and Co.), p. 99.

52　例子有南洋兄弟烟草公司、電影業的邵氏兄弟、紡織業的榮氏兄弟，以及創立永安集團的郭氏兄弟等。

53　S. Shiga (1978), 'Family Property and the Law of Inheritance in Traditional China', in D. C. Buxbaum ed., *Chinese Family Law and Social Change* (Seattle and London, University of Washington Press), pp. 128-133.

99,900 股的普通股份，具有同等的投票權。如此一來，董事長就成了無可爭辯的領導者，有權否決董事會或公司大會上通過的任何決定。

　　如此高度集中的權力，一旦與家長企業家急於擴大家族財富的衝動結合，就會使他傾向强力追求增長並形成高度個人化的强勢領導風格，而這正是家族企業邁入第二發展階段時的印記。這種領導風格，會對資本的形成帶來兩大影響。一是保留利潤以便再投資的可能性大大提高；二是資金也可以被自由地從一個行業調到另一行業作側翼擴張，並和本業互相扶持。資本可以在家族的企業群裏流動，因為它屬於一個本質上統一的家族預算。就管理而言，這種領導風格則涉及低度授權和企業大家長遲遲不願退位放權。從家族企業退休，會使他失去其社會地位賴以建立的基礎。某些紗廠雖對行政主管設下强制退休的具體年齡，所有者董事卻全都不受這些規定約束。只要他們還掌握部分股權，他們就留任董事，依然有權干預公司事務。

　　舉例來說，6 號廠的董事長已八十多歲高齡，並已因中風癱瘓數年，但仍每年更新其董事身份。家長企業家享受不容爭辯的權威已久，也時刻難忘自己是公司的創立者，放棄控制權對他來說，必是個痛苦過程。1971 年，3 號廠的董事會通過了一項特別決議，不再設置「創始人股份」。我們完全可以想像，董事長的調整何其不易。這個決定顯示，董事長健康惡化後，其長子已經接手。這 100 股的創始人股份，全都被轉換成普通股，公司則額外給了董事長 30,000 港元的金錢補償。然而在我和這位董事長訪談時，他仍會每天到辦公室坐上幾個小時。當我問他工作時間裏主要從事什麼活動時，他告訴我：「我監督所有事。如果出了問題，他們會來找我。」

　　看來創始人雖已正式移交職責，只要他還活着，就仍會凌駕於繼承人之上。無論如何，這場正式的交接，標誌着家族企業第三發展階段之

始。儘管繼承問題很自然地吸引了大部分觀察者的注意，它事實上並不構成主要的危機。這方面遭遇到的大部分困難，如員工能否從效忠創始人轉為效忠繼承者，或充滿新觀念的年輕領導人與墨守成規的老員工之間的衝突，都是管理層換人時常見的問題，與所有權的形式無關。

也許只有兩項特點，是華人家族公司繼承過程中所獨有。首先是繼承者本身並不受敬重。中國人價值體系對社會流動（social mobility）的高度重視，導致它非常敬仰白手起家者。財富的繼承者要證明自己能夠勝任後，才能贏得社會敬意。這正是為什麼幾乎所有受訪的第二代棉紡業者都承認，起初他們並不太願意加入家族企業。[54] 33 號廠一名董事的談論，就很引人注目。他當時是被伯父／叔叔叫進來和我談話。他受召過來後的第一反應，竟是「我不適合〔受訪〕。我是個沒用的兒子」。雖然這明顯是句玩笑話，但他以這種形式來自我貶抑，還是很有意思。

第二項特點，就是紗廠老闆一律奉行的諸子均分制。有個表面上例外的案例，恰可以證明這項規則。8 號廠的創始人在 1953 年辦廠時，就已經把股份分配給了五個兒子。出於某個原因，第四個兒子分得較大一份。他持有 1,000 股，其他的兄弟則每人僅 250 股。往後的歲月裏，這個差距縮小，但沒有完全消除。到了 1977 年，他已經擁有 9,636 股，比其他兄弟多出約 2,000 股。這位創始人還有另一家經營各式紡織業務的公司。第四個兒子是直到 1972 年，才擁有那家公司的股份，而他的兄弟則是自始每人就有 10,000 股。1972 年當他終於獲派 66,180 股時，他兄弟的持股數已經增至 103,680 股。所以基本規則，仍是諸子所有權上的平等，即如果在某家公司分得較少，就可以在另一家分到較

54　見 Espy, 'Hong Kong Textiles', p. 280 一文中，張先生(Mr S. K. Chang)所表達的矛盾心情。

多 。[55]

諸子均分制常被說成是導致家產支離破碎和資本逐漸消散的禍首。這對中國帝制晚期從事農業的家族來說或許不假，但確實與香港的棉紡工業無關。法律上對家產的平等訴求，並不意味着工業財產的實體分割。大部分家族擁有的紗廠，都循保持資本完整的方向來設計公司章程。股份不得自由地賣給外人。如果有家族成員要放棄對公司的所有權，他們必須先以「公平的價格」，將股份賣給現有的股東。公司章程通常還會提供進一步的防衛機制，授權董事會可拒絕登記股份轉讓。此外還有強大的遏阻因素，會讓繼承人不敢輕易賣掉他所繼承的家產。除了可能會被指控為不孝及不顧兄弟之情，這麼做對他在經濟上也不利，因為他繼承的不只是公司資產，也包括債務。扣除未償的公司債務後，其股份的「公平價格」，勢將大大低於股份的面值（nominal value）。[56]此人也將失去其股份未來可能給他帶來的穩定收入。

由此可見，分裂的壓力，在家族公司的第三個發展階段內並不太大。話雖如此，兄弟之間的關係，會因競爭而變得緊張。兄弟們雖在所有權上平等，卻只有一人能佔據最高的管理職位。長子憑年齡優勢，最有機會繼承此職。這將引起弟弟們不滿，因為他們不是在順從長兄的環境中長大的。瑪格麗·沃爾夫（Margery Wolf）指出，華人兄弟之間的脆弱關係，很可能是源於家庭內部培養孩子的方式：

---

55   托普利（M. Topley）說在香港，「英國人所信守的財產轉讓自由（freedom of alienation），看來已獲城市人接受並身體力行。有些華人現在也立遺囑，以分配財產……。」見 Topley, 'The Role of Savings and Wealth among Hong Kong Chinese', in Jarvie and Agassi, *Hong Kong*, p. 206. 惟棉紡業者仍未因此棄守「諸子均分」這項重要的中國習俗。

56   這方面的例證，可以以下文獻中關於家族繼承的描述：中國科學院上海經濟研究所、上海社會科學院經濟研究所編（1958），《恆豐紗廠的發生、發展與改造》，上海：上海人民出版社，頁35。

　　　孩提時代，哥哥總是要事事讓着弟弟，然而稚齡弟弟的
某些要求，是很過分的……弟弟們很早就確切知道，哥哥要
讓弟弟。不過成年後，這種預期正好相反——弟弟是被期望
要服從哥哥的決定和指導的。這是一種他幾乎沒準備過要面對
的情況。[57]

　　我的受訪者在談到兄弟間的競爭時，幾乎毫不掩飾，如以下 32 號
廠董事總經理之弟的言論所示。當我問他關於家族企業的看法時，他
回道：

　　　說到家族傳承，因為老一輩還在，「改朝換代」還沒有在
大範圍內發生。照規矩，兒子得到的比女兒多，長子得到的又
比其他人多。就算父親想要給兒子們平分股份，事實是長子會
比弟弟們更早入行、累積更多股份。其結果，就是他佔了先起
步的優勢。年紀較輕的兒子，就可能因此決定不回來。

　　3 號廠兄弟間相對的所有權地位，說明管理權一旦轉移，兄弟間的
財富就會開始分化，如表 6.6 所示。它顯示長子所擁有的優勢，超過了
其他人。長子很自然地是有機會在家族企業裏工作並積累經驗的第一
人。這就為他將來繼承行政總裁的衣缽預作準備。一旦他接過領導大
任，他的資產就會比弟弟們增長得快，因為一般來說，公司會因其貢
獻，給他發額外的股份作獎勵。弟弟們如果不是公司的執行董事，就會
吃虧。公司騰飛之際，他們的股份仍會大致維持不變。

　　那麼，該如何遏制兄弟間為了競奪管理權引發的緊張關係呢？一種
常見的安排，就是讓兄弟們負責不同領域的工作。例如在 8 號廠，三兄

57　M. Wolf, 'Child Training and the Chinese Family', in Freedman ed., *Family and Kinship*,
　　p. 53.

表 6.6　3 號廠創始人諸子的持股數（單位：1,000 股）

出生順序	1957	1962	1964	1971	1973	1976
長子	1.5	3	6	10	10	56.4
次子	1.5	3	6	10	0	0.0
三子	1.5	3	6	10	10	43.4
四子	1.5	3	6	10	10	43.4

來源：香港公司註冊處的 3 號廠記錄。

弟各司其職，也有他們自己的辦公室。長子是董事長，負責經營紗廠所屬的控股公司，而他的主要業務是房地產。次子是紗廠的董事總經理，掌管商務與人事。工廠內部的生產，則是歸三子管理，其頭銜是總經理和董事。

　　這種兄弟間各有負責領域、各自享有最大自主權的做法·，意味着家族企業麾下各部門、工廠廠房或附屬公司的數量激增。企業的外部表現，是其實體擴張；但就內部而言，則是其組織結構變得較不統一。

　　當決策權愈來愈難以集中，新行政總裁也就愈來愈難以做到強勢領導。有時候，這個體制還會設下限制，去約束行政總裁的自主權。而此人一旦發現自己備受牽制，就會逐漸退縮至管理人而非創新者的角色。恒豐紗廠的歷史，就清楚地展示了這種傾向。紗廠的創始人去世後，由其遺孀和諸子組成了家族委員會。委員會對將來的利潤分配，設下一個固定的方程式，導致身為董事總經理的那位兒子，不能根據自己的判斷投資。[58] 所以企業在經歷實體擴張和組織結構上的分割後，再投資的決策，往往也會跟着減少。

　　兄弟們在一個組織上分割／區塊化的家族企業裏相互警惕的情況，

58　見《恒豐紗廠的發生、發展與改造》。

實與企業在新興階段時，合夥人之間的關係非常近似。這時候，同樣存在兄弟間持股量不對稱增長的機會。因此在某些案例裏，區塊化的家族企業內的某位兄弟，或得以掌握多數股權，將企業置於他這一房的控制之下。這家企業遂重新進入「集中」的發展階段。

如果這種情況沒有發生，兄弟間維持夥伴關係直到他們各自交棒給後代，那家族企業就會進入它最後的一個發展階段 —— 解體階段。當兄弟們的諸子接手後，家族經濟裏的成員大增，企業經營路線上的不一致就可能倍增。此外，當初抑制第二代成員出售家族持股的經濟考量，也不再如此有力。因為分割再分割，個人所持股份的價值將大為縮水，股份可為他帶來的定期收入也大減，自然不再那麼吸引。而由於兄弟間不太可能擁有數量相同的孩子，第三代繼承後，也會產生所有權不平等的股東。兄弟們仍可能在約略平等的基礎上合作，惟持股不均的堂兄弟們，就少有理由這麼做。那些處於弱勢的談判地位者，尤其是成長過程中對家族企業又甚少情感寄託者，就可能會決定終止和它的經濟關係。當我問 32 號廠董事總經理的弟弟，是否期望他的孩子加入家族企業時，他說：「我對此很保留。公司實際上是由幾個家庭共同擁有，而我不是長子。」身為股東的家族成員，乃更關心即時的、實實在在的好處，甚於長遠的商業願景。從這個階段開始，家族企業即危機四伏。

所以從發展的眼光看，華人家族企業在其生命周期的各個階段裏，表現都不盡相同。它並非本質上保守或缺乏生氣。與日本的家族企業相較，它不夠持久；但與雙系血統原則下建立的家族企業相比，它並不短命，尤其是當它能夠擺脫疏離的支派以避免解體，並藉此重新進入集中階段之時。就算它已經解體，四散的家族單元，還是能迅速地組建自己的新企業。華人家族企業的競爭力是相當可觀的。家庭成員之間的堅實互信，是單純的商業夥伴之間遠遠不及的，自然更容易達成共識，彼此

也不必太講究形式上的負責。誠如 14 號廠的某位董事所説，上市公司的缺點是「太多的文件和文牘工作」。在他的家族紗廠內，「問題可以幾通電話就立刻解決，效率更高」。當經濟和政治情勢都不穩定時，這種快速的企業家回應是必要的。紡織業的獨特之處，是其原料的價格與貿易周期都經常波動。這或許就是為什麼大部分國家的紡織業內，都存在大量的家族企業。[59] 除了這個行業的經濟特殊性外，香港不確定的政治前景，也從未遠離企業家們的腦海。香港紡織有限公司的董事總經理曾經説過：

> 香港和共產中國的邊界，距離這棟大樓只有 21 英哩。我們知道只要共產黨真的想動手，他們可以在某個清晨的早餐時段前拿下香港……我們是可以從香港這裏的投資當中賺取豐厚回報，但我們也可以跟設在本大樓二樓的美國經紀公司，購買美國財政部發行的長期債券（AT and T bonds）。[60]

單是這項政治考量，就足以説服不少棉紡業者堅持家族形式的所有權，以便在必要時，能夠迅速轉移公司資金。[61]

紗廠之間的對外關係

親屬關係構成了紗廠內部組織的強力紐帶，但只為外在的生意往來提供了一個脆弱的框架。我這樣的觀點，其實是和某些談論華人經濟行

59 Kindleberger, *Economic Growth*, pp. 120-121.

60 Espy, 'Hong Kong Textiles', p. 282.

61 有關拉丁美洲經濟體中「家族特殊論」（family particularism）的類似分析，見 S. M. Lipset (1967), 'Values, Education, and Entrepreneurship', in S. M. Lipset and A. Solari eds., *Elites in Latin America* (New York, Oxford University Press), pp. 16-17.

為的作者唱反調的。小列維就認為「當我們談到『傳統』親屬結構所孕生的特殊關係窒礙了中國現代工業的發展時，僱傭並非唯一的面向。它在組織和組織之間的關係上，**同樣**重要」。[62] 威爾莫特也說「華商企業在對外關係中……強烈地傾向維持建立在家族關係、個人交往和獨立自主基礎上的傳統華人行為」。[63] 他的說法，部分是基於一般認為親屬關係大有利於促進華人企業之間的信用貸款之上。他給的例子如下：

> 田氏家族給了那些較落魄的兄弟各一筆相當大的貸款，讓他們能夠創業或擺脫困境。這類貸款不帶利息，某些情況下更是從來不獲歸還。三寶壟某家知名的華人生產性企業，多年前就是靠創始人跟某位近親借來的資本創立。借款人如今已逝，而他的家人從未提到還款的事。這筆錢數目大，出借的家庭雖然絕不會要求對方還款，卻仍未忘記。[64]

撇開這些資訊的準確性不論，我們在解讀這些案例的經濟意義時，有兩點直接相關。首先，家族成員之間的財政義務，在分家產前和分家產後是截然不同的。分家前，成年的男性成員，可以利用家族的共同資金作為商業資本。這不能稱作借，因為他的生意仍是家族經濟的一部分。然而分家後，除非遭遇危機，這個男人不能對兄弟提出特別的金錢要求。德格勞坡（Deglopper）就發現在台灣的鹿港社會裏，「沒有人會想靠他的兄弟。一個四肢健全的男人，不該期待他的兄弟或親人為他作出犧牲……商務上的合作或特別協助，不會被視為兄弟間理所應當的

62　Levy, *Family Revolution*, p. 357, emphasis added.

63　Willmott, *Chinese of Semarang*, p. 66.

64　As above, pp. 65-66.

義務之一」。[65]

　　其次，澄清這筆錢是借款還是委託投資於親屬生意的資金，非常重要。後一種情況是華人常見的做法，無關利息與還款，因為「借款人」期待的是分紅。儘管此人是親戚，他將獲得與其他股東同等的待遇。

　　所以親屬在信貸方面，並不會獲得特別待遇。事實上，人們反而是傾向避免與親戚有金錢往來。費孝通在雲南的鄉區作研究後發現，當地標會／小額信貸互助會的參與者，寧可不和親戚一同入會。這不是出於金錢上的算計，如親友之間不准收取利息之類，而是因為親戚會擅自拖延繳交會費，增加了壞賬的風險，危及整個標會的運作。[66]

　　除了避免金錢往來，親屬之間的互惠義務，往往也讓人寧可不要跟親戚達成商業交易。這當中涉及的微妙考量，可生動地見於德格勞坡的一段民族誌敍事：

> 　　零售商會被期待給近親一個較低廉的價格，但與此同時，這位親人也被期望買東西時不要太吹毛求疵。一位異常坦率的布匹零售商告訴我，他會給他的近親更「老實」的價格。不過他的親戚並沒佔到顧客總體的多大比例，而賣東西給他們，也沒多少利潤可言。「所以啊，我不真的在乎他們是不是到我這裏買東西；反正我沒賺他們多少。」有位老太太，則是謹慎地避免到她姐妹的兒子經營的雜貨舖購物，因為她總覺得一旦進去，就必須要買。如果她想要一件藍色的東西，而他們店裏有的全是紅色，那她就得買下紅色那件。所以她會光顧不是親戚家開的店，在那裏仔細挑選完全符合她口味的東西，如

65　D. R. Deglopper, 'Doing Business in Lukang', in Willmott ed., *Economic Organization*, p. 318.

66　費孝通，《鄉土中國》，頁 81。有關親屬之間在傳統中國需要支付的信貸價格（price of credit），見 Freedman, *Lineage Organization*, p. 18.

　　果沒找到就離開，如果找到，就狠狠殺價。[67]

　　由此當可推斷，華商就算不全然避用親屬關係來取得信貸和顧客，這種情形也絕不普遍。我的這項見解，沒辦法靠來自棉紡業者的直接證據驗證，因為我盡量不去探問他們視為公司秘密之事。不過某些支持這項見解的間接證據，還是可以從檢視紗廠老闆之間的通婚和聯鎖董事（interlocking directorship）現象中獲得。同業通婚的跡象甚少。從我有關受訪者岳父的職業的不完整資料可見，只有區區三名棉紡業者和其他的紡織業家族通婚（見表 6.7）。然而，他們夫人的家族是從事漂染業或成衣製造業，不是棉紡工業。棉紡業者大多是與從事貿易或其他工業界別——機械、電池、煙草、造船等的家族有姻親關係。他們在其他工商業領域內的姻親關係，當然可能具經濟上的重要性，但更可能的是，

表 6.7　棉紡業者岳父的職業

職業	人數	調整後百分比 *
紡織工業家	3	14
其他工業家	6	28
商人	8	38
銀行家	1	5
公務員	1	5
教師	1	5
地主	1	5
不詳	7	—
未答	12	—
總計	40	100

説明：* 只包括對提問明確回答者。
來源：1978 年的訪談。

67　Deglopper, 'Doing Business in Lukang', p. 319.

這類關係主要是在商業情報方面和緊急情況時有用，而不是着眼於直接的商業交易。

　　我沒有找到關於受訪者女婿的職業背景的系統資料。棉紡業者後代中的同業通婚情況，我只看到一例。那是 11 號廠已故創始人的某位孫子，和擁有好幾家本地紗廠的已故榮德生的孫女之間的婚姻。總體而言，棉紡業者似乎沒有在遵循一致的聯姻策略。就算他們期盼如此，他們也難以做到，不僅因為今時今日，子女不會再任由父母包辦婚姻，一家之主也無法再因為子女不聽話而剝奪其繼承權。

　　兩家紗廠背後的家族建立姻親關係後，通常也不會以聯鎖董事的形式正式結盟。有三對紗廠老闆是姻親。第一對是 18 號廠和 25 號廠的主要擁有者，他倆是姐夫／妹夫和妻舅。前者在後者的公司裏沒有職位，但後者是前者紗廠的董事。這顯然是因為前者的企業，是由岳父提供部分資金，所以他的妻舅有權進入其董事會。不過 1971 年時，此人就讓出了這一席董事。第二對是 17 號廠和 12 號廠的主事者。17 號廠的兩位主要合夥人是妻舅和姐夫／妹夫，他們的父親（岳父）的兄弟的女婿，則是 12 號廠的主事者。兩家紗廠的董事會成員並無重疊。第三對則是 13 號廠和 26 號廠的老闆。後者是前者的姐妹的女婿。與前例相同的是，沒有人身兼兩家企業的董事。

　　宗族和世系關係在調節紗廠之間的經濟關係上，同樣很弱。田汝康（T'ien Ju-k'ang）曾經發現「砂拉越（Sarawak）的華人農村經濟，是以宗族關係的框架為本」。[68] 惟砂拉越華人當時的處境，可謂相當特殊。這個人數單薄的少數族群的聯合經濟行動，需要以「大家都姓田」來提供最廣泛的基礎。不過這種宗族關係本質上是脆弱的，他們需要以儀

68　T'ien, *Chinese of Sarawak*, p. 35.

式來強化之舉，說明了這一點。來自福建詔安的一群田姓人家，與來自廣東惠來的另一批田姓人家，其實並沒有可查證的宗譜關係。他們說不同的方言，甚至在發「田」這個共同姓氏的音時，都不相同。為克服這些困難，他們創造了一個共同的祖先，以及一套表達彼此的親屬關係的詞匯：

> 譬如清明節時，詔安人和惠來人總是會合辦掃墓儀式。這樣的聯繫，看來是幾年前由惠來田姓發起的，他們想和有錢又有影響力的……古晋（Kuching）田姓建立關係沾好處。由於這兩個群體沒有共同祖先……當然也就不可能有個共同的祖墳。但這不是無法解決的困難。1925 年，一座特別的衣冠塚——裏頭當然沒有屍體——在詔安人的墓園裏落成。墓碑上細心鐫刻着中國田姓的起源敘事，並記載「在此敬拜的全體子孫」對宗族永續昌盛的盼望，「立此墓於 1923 年農曆七月」……。
>
> 砂拉越這兩家田姓人，還有一項展示他們團結的外在標誌，那就是彼此以親屬關係的字眼來稱呼的習慣。這已經超出了單純的宗族情誼……詔安田家人和惠來田家人的所有成員，都知道他們在自己的群體裏是第幾代，所以懂得稱呼比自己高一輩的族人為「叔叔」、「嬸嬸」，比自己低一輩的族人為「侄子」、「侄女」等。詔安田家人也是這樣稱呼惠來田家人的，只是方言不同。不過由於兩方的真實關係早已不可考，所以在斟酌對方的輩份時，就完全是以對方的年齡和社會聲望來確定。[69]

宗族關係對棉紡業者來說，可謂更加薄弱，也沒證據顯示它曾因此影響到紗廠的對外關係。香港雖有宗族社團，但當我問到受訪者參加社

69　As above, pp. 25-26.

會組織的情況時，沒一人提到宗族社團。企業家們傾向於讓宗族社團來確認其社會地位，而不是經由宗族社團來獲取社會地位。一個人的血緣家系在城市裏，並不會被賦予太多經濟上的意義，因為它主要是一種鄉俗，根植於吾人對土地財富的控制。[70]香港棉紡業者的商業行為，其實並沒怎麼受到血緣關係的影響。

扼要重述，親屬關係是經濟封鎖得以達成的重要基礎之一。它與族群關係的相似之處，是兩者都與個人的出身源頭有關。當親屬和族群這兩個類別重疊時，聯合經濟行動的基礎將會大為增強。惟親屬關係在兩大方面有別於族群認同。親屬群體的邊界是更加固定的，親屬之間的權利義務也是更為強烈、明確，以致它們有時候反而不利於親屬間的經濟交易與合作。就華人工業家的一般情況和上海棉紡業者的特定情況而言，親屬關係在強化企業內部組織上發揮的作用，要比調節它們的對外關係重要。上海企業家這個經移民過程汰選過的精英群體，透過運用地域及家族關係來排斥潛在的競爭者，遂能在香港的棉紡業界維持高度的經濟集中。這一小片職業天地，是他們憑着一套特定的競爭技能與商業態度，早就奪下來的。

---

70   H. R. Baker, 'Extended Kinship in the Traditional City', in G. W. Skinner ed., *City in Imperial China*, p. 502. See also E. Wolf (1966), 'Kinship, Friendship, and Patron-Client Relation', in M. Banton ed., *The Social Anthropology of Complex Societies* (London, Tavistock Publications), p. 6.

│ 第七章 │
結 論

我們既已聽過上海棉紡業者戰後在香港發展的故事，現在該重回引言中提出的問題，並評價這項個案研究的意義。經過一番實證探究後，它揭示了華人工業企業家精神（Chinese industrial entrepreneurship）的什麼特質？又增進了多少我們對特定經濟領域內族群集中現象的理解？

華人工業企業家精神

熊彼特認為，企業家是迷人的冒險者。企業家的創新精神之所以能夠維持，是基於三大動機：

> 首先，企業家既夢想也有這個意志去建立一處私人王國，而這往往也是個朝代。現代世界的確還不知道有這樣的職位，但現代人如果想成為類似中世紀的君主，最近的一條路，也許還是要透過工業或商業上的成功……其次，是企業家征服他人的意志；那是一種戰鬥的衝動，企業家要證明自己比他人優秀，追求成功就是為了成功本身，而非成功的果實……。
>
> 最後，企業家追求創造和成就事情的快樂，或單純地揮灑個人精力與聰明才智的快樂……為了改變，這類人會去查找困難和變化何在，並樂於冒險犯難。[1]

---

1 J. A. Schumpeter (1934), *The Theory of Economic Development* (Cambridge, Harvard University Press), p. 66.

巴特（Fredrik Barth）在熊彼特的這番描繪上進一步闡述，指出企業家的三種行為傾向：

（1）企業家更專心致志於極大化一種價值：「利潤」……。

（2）企業家的活動更富於實驗精神與投機性質，較少建制化的特徵。他們必須靠對結果的推論性預測（deductive prognosis）來行動，而不是像那些體制內的在位者，靠自己多年來所積累的經驗，即對結果的經驗性預期（empirically founded expectation）來行動……。

（3）企業家更願意冒險，範例如下：（i）企業家會將自身資產的很大一部分，都投入一項冒險；（ii）企業家相信自己的推斷，毋懼與一般觀點不同；（iii）企業家甚至樂於面對賭徒式的勝算，跳脫一般人追求「極大化愉悅與極小化痛苦」的行為模式（mini-maxi principle）。反觀其他的行動者，則會保守地誇大他們對損失的恐懼……。[2]

如果企業家精神的精髓是創新，上海棉紡業者當可以自詡為企業家，因為他們將土地、資本和勞動力三者，以從未見於香港的有效方式結合起來。此外，他們還開拓了新的市場。但他們與熊彼特和巴特所建構的理論框架不太吻合。棉紡業者推崇的美德，其實是謹慎、自制，而非投機與冒險精神。香港棉紡業同業公會在 1975 年製作的一本小冊裏向海外買家介紹其行業時，曾自豪地宣稱「香港的棉紡業界……對本身一貫奉行的保守政策，頗感滿意」。小冊子還說，香港的棉紡紗廠展現了「中庸和自律」，以及「集體負責的精神」。[3]

訪談過程中，我會請受訪者描述其心目中的傑出紡織工業家，究

---

2   F. Barth ed. (1963), *The Role of the Entrepreneur in Social Change in Northern Norway* (Bergen, Universitets Forleget), pp. 7-8, original emphases.

3   HKCSA (1975), *A Glance at the Hong Kong Spinning Industry* (Hong Kong, HKCSA), pp. 5-7.

竟該具備什麼品質？同時也會請他們談談，行業內某些企業為什麼失敗？受訪者在企業家究竟能發揮什麼作用上，展現出高度共識，而這可以總結為以下六點特質。其順序，則是我根據它們被提到的次數多寡來排列。

首先，他們強調應付人的能力。「團隊合作」（team work）一詞，在他們的回應裏反覆出現。傑出的工業家，必須能夠領導一個協作良好的團隊。為了做到這一點，他需要有識人之明，並須盡其所能地尋覓良才。有位受訪者這麼說：「人最重要，資本和機器設備都是死物。你需要好的員工去讓它們運轉起來。」相反，管理不當與人事問題，則是受訪者最常用來解釋某某紗廠沒落的原因。這包括「合夥人太多」、「董事之間發生衝突」、「紗廠內部拉幫結派」，以及「未能建立起一套行政體系」。

傑出紡織工業家應該具備的第二項品質，是要獻身於工作。辛勤工作，是他們眼中邁向工業成功的前提。一個人不該逃避困難，而是要全心應對具體事務。某位受訪者如是說：「在實業界，每天都會有狀況，你必須解決它們。如果你不喜歡這樣，你就不該做實業。」受訪者在高舉勤奮工作的價值同時，也會強調節儉與禁欲。22 號廠和 1 號廠的董事，就分別引用了兩個截然不同的例子，來說明節儉帶來成功而奢侈導致失敗。第一例講的是某位已經八十高齡的棉紡業者，沒受過多少正規教育，是以勞工身份開啟其職業生涯。他的紗廠之所以昌盛，據說是因為他既勤奮又對花錢非常謹慎。第二例講的是某家紗廠內的一位木工，「幾年前賺了些錢」，辦了自己的紗廠。「他有一輛勞斯萊斯和幾輛平治，不久就破產了。」1 號廠的董事說。

準確的市場判斷力，則是成功所必備的第三項品質。棉紡業者必須有建基於他熟悉國際事務和紡織品貿易上的先見之明。由於原料價格就

佔了紗線生產近七成的成本，如何在大幅度的價格波動中把握購買棉花的準確時機，就非常關鍵。這種高度的市場不確定性，事實上不利於冒險。「過度擴張」、「投機」和「企圖在最短時間內做最多事」，都會被視為自招災難。他們頌揚克制與謹慎之美。22號廠是最成功的紡織集團之一，其董事長說：「別相信運氣。人要知道自己的局限，絕對不要踰越。如果成功無望，我就不會做。我只有在有七成把握時，才會着手進行。」

第四項必備的品質，是技術上的熟練與信譽。理想的棉紡業者，應能牢牢掌握生產方面的技術，並要特別注意保證產品的質素。

第五，他必須誠實、沉穩，不受捷徑所惑。他們眼中最珍貴的資產，就是值得眾人信賴的聲譽。所以工業家必須嚴格信守合約，準時發貨。

棉紡業者所列舉的最後一項品質，是要有長遠的視角。理想的企業家，不會去追逐即時利潤。他們認為，如果熱衷於短期利益，會有害企業的健全發展。工業家須聚焦於穩定持久的財政回報，而非某個特定瞬間的最高利潤。重要的收益和損失，往往是「看不見的」，人在追求利潤時當有遠見。4號廠的董事總經理告訴我：

> 我們有些人沒辦法洞察無形損失，所以老是遲疑着不報廢設備。粵籍商人常會被那些實實在在的損失，遮蔽了他們的長遠目光。他們的賭性更強，所以會表現出兩種特質。首先，他們拖拖拉拉，不願放棄早已經不中用的機器設備。其次，他們會盡可能地少用人。

這六項特質，其實和理論上普遍認定的企業家形象——追求利潤極大化、熱衷於實驗嘗試及勇於冒險——並不一致。雖然那可能只是我的受訪者偏離了常態，但也有實證和理論上的依據讓我們相信，常

態並非如此。麥克利蘭（McClelland）關於「強烈追求成就者」（high 'n-achievers'*的一項重要發現，就是他眼中的這些潛在的企業家們，都傾向避免高風險。他們在應對任務時，寧可採用經過盤算的、有相當成功把握的方式處理，「讓個人的努力或技能得以造就不同結果」。用麥克利蘭的話說，就是「他們並非不切實際的『夢想家』，不會高估自己在每件事情上的勝算。反之，他們會靠自己盡可能地掌握到的事實作判斷，再憑着他們那常見的自信解決問題」。[4] 有些經濟學家透過實證研究早已發現，許多工業家追求的是足夠的利潤，而非「最大」利潤。如安德魯斯（P. W. S. Andrews）所言，「商人想要過安寧生活」。[5] 這項發現，意味着企業家至少有兩種，即一是追求即時利潤的「搶奪者」（snatchers），二是計劃從長時間的競爭裏獲取穩定回報的「鍥而不捨者」（stickers）。[6] 內特爾（J. P. Nettl）基於他對英國工業的個人認識，論說 1960 年代時，英國大公司的中央是被「共識型」人物（'consensus' figures）所佔據，而這些人的生活方式與價值觀，都和高

---

* 　譯按：need for achievement 乃麥克利蘭「三種需要理論」下影響個人行為的需求之一，而 n-achievers 即是在此需求驅使下，全力以赴以爭取重大成就者。

4 　D. C. McClelland (1961), *The Achieving Society* (Princeton, Van Nostrand), p. 221 and p. 223. 我當在此指出，熊彼特堅稱企業家「從來都不是風險承擔者……如果事業失敗，遭殃的是給他們提供信貸者。企業家所擁有的財產，誠然都要負上償債責任，所以擁有一筆財富的確有助其獲得信貸，但這並非必要條件。而企業家就算是在靠他之前所賺取的利潤來支援事業……他也是作為資本家或商品擁有者——而非企業家的身份——來承擔風險。企業家之所以是企業家，甘冒風險並非要素之一。他固然要冒上聲譽受損的風險，惟事業失敗後，這直接的經濟責任，從來不會落在他頭上」。見 Schumpeter, *Economic Development*, p. 173。我不認為這樣的說法令人信服，因為熊彼特是把一個人身為企業家與身為資本家的角色，硬生生地區分開來，但在涉及失敗的風險時，這其實很難分得清。如果是由不同的人來扮演這兩種角色，那熊彼特就要面對以下問題：資本家如果需要獨立承擔經濟後果，那他為什麼還要資助企業家？

5 　P. W. S. Andrews (1964), *On Competition in Economic Theory* (London, Macmillan), p. 36. See also Andrews and Brunner (1962), 'Business Profits and the Quiet Life', *Journal of Industrial Economics*, 11, pp. 72-78.

6 　J. R. Hicks (1954), 'The Problem of Imperfect Competition', *Oxford Economic Papers*, 1, pp. 42-54.

級公務員的相近。至於「粗獷的企業家們」（rugged entrepreneurs），通常是身處公司等級結構裏的邊陲，而他們的角色與行事風格，都有礙他們攀至頂峰。內特爾還說，作為補償，他們往往會被「調去處理報銷賬目」。[7]

格申克龍（Gerschenkron）曾為這些現象提供了理論解釋。他指出企業家的行為，是取決於其活動領域的本質。現代工業的新結構，會迫使決策者的行為模式有別於從事貿易和手工業者。他論說製造業活動的參與者，不僅需要具備長遠視野，還要將他們的職業視為終生志業，更應該維持高標準的商業誠信。[8] 此所以工業界會期待由規劃型和共識型的人物領導，而不是由賭徒及橫衝直撞的個人主義者領軍。

討論至此，我們開始可以看出，上海棉紡業者的集體自我形象，為什麼會和主流的企業家理論模型不一致。熊彼特及其追隨者，其實是套用了完全競爭的框架來作分析。他們尤其認定工業領域為公開競爭的舞台，任何新來的企業家都可以無阻入場。在這種情況下，創新如何可能？如果某人的創新事物，可以讓仿效者在不必付出更高的實驗摸索的機會成本下就獲取相近利潤，那他為什麼還要創新？熊彼特也意識到了這個問題，但他給出的答案並不令人滿意：

> 新公司會在誘人的利潤激勵下，不斷出現⋯⋯企業家和
> 那些緊隨而至的仿效者的盈餘，也就跟着消失。不過這些盈餘
> 不會馬上消失，而總是在一段長時間內逐漸減少。無論如何，
> 盈餘已經實現。這筆盈餘雖然短暫，仍是在給定條件下獲得的

---

7   J. P. Nettl (1965), 'Consensus or Élite Domination; The Case of Business', *Political Studies*, 14, p. 35.

8   Gerschenkron, 'Modernization of Entrepreneurship', pp. 247-249.

一筆實實在在的淨回報。[9]

熊彼特的模型，對我們理解那些入場壁壘極低且經濟封鎖近乎不可能的個案，顯然有用。企業家在這一類環境裏，不得不接受公開競爭的狀態，並滿足於短期利潤。不過工業界企業家所面對的大多數情況，一是不完全競爭的環境，二是經濟關係裏繞不開權力要素。在此情況下，這項理論模型的解釋範圍，就顯然有限。[10] 工業創新的動力在不完全競爭的環境裏，似乎有別。擁有天賦，並不足以讓企業家創造一個生產要素的新組合。如果他沒辦法限制仿效者的侵犯，並阻止他們稀釋其利潤，那他就不會開發其想法並付諸實踐。這意味着企業家的必要作用之一，就是提高入場壁壘，以便將一個開放的經濟領域，轉變為相對封閉的狀態。由此看來，行業的創新與封鎖，本質上是相連的。

行業封鎖往往是藉特殊關係的運用，如族群身份與親屬關係來完成。所以我們不該輕率地將這類關係視為經濟發展的障礙。完全競爭既非經濟發展的唯一途徑，那我們就該承認，特殊關係在不完全競爭的情境裏是有效的。[11]

企業家的一項顯著特質，是強烈渴望獨立自主。為了能夠創新，他必渴望能夠按自己的方式行事。不過這種對自主的渴盼，其實並不利

9　Schumpeter, *Economic Development*, pp. 131-132.

10　循此思路，已經有好幾位學者發表過貼切但簡潔的評論。例如，包默爾（Baumol）引用劉易斯（Lewis）的觀察說：「企業家是在做一些全新的事，所以某種程度上可說是個壟斷者⋯⋯我們之所以沒有關於企業家精神的好理論，是因為我們沒有關於壟斷的好理論。」Baumol (1968), 'Entrepremeurship in Economic Theory', *American Economic Review*, 58, p. 69, note 4. 格申克龍也曾評論道：「一個完全忽視權力與利益範疇的研究途徑，註定無法解釋企業家在這最有意思的歷史情境裏，成功經營企業的現象。」這段話載於 'The Entrepreneur - Discussion', *American Economic Review*, 58 (1968), p. 96.

11　我已經在我的論文 'The Applicability of Asian Family Values to Other Socio-Cultural Settings' 中，闡述過這項觀點。該文載於 P. Berger and M. Hsiao eds., *In Search of An East Asian Development Model*, forthcoming.

於建構一個成功的工業競爭所必需的組織及等級結構。企業家是無法獨自有效發揮作用的，他必須由一個能幹又投入的經理和行政團隊支持。然而企業家的魅力，常會使助手們黯然失色。這些缺乏光彩的「組織人員」（organizational men），雖是工業化這場大戲的支持班底，卻極少得到學術界應有的關注。學術界對企業家精神的研究，大多傾向於孤立看待企業家個人，試圖定義他的本質。企業家所身處的那個角色背景（role set），卻經常會被忽略。為了全面理解企業家精神，我們必須用平衡的視角，去兼顧企業家所倚靠的那些人的價值取向與行為，尤其是他的行政主管與助手們。馬克斯・韋伯（Max Weber）在他討論新教倫理的論文中，曾經附帶提到：「宗教禁欲主義的力量，還為他〔企業家〕提供了一批清醒的、盡職的、格外勤勉的工人。他們堅守工作，視之為上帝授意的一種生活目的。」[12]

當我們回頭看華人企業家的角色背景時，會發現華人私人工業界似乎有個不尋常的特點，那就是企業家精神很強，但管理很弱。企業家大有人在，數量上超過了經理和行政主管。參與工業競爭的華人，以上海棉紡業者為例，都是以當老闆為自豪，卻鄙視拿薪水的受僱者。他們追求技術方面的專門知識，而非管理上的專業。他們之所以強調成功的工業家須具備駕馭人的能力和懂得團隊合作，正是因為意識到他們鎧甲上最脆弱的那道縫隙，在於管理。

驅動華人企業家追求自主及掌握所有權的強大力量，是源於一種我稱之為「企業家家族意識」（entrepreneurial familism）的普遍的經濟價值觀。這種價值觀，讓家族成了經濟競爭的基本單位。「家」推動創新並支持冒險。在香港這樣的社會環境裏，企業家家族意識催生了一

12　M. Weber (1930), *The Protestant Ethic and the Spirit of Capitalism* (London, Unwin), p. 177.

種風格獨特的經濟組織，而它具有好幾項顯著特點。首先是它在經濟上的等級結構，往往流動可變；其次，是它的員工普遍渴望自行創業，導致離心力一直存在。企業內部的決策，因此傾向於高度集中，授權極為有限。

這種模式的企業家家族意識，既有競爭優勢，也存在弱點。它有不少問題，惟問題大多能夠克服。舉例來說，內部的離心力，演變發展出一套分包制度，將生產過程分割，由多個相互依存的單位負責。這樣的制度，顯然需要透過經濟網絡來做協調，為此地域關係發揮了重要作用。然而當前學術界對這種制度，尤其是其構成與運作上的細節，仍未有充分理解。可毫無疑問的是，這樣的制度增強了香港工業界的彈性，以及它對國際市場波動的應變能力。

學者在台灣的研究，就展示了當地非常相近的價值觀。這顯示企業家家族意識的價值觀，或許不是香港獨有，而是已確實構成了一種獨特的、華人風格的企業家精神。譬如葛蘇珊（Susan Greenhalgh）曾經指出，「〔家族〕網絡支撐着台灣的社會和經濟……幾乎所有小型的商業及服務性企業都是由家族經營的，而據估計，97% 的私人工業企業（不論城鄉地區），也都是以家族作為組織基礎」。[13] 她還進一步談到，台灣的工人階級家庭，「都受到一種文化上強調要『當老闆』的強勁動力驅使」。葛蘇珊的這項觀察，已獲其他研究者予以確認。[14]

華人的企業家精神，為什麼會以這種形式展現？我們若比較傳統

13　S. Greenhalgh (1984), 'Networks and Their Nodes: Urban Society on Taiwan', *The China Quarterly*, 99, p. 529 and p. 532.

14　As above, p. 541. See also S. Harrell (1985), 'Why Do the Chinese Work So Hard?', *Modern China*, 11, pp. 203-226; R. W. Stites (1985), 'Industrial Work as an Entrepreneurial Strategy', *Modern China*, 11, pp. 227-246; and I. Numazaki (1986), 'Network of Taiwanese Big Business', *Modern China*, 12, pp. 487-534.

社會晚期時中國與日本兩地的社會結構，或有助於釋疑。誠如小列維
（Marion Levy Jr.）所言，幕府時代的日本是封建社會，滿清的中國卻是
個官僚社會。[15] 這種結構上的差異，無疑在幾個重要方面，影響了兩國
隨後的工業企業發展。日本幕府時代封閉的等級制度，很可能有助於催
生一個穩定及盡忠職守的中階管理層；而中國清朝開放的等級制度，及
其相應的崇尚社會向上流動的價值觀，卻往往有礙於孕生現代企業所需
的可靠行政主管。日本工業化進程中，武士的重要性，或許不在於他們
有潛力成為企業家。[16] 他們的榮譽守則（code of honour）、他們遵從規
矩的作風，以及他們為封建領主鞠躬盡瘁的精神，或許都讓他們更容易
變身為既忠誠又能幹的工業界官僚。然而在中國帝制晚期，我們找不到
明顯可以和日本武士對應的群體。

此外，日本封地和莊園的封建體制，也可能令它們更容易轉變為現
代的工業企業。這類工業企業的特徵，正是其管理上存在等級結構。[17]
中國則相對缺乏像封地這樣強而有力的中介組織，來調和帝國官僚與地
方上的親屬群體。這可能就限制了華人工業企業構成時，在組織方式上
的選擇，並導致公營與私營企業間鮮明分化：前者是以帝國的官僚機構
為範，後者則是以家族為範。

公營官僚企業與私營家族企業之間的分化，可以為我們理解第四章

---

15   M. Levy Jr. (1955), 'Contrasting Factors in the Modernization of China and Japan', in S. Kuznet, W. E. Moore, and J. J. Spengler eds., *Economic Growth: Brazil, India, Japan* (Durham, Duke University Press), pp. 496-536.

16   See J. Hirschmeier (1964), *The Origins of Entrepreneurship in Meiji Japan* (Cambridge, Harvard University Press, 1964); K. Yamamura (1974), *A Study of Samurai Income and Entrepreneurship* (Cambridge, Harvard University Press).

17   See A. D. Chandler, Jr. (1977), *The Visible Hand: The Managerial Revolution in American Business* (Cambridge, Harvard University Press); A. D. Chandler, Jr. and H. Daems eds. (1980), *Managerial Hierarchies: Comparative Perspectives on the Rise of Modern Industrial Enterprise* (Cambridge, Harvard University Press).

所提到的華人工業競爭的另一項特點提供線索。這方面的特別之處，就是它相對缺乏類似日本財閥和歐洲卡特爾的寡頭壟斷團體。寡頭壟斷團體的形成，需要相對持久的公司實體存在，以及政治上當權者對經濟聯盟的容忍。然而華人的私有企業通常都不能長久，因為支撐它們的家族本身，有分裂的內在趨向。這正如家族中每個兒子都可能是未來的「家長」（pater），企業裏的每一位繼承人，也都是潛在的企業家。中國歷朝歷代都會特別警惕家族和親屬群體結成聯盟的企圖，因為害怕這類結盟會挑戰其權威，並衝撞政治統合體系。近年來國民黨與共產黨政府對私人企業的強烈敵視，可謂這種態度的延續。

我之前已經提過，華人工業企業家精神的某些方面，是和中國昔日的官僚傳統相關。這項假設，源自我對上海棉紡業者的研究，而他們或許不能代表華人工業家的整體。當前我能掌握的知識，還不足以讓我直接處理華人企業家精神的地域差異問題，但它可作為一個方便的起點，供我們考察特定經濟領域內的族群集中現象。

族群集中現象

社會學家已經提出過許多論點，來說明族群為什麼會集中在某個社會的各類經濟飛地（economic enclaves）裏。這些論點可以大致分為兩個理論組，我分別稱之為文化解釋論和結構解釋論。前者是從族群本身的傳統或未來方向找原因，後者則是強調移居地社會的本質，為競爭提供相關的脈絡。文化解釋論者運用的主要概念，包括「成就症候群」（achievement syndrome）、「尊榮地位的喪失」（withdrawal of status respect）、「農奴制的遺緒」（serfdom's legacy）、「處理錢財」

（handling of money）和「嚮往歸鄉」（homeward bound orientation）。[18]
另一方面，結構解釋論者則傾向強調環境因素，例如「社會障礙」
（social blockage）、「地位差距」（status gap）和「內部殖民」（internal
colonialism）。[19]

　　不過這些説法都只觸及問題的某些方面，見解並不完整。如果要
對族群成員集中於經濟活動特定領域的這類現象作充分解釋，那我們就
需要將三個重要的面向都聯繫起來。第一個面向，就是擁有共同族群屬
性者進入並隨後據守某塊職業飛地的過程。現有的理論，大多試圖解
釋這類經濟集中現象為何出現，卻極少關注它為什麼能夠持續。第二個
面向，是族群意識。這方面的相關議題，是族群意識的形成、表達與傳
播。最後的一個面向，則是族群之間的敵意增減。此前我分析上海棉紡
業者時隱含的一個理論模型，正是要試圖闡明三者如何相互關聯。圖
7.1 所展示的，就是該模型的概略圖。接下來我會只挑這當中少數幾項
重要的因素來談，因為該理論框架中大部分因素間的關聯，在此階段已
經無需進一步闡述。

18　See B. C. Rosen (1959), 'Race, Ethnicity, and The Achievement Syndrome', *ASR*, 24, pp.
　　47-60; E. E. Hagen (1964), *On the Theory of Social Change: How Economic Growth Begins*
　　(London, Tavistock Publication); C. Schooler, 'Serfdom's Legacy: An Ethnic Continuum',
　　AJS, 81 (1975-76), pp. 1265-1286; M. Freedman (1959), 'The Handling of Money: A Note on
　　the Background to the Economic Sophistication of the Overseas Chinese', *Man*, 19, pp. 64-
　　65; I. H. Light (1972), *Ethnic Enterprise in America* (Berkeley, University of California Press);
　　P. Mayer (1962), 'Migrancy and the Study of Africans in Towns', *American Anthropologist*,
　　64, pp. 576-592; W. E. Willmott (1966), 'The Chinese in Southeast Asia', *Australian
　　Outlook*, 20, pp. 252-262; P. C. P. Siu, 'The Sojourner', *AJS*, 58 (1952-53), pp. 35-44; and E.
　　Bonacich (1973), 'A Theory of Middleman Minorities', *ASR*, 38, pp. 583-594.

19　See H. M. Blalock, Jr. (1967), *Toward a Theory of Minority Group Relations* (New York, John
　　Wiley); J. S. Furnivall (1956), *Colonial Policy and Practice* (New York, New York University
　　Press); I. D. Rinder (1959), 'Strangers in the Land: Social Relations in the Status Gap', *Social
　　Problems*, 6, pp. 253-260; and M. Hechter (1974), 'The Political Economy of Ethnic Change',
　　AJS, 79, pp. 1151-1178.

圖 7.1　族群於特定經濟領域內集中的理論模型

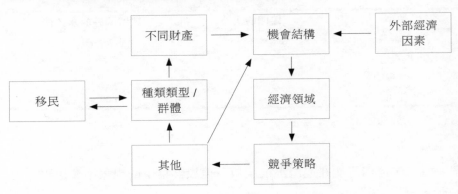

移民的類型

　　首先需要探討的，是促成移民的因素和移民分類。移民可能是自願的，選擇離開是為了更好的前途，或為追尋一處對他來說更加愉悅的環境。移民也可能不是自願的，而他之所以被迫離開，是因為已經無法在原居地掌控自己的命運，或面臨迫害威脅。而離家後，移民可能會視其海外居留為永久性質，並切斷他與家鄉的聯繫，彷如連根拔起再移植他處。此人也可能會視其海外居留為暫時性質，雖然這可以是長達數十年甚至一輩子的旅居。如此一來，他將保留原籍的根，自視為移居地社會裏的外人。基於這些差異，我們可以推衍出移民的四種理想類型（ideal type），如表 7.1 所示。每一種理想類型，都有其獨特的經濟行為模式。

　　定居者（settlers）之所以移民，是為了擁抱新身份、揚棄舊身份。他們也許會用上原來的社會網絡來協助過渡，惟可預見的是，他們會為了與當地居民建立新的聯繫，而迅速放棄這個網絡。隨着他們試圖被移居地社會接納，他們的族群網絡萎縮，非族群性質的聯繫則會增加。就

表 7.1　移民類型

類型	離開的決心	居留國外的永久性
定居者	＋	＋
旅居者	＋	－
難民	－	＋
俘虜	－	－

説明：＋表示肯定；－表示否定。

個人而言，他們可能在經濟上很成功，但族群集中的現象不會出現，因為他們極少會動用昔日的族群關係。

　　旅居者（sojourners）則認為自己不過是海外的過客。他們之所以被吸引到異地，主要是為了獲取更好的回報與酬勞，最終改善他們在家鄉的生活與地位。對他們來説，移居落腳的那個地方，只是他們工作和吸取經濟利益之地。他們對移居地社會不夠投入，而這體現在他們一直維繫着與家鄉的關係。和定居者相比，他們很可能會更頻繁地回訪原居地，也更定期地給家裏匯款、寄信，工餘時會和更多的旅居同鄉為友，甚至保留家鄉中社團的會員身份，以待將來回鄉時恢復其社會地位。[20]有些社會學家認為，這種望鄉的取向，會帶來幾個經濟效果。[21] 威爾莫特（William Willmott）就曾指出，東南亞海外華人「因渴望重返中國，導致他們至少在初始階段，從事移居國度裏需要最少固定投資的職業，以便將盡可能多的流動資產帶回中國」。[22] 回報快的職業，如商人、放債者、經銷商和經紀人，就特別受到歡迎。所以典型的旅居者是中介

20　非洲大地上前往東倫敦（East London）的科薩（Xhosa）移民，就是這方面的典型例子。See Mayer, 'Migrancy', p. 584.

21　See Siu, 'The Sojourner', p. 43; and Bonacich, 'Middleman Minorities', p. 585.

22　Willmott, 'Chinese in Southeast Asia', p. 254.

商，展現的是商業而非工業方面的企業家精神。除了重視資產流動性，旅居者還追求高利潤。由於他並未完全融入移居地社會，可以承受無視本土社會規範的後果，從事遭本地人鄙視卻有利可圖的商業冒險。而在他自己選擇的職業裏，他也願賣力工作、延後享福。他會盡可能減少消費，積極存錢以便歸鄉。博納希持（Bonacich）論說，「這種『着眼於未來的取向』（future orientation），讓他們得以累積資本」，與此同時卻會激起移居地社會對旅居者懷有貳心的敵視。這種敵意，反過來又堅定了旅居者不願全面同化的心志。[23]

難民（refugees）和旅居者不同，他們不是被吸引到移居地，而是因迫害的威脅被迫離家。這就如上海的棉紡業者，逃離是為了自保，而非改善經濟條件。有些人，如 1956 年的匈牙利難民，對他們最終落腳何處並沒把握。他們是由救濟機構安排到已經準備好接納他們的各國，所以不太可能在當地同族聚居，並集中於特定的職業領域。[24] 這當中只有比較幸運或機敏的難民，能夠按自己安排的路向前往更安全之地，並在族人大遷徙的過程中，保留甚至強化其社會關係網絡。

凱勒（Keller）在研究印度旁遮普－哈里亞納（Haryana）地區的印度教和錫克教難民後發現，難民們已經成了創新者。他們在選擇職業時更具冒險精神，不少人還創立了新的企業。他們大多已經嘗試過各式各樣的工作，顯示其職業流動率甚高。[25] 凱勒的說法是：他們離鄉時經歷過的暴力、危險和磨難，已經導致其心理出現深刻變化。幾乎失去一切的創痛，讓他們先在想自己為什麼能夠倖存，進而相信自

23　Bonacich, 'Middleman Minorities', pp. 589-593.

24　W. G. Kuepper, G. L. Lackey, and E. N. Swinerton (1975), *Ugandan Asians in Great Britain: Forced Migration and Social Absorption* (London, Croom Helm), pp. 10-11.

25　S. L. Keller (1975), *Uprooting and Social Change* (New Delhi, Ramesh C. Jain), p. 86.

己一定在某些方面很特殊。這讓他們產生一種「無敵感」（a sense of invulnerability）。對他們來說，人生的最低谷都已經歷過了，也就沒什麼比這更糟的了。由此凱勒論説，他們强烈渴望一切再度從頭開始，也樂於向他人不敢涉足的未知領域邁進。[26]

　　不過我在與上海棉紡業者訪談後發現，用極度不安全感來解釋難民的企業家行為，會比「無敵感」更容易理解。難民因為曾經被迫丢棄大部分的身家財產，意識到他們應開始盡可能地增强本身的經濟彈性。所以不難預料的是，他們會最大限度地利用他人的錢，並投資於可輕易轉移的人力資本。他們也會試圖分散投資。他們對資產流動性的關注，是和旅居者共通之處。惟難民在兩個關鍵的層面上，有別於旅居者。首先是他們傾向持續地再投資與擴張企業，不斷追尋更大的成功。這是因為他們不像旅居者般，還有家可歸。難民與家鄉的聯繫和其責任義務，既已橫遭阻截，他們的積蓄也就不會在每隔一段時日回鄉探親時流失掉。[27] 此外，難民也沒辦法像旅居者那樣，在經濟逆境時享受到社會安全網的保障。既無退路，他們就必須靠自己。他們最終的安全保障，就是彼此互助和本身擁有的財富，以及無法被人輕易奪走的一技之長。

　　難民和旅居者的第二項區別，是選擇性移民導致的不同社會構成。旅居者常是來自經濟落後地區的懷有野心者。[28] 他們離開，是因為老家的機會不足，無法讓他們施展抱負。然而他們既是來自一個經濟體的邊陲地區，往往期望甚高，技能卻不行。難民正好相反，一般都是原居

26　As above, pp. 82-85.

27　Siu, 'Sojourner' 一文中，就有實例説明某位節儉、精明的美國華人，如何在中國家鄉搖身變成一個慷慨、無效的商人（p.40）。

28　C. Erickson (1972), *Invisible Immigrants: The Adaptation of English and Scottish Immigrants in 19th Century America* (London, Leicester University Press), p. 401.

地的精英人物，出逃是因為政治情勢驟變後，他們會失去太多東西。所以本質上，他們往往是比旅居者具備多得多的競爭性資源。基於上述原因，難民整體來説，可謂四類移民中凝聚力最強、也最具開創精神者。

最後一類是俘虜型（captives）移民，即是被強迫的移民。俘虜有買來的，也有被綁架的，然後他們會被押送到異地，進入當地社會、經濟的底層。在這個過程中，他們原來的社會網絡已遭徹底粉碎。他們經歷了奧蘭多·佩特森（Orlando Patterson）稱之為「出身的異化」（natal alienation）的痛苦。佩特森寫道：「正是這種對奴隸的所有正式及法律上可執行之『血緣』（'blood'）關係的異化，以及對他們原來依戀之特定群體或地域的情感的異化，為奴隸主奴役他們創造了獨特價值。」[29]俘虜重要的親屬網絡和族群聯繫既然都已遭到剝除，也就無法為了經濟競爭去動員這類社會關係。移民給俘虜強加了巨大障礙，以致他們通常受困於社會等級結構的最底層，難以翻身。

族群意識

移民到了一個新環境後，發現自己置身於出身有別的陌生人群中，其族群意識因此提升。為了理解移民和當地社會是如何處理和展現其族群意識，我認為應該先釐清族群類別（ethnic category）與族群（ethnic group）之別。[30]這項區別，其實意味着分析層次不同。前者指向文化上

29　O. Patterson (1982), *Slavery and Social Death: A Comparative Study* (Cambridge, Harvard University Press), p. 7.

30　J. C. Mitchell (1970), 'Tribe and Social Change in South Central Africa: A Situational Approach', *Journal of Asian and African Studies*, 5, p. 85; H. S. Morris (1968), 'Ethnic Group', in *International Encyclopedia of the Social Sciences* (New York, Macmillan and the Free Press), p. 168.

的認知領域，或者說是一個人如何梳理他對周遭環境的觀感。後者指向
關係的結構層面，或者說是一個人如何組織其社會行動。我們其實可以
在有關社會階級的研究中，找到和這項區別相對應者，那就是「自在階
級」（class in itself）與「自為階級」（class for itself）之別。此外在有關
污名的分析討論中，「可能不名譽的人」（the discreditable）和「不名譽
者」（the discredited）之別，也可以和前述區別對應。[31] 族群類別、「自
在階級」和「可能不名譽的人」三者，都有一些見諸於人類集體的共通
屬性。不過唯有當這類屬性被用作社會行動的基礎時，這個集體才成為
族群、「自為階級」和「不名譽者」。由族群類別至族群的轉化，涉及
一個主觀辨識的過程，或謂「自我歸屬及被他人歸屬」（self-ascription
and ascription by others）的過程。[32] 為了與階級分析使用的術語一致，
我會稱此過程為族群意識的勃興。這個過程並非自動自發，某項有關
種族歧視的公開態度與實際作為之間並不一致的調查研究，已經強力揭
示過這一點。[33] 而族群意識既非自動浮現，那一個有意義的研究問題就
是：族群意識會在什麼條件下盛衰起伏？

　　我在第五章時已經論證過，當經濟上的行動者開始關注如何保護其
既有利益並試圖創造一個不完全競爭的環境時，族群意識很可能就會出
現。然而一如上海棉紡業者的個案所示，族群意識的表達可以是咄咄逼
人，但也可以是輕柔平和的。族群意識的強度及其表達方式，會受到幾
個因素影響，其一即社會能見度（social visibility）。一個擬議中的族群

31　E. Goffman (1968), *Stigma: Notes on the Management of Spoiled Identity* (Harmondsworth, Penguin), p. 57.

32　F. Barth ed. (1969), *Ethnic Groups and Boundaries* (Bergen, Universitets Forleget), p. 13.

33　R. T. La Pierre (1934), 'Attitude vs Action', *Social Forces*, 12, pp. 230-237.

意識在成為互動基礎之前，必須先為他人所接受。這就涉及一個接觸之初的調和過程。[34] 當族群的相關提示特別顯眼時，如面部的特徵或風格獨特的服裝，可操作的空間就受到限制。所以喜歡與否，上海棉紡業者在大多數情況下，都會被輕易認定為中國人。然而中國人內部的地域差異就很不顯眼，方言幾乎是唯一可憑藉的指南。其結果，就是中國人的族群玩笑，通常都是在其他群體的語言特色上做文章。[35] 在我的研究過程中，常有受訪者和資料提供者問我是不是上海人？他們之難以判斷，意味着一個中國人若不開口講方言，當可輕易在籍貫上偽裝，成為另一群體的成員。

如此我們當可合理假設，若有好處，一個人會試圖讓他看起來像是其他族群的人。此人所屬的族群議價能力愈弱，這個選項對他的吸引力就愈大。議價能力會受族群人數的多寡影響，這是決定族群意識強度的第二項要素。人口的多寡很重要，會導致系出同源的人到不同的社會落腳時，同化的程度不同。佩特森在對比、分析牙買加和圭亞那兩地華人不同的族群忠貞模式時，顯然就忽略了這個人口層面的重要性。如他的數據所示，1970 年代初，華人佔了牙買加 180 萬人口中的 1.2%。由於人數多達兩萬人，牙買加華人自己撐得起整個零售貿易，並足以抗拒同化。然而圭亞那華人的人口處境並不相同，他們只佔了當地 71.4 萬人口中的 0.6%。身為人數只有約 4,200 的少數群體，圭亞那華人如果不融入主流並從事手頭可得的任何工作，就難以生存。他們的人數太少，無

---

34 S. M. Lyman and W. A. Douglass (1973), 'Ethnicity: Strategies of Collective and Individual Impression Management', *Social Research*, 40, pp. 344-365.

35 相關的例證，可見 E. N. Anderson, Jr. (1967), 'Prejudice and Ethnic Stereotypes in Rural Hong Kong', *Kroeber Anthropological Society Papers*, 37, p. 95.

法仿效牙買加華人維持其文化排他性。[36] 香港的上海人處境類似，人數
還不到當地人口的 4%，所以其適應性行為，總的來說必然有別於佔人
口約 11% 的潮州人。上海人沒有建立類似潮州商會這樣的組織，也就
不足為奇。

　　當然，族群規模並不僅僅是人口中絕對數量的問題。在一個特定的
競爭領域裏取得數量上的相對平衡，也很重要。所以我們也應該考慮同
族人在住宅區或經濟領域的集中程度。以族群規模和經濟領域的集中程
度這兩個面向衡量，我們可以推衍出以下四種情境的理想型：

圖 7.2　族群規模與經濟上的集中程度

某行業／領域的經濟集中程度	族群佔總人口的規模	
	大	小
高	I	II
低	III	IV

　　一個人保留及動員族群關係的可能性，是從類型 I 至類型 IV 穩步
遞減。上海棉紡業者屬於類型 II，而這顯示他們會比散佈於其他職業
領域的上海人 —— 即身處類型 IV 情境的上海人，具有更鮮明的族群
意識。

　　權力是決定族群意識強弱的第三項要素。各族群在權力結構裏的
相對位置，會影響他們的競爭風格。法蘭克・帕金（Frank Parkin）在
分析階級衝突時論説，上層階級與下層階級的成員，會採用不同的封鎖
策略。前者通常會用上「排斥」（exclusion）手段，去抵禦來自社會較

36　O. Patterson, 'Context and Choice in Ethnic Allegiance: A Theoretical Framework and Caribbean Case Study', in Glazer and Moynihan eds., *Ethnicity*, pp. 305-349. 人口數據是來自他在頁 321 中的表格。

低階層的人員與思想滲透。後者則會嘗試透過「團結」（solidarism）手段來推進階級利益，即聯手眾人挑戰不公正的現況。[37] 排斥與團結的概念，同樣適用於族群研究。有權力的族群試圖排斥外人，處於劣勢者則想要達致團結。不論哪一種策略，都需要給出自己的一套合理化行動的說詞。

在大多數現代社會裏，或許除了那些公然擁抱種族主義者，族群意識對精英來說都是政治負擔，因為狹隘的族群忠貞具分裂性，還會削弱其權威。為了維護社會體系完整及自身的特權地位，精英們迫切需要去否定特定的族群認同。[38] 所以有權力的族群，常會以普世的合理化說詞來企圖維持排外。他們會主張其他族群的人，完全不具備填補其空缺所需的適當能力或資格。在此情境下，族群意識只是被隱晦地拿來運用。

然而對身處權力弱勢地位的族群來說，考慮就不同了。以追逐族群私利的角度來詮釋精英們的行為，才符合弱勢族群的利益。如此一來，他們就可以指控精英們偽善及玩弄兩面伎倆。他們會誇耀自己的族群象徵，並以讓他們遭受苦難、屈辱的那一道共同的紐帶為豪，以此打造團結。這種情境意味着，他們必須公開地動員族群意識。

所以排斥與團結的過程，是和隱晦地及公開地表達族群意識緊密相關。不過迄今為止，我們還只是在單獨處理權力的面向。如果我們引入族群規模這項變數，就可以區分出在族群競爭中，導向各種不同程度之公開或隱晦動員的個案。權力地位和族群規模的相互作用，會產生以下四類族群情境：

37　F. Parkin (1974), ʻStrategies of Social Closure in Class Formationʼ, in Parkin ed., *The Social Analysis of Class Structure* (London, Tavistock Publications), pp. 1-18.

38　Mitchell, ʻTribe and Social Changeʼ 一文，曾經討論過「部落意識」（tribalism）在非洲政治的重要性（pp. 97-100）。

圖 7.3　族群規模與權力地位

權力地位	族群規模	
	大	小
強	I	II
弱	III	IV

　　類型 I 和類型 IV，是常見於多元族群社會的一種組合。主流族群因為身處權力的強勢位置，充滿自信，且往往不會特別意識到自己的族群身份。此所以美國的白人新教徒，舉例來説，通常不會被看成一個族群。如烏爾夫‧漢納茲（Ulf Hannerz）所言，「他們是非族群的『真正美國人』，而那些經常被人當成『族群』的，都是後到的移民」。[39] 牢固的權力基礎，讓他們得以昭然地以族群為由，歧視少數群體。他們的族群行為大可不必過於隱晦。

　　類型 II 和類型 III，則是經常出現在殖民地社會的組合。手握經濟大權的上海棉紡業者，是屬於類型 II 的族群。由於人數上不及類型 I 的族群，他們比後者處在一個較不安穩的地位。於是他們特意塑造自己的國際化形象，另一方面則壓抑自己在族群歸屬上的外在標誌。這就解釋了上海人為什麼很少自稱為上海人，以及在他們贊助的學校裏使用國語等等。他們這種似乎不帶族群色彩的行為，在香港境內是合適的。不過如果擺在世界經濟的大環境裏，這批棉紡業者的權力地位正好相反。面對西方的紡織業同行時，他們發現自己身處類型 IV 的情境裏。所以在國際紡織業的談判及會議裏，他們會突出自己是來自發展中地區的工業家。他們企圖與其他發展中的亞洲國家如韓國、馬來西亞、印尼建立共

39　U. Hannerz (1974), 'Ethnicity and Opportunity in Urban America', in A. Cohen ed., *Urban Ethnicity* (London, Tavistock), p. 46.

同戰線，反對經濟發達國家強加給他們的貿易限制。以整個世界的脈絡來看，他們只是弱小的少數，糾眾團結當然才是更有效的策略。

影響族群意識強度的最後一項要素，是職業領域的結構特點。已經有學者用機會結構（opportunity structure）的概念，來解釋少數族群於經濟層面上作出的調整。飛地在機會結構中，往往是以其職業聲望的高低來衡量。這會造就一種各族群間經濟相承的粗野模式，即某個移民的少數群體會先進入結構的最底層，然後在新來者接替了他們原來的工作後，逐級往上移動。所以一般相信，移民定居的時間，是與他們的職業等級呈正相關。換個角度，我們也可以把重點擺在飛地是否已遭特定族群佔據這個層面上。這就引出了機會「受阻」的假說。由於好的工作大多早就被移居地的主流人口佔據，移民必須去探索新的經濟領域，或從事這個社會鄙夷的低賤工作。不過除了職業的地位高低及是否已遭特定族群佔據這兩個面向外，我們就不同經濟領域之間的差異，談論甚少。這就讓我們在分析以下現象時，顯得不足：出身相似者，如果不從事同類型經濟活動，往往就會以不同方式處理其族群認同。我們有必要考察經濟飛地的結構，而這當中最重要的莫如入場壁壘。

我在第五章時已經提出過這項假說，即當進入一處飛地的經濟壁壘甚低時，既有的業內人士就會採取彌補措施來提高壁壘。這樣的行動，常會涉及針對族群與親屬這類特殊關係成員的動員。由此我們當可預見，入場壁壘低的經濟領域裏一旦出現工業競爭，族群意識的表達就會變得更加公開。

族群衝突

一個族群採用的競爭策略，會對它和同一社會裏其他族群的關係帶

來直接衝擊。博納希持（Bonacich）曾使用「移居地主流社會的敵意」（host hostility）這樣的概念，來描述其他族群對旅居者的反應。[40] 不過這個概念存在兩點誤導。首先是它錯誤地讓人覺得，移居地的主流社會很同質。它沒有去辨識社會裏各種各樣的可能反應，可謂過於簡化現實。例如，剛到香港的上海人，其實是面對着一整個光譜的「他者」（'others'）——殖民政府的行政官僚、西方商人、本土的粵籍住民，以及來自中國其他省份的移民。上海人和這些「他者」的關係，是從與對方存在直接的經濟利益衝突，到與對方相互調適共生，甚至與對方和平共處都有。其次，此概念論說主流社會之所以會有敵意，是因為移民群體拒絕同化，且依然心向故土。但這樣的説法並不令人信服，因為我們同樣可以將它倒過來説，即主流社會應該會對這些旅居者較為寬容，原因正是旅居者不會成為其永久的競爭對手，且旅居者通常還給他們提供了有用的服務。

一個族群因「心向故土」而導致族群衝突的作用，頂多只能佔到次要位置。族群關係緊張的根本原因，在於經濟封鎖的策略。敵意產生的邏輯順序，可以直白地説明如下：創新活動和企業家精神都需要可觀的利潤作為回報，而為了阻止利潤遭到稀釋，必須啟動經濟封鎖。為了達致最佳的封鎖效果，特殊關係如同族之間的情誼，就必須被動員起來。不過將潛在的競爭者以「非我族類」為由排除，卻會激起外人對不公待遇的憤慨，其他族群就會伺機反擊，族群衝突隨之而起。一個惡性的循環於焉成形。

敵意往往會強化族群的界線，並影響族群意識向年輕一代傳遞。每當衝突激化，各族群就會試圖操縱機會結構來封鎖特定的經濟領域。僵

40　Bonacich, 'Middleman Minorities'.

，

固的族群和職業壁壘一旦確立，族群意識就不太可能消褪。期盼着同化
的移民子女，或會遭受預料之外的歧視衝擊。當他們投身就業市場並且
遭遇不公對待後，族群意識就可能復燃。於是，年輕的一代會重新融入
這個族群。如果職業流動的途徑受限，那不僅是旅居者和難民的第二、
第三代仍無法成為定居者，就連原本打算落地生根的移民，也會改以寄
居者的心態養育孩子。在這類情況下，二度移民，甚至整個族群被強制
遣送回國的發展，都可能發生。

所以經濟上的集中與族群關係緊張，看來是以創新和競爭為標誌
的一種內在經濟過程。當外部環境向好且經濟繁榮時，物質收入的機會
多了，族群間的糾紛就會隱而不露。然而經濟衰退時，一旦經濟機會減
少，通過封鎖來維護既得利益的企圖就會變得更加明確，族群間的衝突
隨之加劇。另一種情況，是當機會結構相對穩定、經濟區域也已經被
清楚劃分後，族群間可能傾向暫時休戰。不過如果機會結構突然遭到重
置，譬如在一個殖民體系被推翻後發生，那麼各族群的經濟領地就要重
劃，族群不和也必將爆發。[41]

研究局限和展望

我為了理解同族人聚集在某個經濟領域裏的現象，建立了一個理論
模型，而我希望我對香港的上海籍棉紡業者的分析，已經證明了這個理
論模型基本有效。然而單一的個案研究，顯然不能為我們提供一個足夠
寬廣的實證基礎，來確定該模型的所有命題都有效。所以在本書的最後

41　這方面的某些個案研究，可見 United Nations Educational, Scientific and Cultural
Organization (1977), *Race and Class in Post-Colonial Society* (Paris, UNESCO).

部分，我會列出此個案研究的主要局限，並點出未來所需的研究類型，以便能夠更縝密地說明族群與經濟行為之間的關係。

以更多的經驗證據來測試這個模型的一種可能途徑，是重新分析現有和族群集中於特定經濟領域相關的民族誌資料。這類研究中的某些部分，可運用既有的概念體系（conceptual scheme）來重新檢視。這個模型的優點，繫於它是否有助吾人更簡潔地排比資料，並對事實作出更具說服力的新詮釋。科恩（Cohen）對西非豪薩族（Hausa）牛畜商人的調查研究，就展示了這樣的做法。如果能夠在同樣的田野調查材料上，比較科恩和我的分析架構的優劣，想必很有意思。[42]

大部分現有的研究，包括本研究，都關注特定族群一貫高度集中於某類職業的情況。由於這類族群「壟斷」的極端案例過於突出，它們容易吸引到大多數研究者的注意。不過為建立理論，我們有必要探索其他各類情境下的案例。族群高度集中的例子，為我們了解這類現象如何出現提供了資訊，研究因此容易導向至關注移民的過程，以及在經濟競爭中運用不同資產的情形。然而企業家若能成功掌握這個經濟領域，通常就不必公開地動員族群關係。其結果，就是我們無法輕易觀察到族群形成和經濟封鎖的機制。於是集中程度較小的個案，就有必要拿來一併研究，以揭示這些機制。這類個案中，包括已經成功進入某塊飛地、隨後卻未能保住其主導地位的族群。研究他們在競爭中採用什麼策略，以及探討這些策略為何無法有效地排斥外人，必有所獲。另一種情境，是有好幾個族群共存於某塊飛地，卻沒有任何族群取得經濟上的主導權。香港的織造業就是一例，行業內的粵籍和上海籍企業家，大致均分了業內的生產資料。在這種條件下，可以預見族群形成與經濟封鎖的策略，會

---

42 Cohen, *Custom and Politics*.

被人更積極也更明確地推進。深入研究這些個案，或能增進我們對族群集中與經濟權力如何鞏固的了解。這個鞏固的過程，我只能在上海籍棉紡業者當中隱約察覺到。

顯然，我將商業意識形態視作族群成員擁有的一項不同資產的觀點，挑起的問題比解答的還多。上海籍企業家的意識形態，是否有異於粵籍、潮州籍或四川籍的工業家？一個社會的機會結構，在形塑企業家的態度上又有多重要？經濟領域的特點，對這些態度又造成了什麼影響？例如，不穩定的棉花和紗線價格，是導致上海籍棉紡業者謹慎、保守態度的關鍵嗎？我們可以設計三種比較研究，來揭示族群認同、機會結構及職業領域特質對商業意識形態的影響。首先，我們可選擇好幾個族群都有份經營的某行業來做比較研究，如香港的服裝業或電子業。第二種模式，則是比較那些身處於不同社會、族群背景和行業卻相同的企業家們的規範與信念。人在台灣、印尼、非洲和南美洲各地經營的上海籍棉紡業者，將可提供這方面的例證。第三種研究途徑，是觀察同一個社會裏，族群背景相同卻活躍於不同業界的工業家們的意識形態。例如在香港，搪瓷製造業、航運業、保險業及各類型紡織業內的上海籍老闆，可作為研究案例。

然而在商業意識形態這個領域，我們不僅對華人企業家無知，對中國政府官員也是。至今仍少有探討近年來，歷任中國政府對工業的態度與政策之全面性研究。我曾簡略提到，國民政府似乎懷有一種反私人企業的強烈情緒。不過因為對此缺乏系統性的分析，我們在討論上海籍棉紡業者時，無法就政府與工業界的關係作全面探討。所以我對本研究裏「他者」這個變項的處理，並不如原先希望的多。附帶一提，中國政府的經濟意識形態，為中國現代化為什麼「遲滯不前」的辯論，帶來了一項新的議題。資本主義思想，譬如私有財產和利潤的概念、非個人的公

司、行業權威和持續的再投資等，已經在多大程度上被現代中國接受？學術界雖已蒐集了大量中國境內的外資及華資企業在體制建構與發展方面的資料，這個領域的研究還是遭到冷落。

　　我個人留意到的本研究最後一項主要局限，是在族群衝突方面談得相對貧乏。這與我的理論模型預測的一致，即衝突最有可能發生在經濟長期衰退或社會與經濟秩序劇烈變動之時。這些條件都還沒有在香港出現。我們有必要去查找族群間敵意更為緊繃的個案，拿來與本研究的上海棉紡業者個案比較，以充分理解封鎖策略、外部經濟影響和族群緊張之間的相互關係。

| 第八章 |

後 記

　　我對上海籍棉紡業者的故事敍述，止於 1978 年。此後發生的三件事，對這些實業家的未來發展方向影響深遠。首先是 1980 年至 1982 年間棉紡業界經歷的不景氣，其次即中華人民共和國領導人開始經濟改革。最重要的第三件事，則是中、英雙方關於香港未來的談判。

棉紡業的蕭條（1980 – 1982）

　　棉紡業蕭條時，正值香港房地產業的繁榮期。1981 年，香港棉紡業同業公會成員的紗錠數與前一年相比，縮減了 21%。與此相關的每月產量和僱員人數，則是分別減少了 22% 和 25%。[1] 據報道，1980 至 1981 這兩年間，已經有八家紗廠倒閉。[2] 他們當中，有人將廠賣給了房地產開發商。這樣的事態變化，不免讓本地報章的評論者慨嘆紡織業沒落，認為它最終或要從香港的經濟場景徹底消逝。

　　不過這類悲觀的論調都錯了，因為評論者既不理解這個行業周期起落的本質，也未能領會棉紡業者對其志業的使命感。適應力較強的棉紡業者在蕭條時期，仍持續以更精密的機器設備更新工廠，並且嘗試重

1　《大公報》，1982 年 2 月 5 日。

2　《大公報》，1981 年 10 月 30 日；1982 年 2 月 5 日。

組生產，以迎合當地日益興盛的服裝產業所需。[3] 此所以 1983 年終了時，紡紗廠已經在二十七家這個數目穩定下來。行業的紗錠和僱員總數仍在下滑，跟前一年相比又分別下降了 13% 和 12%。不過環錠的數量卻增加 6%，出口量與出口值則是分別提高了 20% 和 30%。[4] 而南豐紡織這家業內最大的公司之一將紗廠合併後，把產能從 1981 年的 251,000包，擴增到了 1984 年所預計的 360,000 包。[5] 由此看來，經歷過蕭條洗禮的棉紡業界，反而比之前更現代化、更有效率。公司的所有權變得更加集中，也沒有新成員入場競爭，上海棉紡業者遂能維持其支配地位，不受挑戰。

中國的經濟改革

衝擊上海棉紡業者工業行為的第二件事，是中國在 1970 年代末啟動的經濟改革。在工業領域，中國的領導人採取了「對外開放」政策。他們闢建經濟特區，鼓勵與國外的工業家合資經營。中國在這類合資關係裏，大多是提供土地和勞動力的一方，國外合夥人則負責供應機器設備和技術專長。

已經有部分香港工業家，包括幾位棉紡業者，對中國新的經濟倡議作出了回應。1978 年，會德豐紡織有限公司（Textile Corporation of Hong Kong Ltd.）的董事總經理陳良絅先生，就已投資了廣州一家聯營

3　見 'Severe Shake-up to Beat Hong Kong's Spinning Slump'，*SCMP*, 14 June 1981；以及吳中豪（Alexander C. H. Woo）致《南華早報》編輯的信，1981 年 11 月 17 日。

4　見經濟導報社編（1984），《香港經濟年鑑 1984》，香港：該社，第二篇，頁 14–15。

5　見 1983 年 5 月 23 日刊於《南華早報》上的一則廣告：'Congratulations to Nam Fung Textiles Limited on the Expansion of Their First Mill'，*SCMP*。

的紡織公司。[6] 1981 年，身兼南聯實業董事及香港兩家棉紡紗廠和一家精紡毛料廠行政總裁的唐翔千先生，則是與中國政府聯手在新疆和上海各開了一家羊毛加工廠和精紡毛料廠。[7]

　　棉紡業者之所以到中國的經濟特區投資，是基於幾項理由。首先，將部分生產過程移轉到土地和勞動力都更為廉價的中國，可以降低生產成本。在某些個案裏，合資經營還能確保稀缺原料的供應。譬如前述的新疆羊毛加工廠，就能在源頭處獲取山羊絨（cashmere）。此外，投資也有表達政治善意的考量。部分棉紡業者顯然相信，他們與中國的工業合作有助維持香港未來的穩定。至於那些仍有父母和其他家人住在大陸的棉紡業者，也希望透過他們對中國工業發展的直接參與，改善親人的福祉。[8]

　　話雖如此，中國的開放政策在可見的未來，都不太可能吸引到許多上海棉紡業者回歸祖國。他們大多是務實者，不會輕易受民族主義感召。身為難民，他們甚少有近親還留在中國。這批人也是謹慎的工業家，仍未確信中國政府的改革政策得以持續。他們也強烈地意識到他們從合資經營中獲取的經濟利益，頂多只是短暫的。這類合資企業的合約，通常不過是四到五年，合約屆滿之日，工廠就要歸中國政府所有。某位棉紡業者就警告說，屆時「中國除了土地和廉價的勞動力，還會擁有這些工廠、廠房設備和從香港經營者那裏學來的專業技術。香港絕對沒辦法和它競爭」。[9]

6　《大公報》，1980 年 12 月 4 日。

7　《大公報》，1981 年 6 月 16 日。

8　據報道，在唐翔千與全國人民代表大會副委員長及中共上海統戰部部長會面的場合，當時顯然住在上海的唐翔千父母也應邀參加。見《大公報》，1981 年 8 月 4 日。

9　Quoted in Richard Liu, 'China Move may Strangle Local Mills', *SCMP*, 26 November 1981.

中英談判

　　當然，影響上海棉紡業者發展導向的最重大事件，是中、英雙方關於香港未來的談判。談判過程中，某些棉紡業者曾公開表達憂慮。怡南實業有限公司（Unisouth and South Textiles Ltd.）的董事長劉漢棟直言：「共產黨的那一套思想和政治，將扼殺香港的制度。」[10] 中央紡織有限公司的執行董事吳中豪則宣稱：「此地歸共產黨人的那一刻起，我將離開。」[11] 如我前面各章所示，他們早已為此終局預作綢繆。早年踏足香港這個殖民地後，他們大多已經分散投資、獲取外國護照，並安排子女赴海外留學。

　　中國政府似乎極看重他們，並想方設法要勸誘他們留下。中英談判開始後不久，中華人民共和國就更換了新華社香港分社 —— 即它派駐香港的非官方外交機構 —— 的主要領導人。他們以來自上海地區的高級官員，取代原領導新華社香港分社的廣東省中級幹部。江蘇省黨委第一書記許家屯，已經在江蘇省政府工作了將近三十年，於 1983 年抵達香港擔任新華社香港分社社長。[12] 隨他來港的還有李儲文，乃由上海外事辦主任轉職該社副社長。[13] 香港本地的某家左派雜誌指出，這些新任命部分「反映了中共對經營香港『上海幫』關係的重視」。[14] 為了強化這種聯繫，許家屯才剛到香港，中國政府就派了某家上海的地方劇團到香

10　Quoted in Mary Lee, 'Hong Kong Hopes to Avoid a "Shanghai" ', *FEER*, 20 January 1983, p. 37.

11　同上。

12　許家屯的傳略可見 Database Publishing ed. (1984), *Who's Who in Hong Kong* (Hong Kong, Database Publishing), p. 413.

13　見《廣角鏡》，1983 年 6 月 16 日，頁 7。

14　同上。

港演出。它邀請到三名棉紡業者在內的六位上海籍名人，來共同主辦這場文化盛事。[15]

　　1985年，中英兩國政府就香港的未來達成協議。中國將於1997年恢復對香港的主權。在「一國兩制」框架下，香港作為中國的「特別行政區」，將保持其社會與經濟制度五十年不變。這項保證可謂回應了香港棉紡業者和其他群體的主要訴求，即最重要的是維持「自由的企業制度」與「人員及財產的流動自由」。[16] 而為了進一步撫平上海籍企業家的不安，中國政府迅速組織了基本法起草委員會來設計香港未來的憲法，並賦予上海人重要角色。南聯實業的董事長安子介，獲任命為委員會的副主任委員之一；而新界紡織有限公司（New Territories Textiles Ltd.）的董事長查濟民，則是受命為委員會委員。

　　當前尚無跡象顯示，上海籍的棉紡業者即將大舉逃離。某種程度上，他們的疑慮或許已經因為中國政府的親善姿態而消除。但他們是頭腦冷靜的商人，依然記得中共過去是如何對付私人實業家，所以很可能只會將《中英聯合聲明》視作「聲明」，即一紙意向宣言（a declaration of intention）。吸引他們在隨後之過渡期留在香港的，主要不是中國領導人的承諾，而是紡織品配額制下所確保的經濟良機。只要香港能繼續在國際性的多種纖維協定下維持其獨立配額，棉紡業者就難以割捨這塊大肥肉。[17] 此外，他們多已老邁，不願再度移民。某位棉紡業者如是說：「這裏的很多老人家，都希望在任何劇變發生前死去。」但他們關心子女和孫輩。「我們正在為已經對上海沒有任何概念的年輕一輩，

15　《大公報》，1983年10月31日。

16　*FEER*, 20 January 1983, p. 37.

17　中英談判時與這個議題相關的討論，見1984年5月號的《九十年代》專訪 *Textile Asia* 編輯宋先生（Mr Kayser Sung）的內容，頁53–55。

尋覓一處桃花源。」[18] 這個桃花源可能還是香港，但也可能落在世界某處。他們正保留選擇的空間。

18　Quoted in *FEER*, 20 January 1983, p. 37.

| 英、中名詞對照 |

A	
Alexander, A. V.	亞歷山大
Andrews, P. W. S.	安德魯斯
Ann, T. K.	安子介
B	
Barnett, M. I.	巴奈特
Barth, Fredrik	巴特
Baumol	包默爾
Beautex Industrial Company, Ltd.	美綸實業有限公司
Bendix, Reinhard	本迪克斯
beneficial owner	實質受益人
Bergère, Marie-Claire	白吉爾
Blumer, Herbert	布魯默
Bolton Institute of Technology	博爾頓科技學院
Bonacich, E.	博納希持
British-American Tobacco Company	英美烟草公司
Brown, E. H. Phelps	費爾普斯·布朗
C	
Central Textiles (Hong Kong) Ltd.	香港中央紡織有限公司
Cha, Chi-ming	查濟民
chain migration	連鎖移民
Chang, Jye-an	張絜庵
Chau, Tsun-nin	周峻年
Chen, Eric L. C.	陳良絧
Cheng Fu Textile School of Shanghai	上海市私立誠孚紡織專科學校
Chien, Yü-chieh	簡玉階
China Engineers Ltd.	（英商）信昌機器工程有限公司
China International Trust and Investment Corporation	中國國際信托投資公司（中信）
China Textile Industries Inc.	中國紡織建設公司
Chinese Christian Universities' Alumni Association	全國基督教大學同學會

Hong Kong Chinese Manufacturers' Union 　* Currently "Chinese Manufacturers' Association 　of Hong Kong"	香港中華廠商聯合會
Hong Kong Cotton Spinners' Association	香港棉紡業同業公會
Hong Kong Cotton Spinning, Weaving and Dyeing 　Company	香港棉紡織染公司
Hong Kong General Chamber of Commerce	香港總商會
Hong Kong Jiangsu Residents' Association	旅港江蘇省同鄉會
Hong Kong Land	香港置地
Hong Kong Ningbo Residents' Association	寧波旅港同鄉會
Hong Kong Northern Jiangsu Residents' Association	香港蘇北同鄉會
Hong Kong Spinners Limited	香港紡織有限公司
Hong Kong Weaving Mills Association	香港布廠商會
Hopewell Conglomerate	合和集團
Hu, Ru-xi	胡汝禧
Hua, Bai-zhong	華伯忠
Hua Sheng Spinning & Weaving Mill	華盛紡織廠
Hu, Y. S.	胡耀蘇
Hum Lee, Rose	譚金美
I	
imperfect competition	不完全競爭
Imports and Exports Department (1909-1949)	出入口管理處
International Federation of the Master Cotton 　Spinners' and Manufacturers' Association	棉紡業者與生產商協會國際聯合會
invisible earnings	無形收益
J	
Jacobs, J. Bruce	家博
Jiang, Jun-qing	蔣濬卿
Jiangsu-Zhejiang-Shanghai Merchants' (HK) 　Association	旅港蘇浙滬商人協會
joint consultation	共同磋商
Jones, Susan Mann (after 1982: Susan L. Mann)	曼素恩
K	
Kader Company	開達公司

Kadoorie, Lawrence	羅蘭士‧嘉道理
Kaifong association	街坊會
Kallgren, Joyce K.	卡爾格倫
Keller, S. L.	凱勒
Kiangsu and Chekiang Residents' (HK) Association	蘇浙旅港同鄉會 1993：香港蘇浙同鄉會 2006：香港蘇浙滬同鄉會
kin network	親屬網絡
King, Frank H. H.	景復朗
Koo, Wellington V. K.	顧維鈞
Kowles, W. C. G.	鈕魯詩
Kowloon Cotton Mill	九龍紗廠
Kuching	古晉
L	
Labour Relations Service Section, Labour Department	勞工處勞資關係服務組
Lancashire Pact	蘭開夏條約
Lancashire Polytechnic	蘭開夏理工學院
Landes, David S.	蘭德斯
Lea Tai Textile Company, Ltd.	聯泰紗廠有限公司
Lee, Sheng Yi	李繩毅
Leighton Textiles Company, Ltd.	利登有限公司
Leung, Sally	梁王培芳
Levy Jr., Marion J.	小列維
Lewis, W. A.	劉易斯
Li, De-quan	李德錕
Li, Guo-wei	李國偉
Li, Qi-yao	李冀曜
Li, Chu-wen	李儲文
Lieu, D. K.	劉大鈞
Liu, Guo-jun	劉國鈞
Liu, Hang-kun	劉漢堃
Liu, Hang-tong	劉漢棟

P	
Pao Hsing Cotton Mill, Ltd.	寶星紡織廠有限公司
Pao Yuen Tung Hsing Yieh Co. Ltd.	寶元通興業股份有限公司
Parkin, Frank	帕金
Paternalism	家長式管治
Paul Y. Construction Company	保華建築公司
Pearse, Arno S.	阿諾‧皮爾斯
Pelzel, John C.	佩爾茲爾
perfect competition	完全競爭
Perkins, Dwight H.	珀金斯
Po Leung Kuk	保良局
principal officers	主要負責人
R	
Registration of Persons Bill	《人事登記條例草案》
Rong, De-sheng	榮德生
Rong, Er-ren	榮爾仁
Rong, Hong-ren	榮鴻仁
Rong, Hong-san	榮鴻三
Rong, Hong-xing	榮鴻慶
Rong, Hong-yuan	榮鴻元
Rong, Ji-fu	榮輯芙
Rong, Ji-ren	榮紀仁
Rong, Ju-xian	榮菊仙
Rong, Mao-yi	榮茂儀
Rong, Min-ren	榮敏仁
Rong, Mo-zhen	榮墨珍
Rong, Shu-ren	榮漱仁
Rong, Shu-zhen	榮毅珍
Rong, Su-rong	榮素蓉
Rong, Wei-ren	榮偉仁
Rong, Yan-ren	榮研仁
Rong, Yi-ren	榮毅仁
Rong, Yi-xin	榮一心

Rong, Zhuo-ai	榮卓靄
Rong, Zhuo-qiu	榮卓球
Rong, Zhuo-ren	榮卓仁
Rong, Zhuo-ru	榮卓如
Rong, Zhuo-ya	榮卓亞
Rong, Zong-jing	榮宗敬
Rowe, W. T.	羅威廉
S	
Sarawak	砂拉越
Schumpeter, Joseph A.	約瑟夫·熊彼特
Schurmann, F.	舒爾曼
Secretary for Home Affairs (colonial HK)	政務司（港英時代）
Semarang	三寶壟
Shanghai Chartered Stock & Produce Exchange	上海證券物品交易所
Shanghai Fraternity Association	上海聯誼會
Shanghai Motoring Club	上海旅港汽車俱樂部
Shanghai Municipal Council	上海工部局
Shanghai Sharebrokers' Association	上海股份公所
Shanghai spinners	上海棉紡業者
Shanghainese spinners	上海籍棉紡業者
Shanghai Technical College	上海工業專科學校
Shen Xin Cotton Mill	申新紗廠
Sheng, Xuan-huai	盛宣懷
Shih, Kuo-heng	史國衡
Shu, Yun-zhang	束雲章
significant at 0.05 level	在 0.05 水平上顯著
Skinner, G. William	施堅雅
Smelser, Neil J.	斯梅爾瑟
Soco Textiles (Hong Kong) Ltd.	中南紡織有限公司
Solomon	所羅門
Song, Mi-yang	宋美揚
Song, V. J. (Song, Vung-Ji, 1894-1968)	宋文傑
Soong, T. V.	宋子文

South China Textile Company	大南紡織公司
South Sea Textile Manufacturing Co., Ltd.	南海紡織有限公司
South Textiles Ltd.	香港東南紡織有限公司
Speare, Alan, Jr.	艾倫・斯皮爾
spinning	紡紗
spun yarn	機紡紗／短纖紗
Stammer, D. W.	史坦默
Szczepanik, Edward	斯捷潘尼克
T	
Tai Hing Cotton Mill, Ltd.	大興紡織有限公司
Tai Yuan Cotton Mill	大元紗廠
Tang, H. C.	唐翔千
Tang, Jack (Tang, Chi Chien)	唐驥千
Tang, Hong-yuan	唐熊源
Tang, P. Y. (Tang, Ping-yuan, 1898-1971)	唐炳源
Teele	提爾
Textile Corporation of Hong Kong, Ltd.	會德豐紡織有限公司
T'ien Ju-k'ang	田汝康
Ting, H. C. (Ting, Hsiung-chao)	丁熊照
Topley, M.	托普利
tribalism	部落意識
Truman, Harry S.	杜魯門
Tsao, Peter K. Y.	曹廣榮
Tsuen Wan Northern Chinese Sojourners' Welfare Society	荃灣華北僑民福利會
Tung, Teh-mei	董德美
twisting machine	捻絲機
U	
Unisouth and South Textiles, Ltd.	怡南實業有限公司
University of Leeds	利茲大學
V	
Vogel, Ezra F.	傅高義

W	
Wakeman, Frederic, Jr.	魏斐德
Wang, Yun-cheng	王雲程
Ward, Barbara E.	華德英
warp-beam	經軸（或「盤頭」）
weaving	織造
Weber, M.	韋伯
Willmott	威爾莫特
Wing On Company	永安公司
Winsor Industrial Corporation, Ltd.	南聯實業有限公司
Wong, C. Y.	王啓宇
Woo, Alexander C. H. (Alexander Woo Chung Ho; Alex Woo)	吳中豪
Wu, Kun-sheng	吳昆生
Wyler Textiles, Ltd.	偉倫紡織有限公司
X	
Xhosa	科薩
Xu, Jia-tun	許家屯
Xue, Shou-xuan	薛壽宣
Y	
Yan Chai Hospital	仁濟醫院
Yang, Dao-yi	楊通誼
Yang, Sen-hui	楊勝惠
Yangtsepoo Cotton Mill, Ltd.	楊樹浦紗廠有限公司
Yen, Qing-xiang	嚴慶祥
Yin, Shun-xin	應舜卿
yarn	紗線
Z	
Zhang, Jian	張謇
Zhu, Jie-xuan	朱介煊

| 參 考 文 獻 |

英文文獻

Ahlers, J. (1946), 'Postwar Banking in Shanghai', *Pacific Affairs*, 19, pp. 384-393.

Allen, S., and Smith, C. (1974), 'Race and Ethnicity in Class Formation: A Comparison of Asian and West Indian Workers', in F. Parkin (ed), *The Social Analysis of Class Structure* (London, Tavistock Publications), pp. 39-54.

Anderson, E. N. Jr. (1967), 'Prejudice and Ethnic Stereotypes in Rural Hong Kong', *Kroeber Anthropological Society Papers*, 37, pp. 90-107.

Andrews, P. W. S. (1964), *On Competition in Economic Theory* (London, Macmillan).

Andrews, P. W. S., and Brunner, E. (1962), 'Business Profits and the Quiet Life', *Journal of Industrial Economics*, 11, pp. 72-78.

Bain, J. S. (1958), *Barriers to New Competition: Their Character and Consequences in Manufacturing Industries* (Cambridge, Harvard University Press).

Baker, H. R. (1977), 'Extended Kinship in the Traditional City', in G. W. Skinner (ed), *The City in Late Imperial China* (Stanford, Stanford University Press), pp. 499-518.

Balazs, E. (1964), *Chinese Civilization and Bureaucracy* (New Haven, Yale University Press).

Barnett, A. D. (1963), *China on the Eve of the Communist Takeover* (New York, Frederick A. Praeger).

Barnett, K. M. A. (n.d.), *Hong Kong Report on the 1961 Census, Vol. 1* (Hong Kong, Government Printer).

Barnett, M. L. (1960), 'Kinship as a Factor Affecting Cantonese Economic Adaptation in the United States', *Human Organization*, 19, pp. 40-46.

Barnett, R. W. (1941), *Economic Shanghai: Hostage to Politics 1937-1941* (New York, Institute of Pacific Relations).

Barou, N. (1945), *The Jews in Work and Trade* (London, Trade Advisory Council).

Barth, F. (ed) (1963), *The Role of the Entrepreneur in Social Change in Northern Norway* (Bergen, Universitets Forleget).

Barth, F. (ed) (1969), *Ethnic Groups and Boundaries* (Bergen, Universitets Forleget).

Bartke, W. (1987), *Who's Who in The People's Republic of China* (München, K. G. Saur, 2nd edn.).

Baumol, W. J. (1968), 'Entrepreneurship in Economic Theory', *American Economic Review*, 58, pp. 64-71.

Bell, D. (1962), *The End of Ideology* (New York, The Free Press, revised edn.).

Bellah, R. N. (1963), 'Reflections on the Protestant Ethic Analogy in Asia', *The Journal of Social Issues*, 19, pp. 52-60.

Belshaw, C. S. (1955), 'The Cultural Milieu of the Entrepreneur: A Critical Essay', *Explorations in Entrepreneurial History*, 7, pp. 146-163.

Bendix, R. (1956), *Work and Authority in Industry* (New York, Wiley).

Bendix, R. (1957), 'A Study of Managerial Ideologies', *Economic Development and Cultural Change*, 5, pp. 118-128.

Bendix, R. (1959), 'Industrialization, Ideologies and Social Structure', *American Sociological Review*, 25, pp. 613-623.

Bendix, R (1961), 'Industrial Authority and Its Supporting Value Systems', in R. Dubin (ed), *Human Relations in Administration* (Englewood Cliffs, Prentice-Hall, 2nd edn.), pp. 270-276.

Benham, F. C. (1956), 'The Growth of Manufacturing in Hong Kong', *International Affairs*, 32, pp. 456-463.

Bergère, M. (1968), 'The Role of the Bourgeoisie', in M. C. Wright (ed), *China in Revolution: The First Phase, 1900-1913* (New Haven, Yale University Press), pp. 229-295.

Black, R. B. (1965), *Immigration and Social Planning in Hong Kong* (London, China Society).

Blalock, H. M. Jr. (1967), *Toward a Theory of Minority-Group Relations* (New York, John Wiley and Sons).

Blumer, H. (1965), 'Industrialization and Race Relations', in G. Hunter (ed), *Industrialization and Race Relations* (London, Oxford University Press); reprinted in J. Stone (ed) (1977), *Race, Ethnicity and Social Change* (Cambridge, Duxbury Press).

Bodde, D. (1950), *Peking Diary: A Year in Revolution* (New York, Henry Schuman).

Bonacich, E. (1973), 'A Theory of Middleman Minorities', *American Sociological Review*, 38, pp. 583-594.

Boorman, H. L., and Howard, R. C. (eds) (1968-70), *Biographical Dictionary of Republican China* (New York and London, Columbia University Press).

Braga, J. M. (ed) (1957), Hong Kong Business Symposium (Hong Kong, South China Morning Post).

Brimmer, A. F. (1955), 'The Setting of Entrepreneurship of India', *Quarterly Journal of Economics*, 29, pp. 553-576.

Broady, M. (1958), 'The Chinese in Great Britain', in M. H. Fried (ed), *Colloquium on Overseas Chinese* (New York, Institute of Pacific Relations).

Brown, E. H. P. (1971), 'The Hong Kong Economy: Achievements and Prospects', in K. Hopkins (ed), *Hong Kong: The Industrial Colony* (Hong Kong, Oxford University Press), pp. 1-20.

Bush, R. C., III (1978), 'Industry and Politics in Kuomintang China: The Nationalist Regime and Lower Yangtze Chinese Cotton Mill Owners, 1927-1937', Ph.D. thesis (Columbia University).

Carroll, J. J. (1965), *The Filipino Manufacturing Entrepreneur* (Ithaca, Cornell University Press).

Carruthers, M. G. (1966), 'Financing Industry', *Far Eastern Economic Review*, 24 February, pp. 367-370.

Chaffee, F. H., Anrell, G. E., Barth, H. A., Cort, A. S., Dombrowski, J. H., Fasano, V. S., and Weaver, J. O. (1969), *Area Handbook of the Republic of China* (Washington, The American University Foreign Area Studies).

Chan, W. K. K. (1977), *Merchants, Mandarins, and Modern Enterprise in Late Ch'ing China* (Cambridge, Harvard University Press).

Chandler, A. D. Jr., and H. Daems (eds) (1980), *Managerial Hierarchies: Comparative Perspectives on the Rise of Modern Industrial Enterprise* (Cambridge, Harvard University Press).

Chandler, A. D. Jr. (1977), *The Visible Hand: The Managerial Revolution in American Business* (Cambridge, Harvard University Press).

Chang, J. K. (1969), *Industrial Development in Pre-Communist China* (Edinburgh, Edinburgh University Press).

Chang, K. N. (1958), *The Inflationary Spiral: The Experience of China, 1939-1950* (Cambridge, M. I. T. Press).

Chang, P. (1957), 'The Distribution and Relative Strength of the Provincial Merchant Groups in China, 1942-1911', Ph.D. thesis (University of Washington).

Chao, K. (1975), 'The Growth of a Modern Cotton Textile Industry and the Competition with Handicrafts', in D. H. Perkins (ed), *China's Modern Economy in Historical Perspective* (Stanford, Stanford University Press).

Chao, K. (1977), *The Development of Cotton Textile Production in China* (Cambridge,

Harvard University Press).

Chao, Y. R. (1976), *Aspects of Chinese Sociolinguistics* (Stanford, Stanford University Press).

Chau, S. N. (1970), 'Family Management in Hong Kong', *Hong Kong Manager*, 6, pp. 18-21.

Chen, Y. C. (1978), 'A Hong Kong View', *The Textile Institute and Industry*, 6, pp. 200-203; pp. 237-239.

Chesneaux, J. (1968), *The Chinese Labor Movement, 1919-1927* (Stanford, Stanford University Press).

Chinese General Chamber of Commerce of Hong Kong (1958), *Members of the Twentieth Committee 1956-58* (Hong Kong, The Chamber).

Chow, S. H. (1963), *The Chinese Inflation, 1937-1949* (New York, Columbia University Press).

Christ, T. (1970), 'A Thematic Analysis of the American Business Creed', *Social Forces*, 49, pp. 239-245.

Chu, S. C. (1965), *Reformer in Modern China: Chang Chien, 1853-1926* (New York and London, Columbia University Press).

Chü, T. T. (1957), 'Chinese Class Structure and Its Ideology', in J. K. Fairbank (ed), *Chinese Thought and Institutions* (Chicago, Chicago University Press), pp. 235-250.

Chung, A. (1953), 'The Development of Modern Manufacturing Industry in China, 1928-1949', Ph.D. thesis (University of Pennsylvania).

Chung, L. C., 'Hong Kong', *Asian Textile Survey 1969-70*, pp. 77-100.

Cloud, F. D. (1906), *Hangchow: The 'City of Heaven'* (Shanghai, Presbyterian Press).

Coble, P. M. (1980), *The Shanghai Capitalists and The Nationalist Government 1927-1937* (Cambridge, Harvard University Press).

Cochran, S. (1980), *Big Business in China: Sino-Foreign Rivalry in the Cigarette Industry, 1890-1930* (Cambridge, Harvard University Press).

Cochran, T. C. (1960), 'Cultural Factors in Economic Growth', *Journal of Economic History*, 20, pp. 515-530.

Cohen, A. (1969), *Custom and Politics in Urban Africa: A Study of Hausa Migrants in Yoruba Towns* (London, Routledge and Kegan Paul).

Cohen, A. (ed) (1974), *Urban Ethnicity* (London, Tavistock Publications).

Cohen, M. L. (1970), 'Developmental Process in the Chinese Domestic Group', in M. Freedman (ed), *Family and Kinship in Chinese Society* (Stanford, Stanford University Press), pp. 21-36.

Cohen, M. L. (1976), *House United, House Divided: The Chinese Family in Taiwan* (New York, Columbia University Press).

Cole, A. H. (1968), 'The Entrepreneur: Introductory Remarks', *American Economic Review*, 58, pp. 60-63.

Commerce and Industry Department, Hong Kong (1973), 'Memorandum for the Trade and Industry Advisory Board: Land for Industry' (Hong Kong, The Department, mimeo. paper).

Commercial and Industrial Hong Kong: A Record of 94 Years of Progress of the Colony in Commerce, Trade, Industry and Shipping, 1841-1935 (1935) (Hong Kong, The Bedikton Co.).

Commissioner of Labour, Hong Kong (various years), *Labour Department Report.*

Crissman, L. N. (1967), 'The Segmentary Structure of Urban Overseas Chinese Communities', *Man*, 2, pp. 185-204.

Database Publishing (ed) (1984), *Who's Who in Hong Kong* (Hong Kong, Database Publishing).

Deglopper, D. R. (1972), 'Doing Business in Lukang', in Willmott (ed), *Economic Organization in Chinese Society* (Stanford, Stanford University Press), pp. 297-326.

Deyo, F. C. (1976), 'Decision-making and Supervisory Authority in Cross-Cultural Perspectives: An Exploratory Study of Chinese and Western Management Practices in Singapore' (University of Singapore, Sociology Working Paper No. 55).

Deyo, F. C. (1978), 'The Cultural Patterning of Organizational Development: A Comparative Case Study of Thai and Chinese Industrial Enterprise', *Human Organization*, 37, pp. 68-73.

Dial, O. E. (1965), 'An Evaluation of the Impact of China's Refugees in Hong Kong on the Structure of the Colony's Government in the Period Following World War II', Ph.D. thesis (University of California, Claremont).

Doornbos, M. R. (1972), 'Some Conceptual Problems Concerning Ethnicity in Integration Analysis', *Civilizations*, 22, pp. 263-283.

Eberhard, W. (1962), 'Social Mobility among Businessmen in a Taiwanese Town', *Journal of Asian Studies*, 21, pp. 327-339.

Elvin, M. (1967), 'The Gentry Democracy in Shanghai, 1905-1914', Ph.D. thesis (University of Cambridge).

Elvin, M. (1972), 'The High-Level Equilibrium Trap: The Causes of the Decline of Invention in the Traditional Chinese Textile Industries', in W. Willmott (ed),

Economic Organization, pp. 137-172.

Elvin, M. (1973), *The Pattern of the Chinese Past* (London, Eyre Methuen).

England, J., and Rear, J. (1975), *Chinese Labour Under British Rule: A Critical Study of Labour Relations and Law in Hong Kong* (Hong Kong, Oxford University Press).

Epstein, A. L. (1978), *Ethos and Identity* (London, Tavistock Publications).

Erickson, C. (1972), *Invisible Immigrants: The Adaptation of English and Scottish Immigrants in 19th Century America* (London, Leicester University Press).

Espy, J. L. (1970), 'The Strategies of Chinese Industrial Enterprises in Hong Kong', D. B. A. thesis (Harvard University).

Espy, J. L. (1971), 'Hong Kong as an Environment for Industry', *Chung Chi Journal*, 10, pp. 27-38.

Espy, J. L. (1974), 'Hong Kong Textiles Ltd.', in L. C. Nehrt, G. S. Evans, and L. Li (eds), *Managerial Policy, Strategy and Planning for Southeast Asia* (Hong Kong, Chinese University of Hong Kong Press), pp. 273-282.

Fang, S. C., 'How to Treasure Our Achievements?', *The Federation of Hong Kong Cotton Weavers 1961-1962 Year Book*, pp. 38-40.

Far Eastern Economic Review.

Far Eastern Economic Review (1978), *Asia 1978 Yearbook* (Hong Kong, The Review).

Federation of Hong Kong Cotton Weavers 1961-1962 Year Book.

Fei, H. T. (1946), 'Peasantry and Gentry: An Interpretation of Chinese Social Structure and Its Changes', *American Journal of Sociology*, pp. 1-17; reprinted in R. Bendix and S. M. Lipset (eds) (1953), *Class, Status and Power*: A *Reader in Social Stratification* (Glencoe, The Free Press, 1st edn.), pp. 631-650.

Ferguson, J. C. (1906), 'Notes on the Chinese Banking System in Shanghai', *Journal of Royal Asiatic Society North China Branch*, 37, pp. 55-82.

Ferguson, J. C. (1926), 'Native Banking in Shanghai', *The Chinese Economic Monthly*, 3, pp. 168-183.

Feuerwerker, A. (1958), *China's Early Industrialization: Sheng Hsuan-huai (1844-1916) and Mandarin Enterprise* (Cambridge, Harvard University Press).

Feuerwerker, A. (1968), *The Chinese Economy, 1912-1949* (Ann Arbor, University of Michigan, Center of Chinese Studies).

Fong, H. D. (1968), 'Taiwan's Industrialization, with Special Reference to Policies and Controls', *Journal of Nanyang University*, 2, pp. 365-426.

Fox, A. (1966), 'Managerial Ideology and Labour Relations', *British Journal of Industrial Relations*, 4, pp. 366-378.

Freedman, M. (1957), *Chinese Family and Marriage in Singapore* (London, Her Majesty's Stationery Office).

Freedman, M. (1958), *Lineage Organization in Southeastern China* (London, The Athlone Press).

Freedman, M. (1959), 'The Handling of Money: A Note on the Background to the Economic Sophistication of the Overseas Chinese', *Man*, 19, pp. 64-65.

Freedman, M. (1970), 'Introduction', in M. Freedman (ed), *Family and Kinship in Chinese Society* (Stanford, Stanford University Press), pp. 1-20.

Galle, O. R., and Taeuber, K. E. (1966), 'Metropolitan Migration and Intervening Opportunities', *American Sociological Review*, 32, pp. 5-13.

Geertz, C. (1963), *Peddlers and Princes: Social Development and Economic Change in Two Indonesian Towns* (Chicago and London, University of Chicago Press).

Gerschenkron, A. (1966), 'The Modernization of Entrepreneurship', in M. Weiner (ed), *Modernization: The Dynamics of Growth* (New York, Basic Books), pp. 246-257.

Gerschenkron, A. (1970), *Europe in the Russian Mirror* (Cambridge, Cambridge University Press).

Glade, W. P. (1967), 'Approaches to a Theory of Entrepreneurial Formation', *Explorations in Entrepreneurial History*, 4, pp. 245-259.

Glassburner, B., and Riedel, J. (1972), 'Government in the Economy of Hong Kong', *Economic Record*, 48, pp. 58-75.

Glazer, N., and Moynihan, D. P. (eds) (1975), *Ethnicity* (Cambridge, Harvard University Press).

Goffman, E. (1968), *Stigma: Notes on the Management of Spoiled Identity* (Harmondsworth, Penguin).

Golay, F. H., Anspach, R., Pfanner, M. R., and Ayal, E. B. (eds) (1969), *Underdevelopment and Economic Nationalism in Southeast Asia* (Ithaca, Cornell University Press).

Gomersall, W. C. (1957), 'The China Engineers Ltd. and the Textile Trade', in J. M. Braga (ed), *Hong Kong Business Symposium* (Hong Kong, South China Morning Post).

Graham, P. A. (1969), 'Financing Hong Kong Business', *Far Eastern Economic Review*, 17 April, pp. 144-154.

Grantham, A. (1965), *Via Ports: From Hong Kong to Hong Kong* (Hong Kong, Hong Kong University Press).

Greenhalgh, S. (1984), 'Networks and Their Nodes: Urban Society on Taiwan', *The China Quarterly*, 99, pp. 529-552.

Gumperz, J. J. (1968), 'The Speech Community', in *International Encyclopedia of the Social Sciences* (New York, Macmillan and Free Press), pp. 381-386.

Habakkuk, H. J. (1955), 'Family Structure and Economic Change in Nineteenth-Century Europe', *Journal of Economic History*, 15, pp. 1-12.

Hagen, E. E. (1960-1), 'The Entrepreneur as Rebel Against Traditional Society', *Human Organization*, 19, pp. 185-187.

Hagen, E. E. (1964), *On the Theory of Social Change: How Economic Growth Begins* (London, Tavistock Publications).

Hambro, E. (1955), *The Problem of Chinese Refugees in Hong Kong* (Leyden).

Hamilton, G. G. (1975), 'Cathay and the Way Beyond: Modernization, Regionalism and Commerce in Imperial China', Ph.D. thesis (University of Washington).

Hannerz, U. (1974), 'Ethnicity and Opportunity in Urban America', in A. Cohen (ed), *Urban Ethnicity* (London, Tavistock Publications), pp. 37-76.

Hao, Y. P. (1970), *The Comprador in Nineteenth Century China: Bridge between East and West* (Cambridge, Harvard University Press).

Harrell, S. (1985), 'Why Do the Chinese Work So Hard?', *Modern China*, 11, pp. 203-226.

Hazlehurst, L. W. (1965), 'Entrepreneurship and the Merchant Castes in a Punjabi City', Ph.D. thesis (University of California, Berkeley).

Hechter, M. (1973), 'The Persistence of Regionalism in the British Isles, 1955-1966', *American Journal of Sociology*, 79, pp. 319-342.

Hechter, M. (1974), 'The Political Economy of Ethnic Change', *American Journal of Sociology*, 79, pp. 1151-1178.

Heidhues, M. F. S. (1974), *Southeast Asia's Chinese Minorities* (London, Longman).

Heilbroner, R. L. (1964), 'The View from the Top: Reflections on a Changing Business Ideology', in E. F. Cheit (ed), *The Business Establishment* (New York, John Wiley and Sons), pp. 1-36.

Herman, H. V. (1979), 'Dishwashers and Proprietors: Macedonians in Toronto's Restaurant Trade', in S. Wallman (ed), *Ethnicity at Work* (London, Macmillan), pp. 71-90.

Hicks, J. R. (1954), 'The Problem of Imperfect Competition', *Oxford Economic Papers*, 1, pp. 41-54.

Hirschmeier, J. (1964), *The Origins of Entrepreneurship in Meiji Japan* (Cambridge,

Harvard University Press).

Ho, P. T. (1954), 'The Salt Merchants of Yang-chou: A Study of Commercial Capitalism in Eighteenth-Century China', *Harvard Journal of Asiatic Studies*, 17, pp. 130-168.

Ho, P. T. (1962), *The Ladder of Success in Imperial China: Aspects of Social Mobility, 1368-1911* (New York and London, Columbia University Press).

Ho, S. P. S. (1978), *Economic Development of Taiwan, 1860-1970* (New Haven and London, Yale University Press).

Hong Kong Administrative Report, various years.

Hongkong and Shanghai Banking Corporation (1977), *The Quota System September1977: Hong Kong Textiles and Garment Export Restrictions* (Hong Kong, The Corporation).

Hong Kong Chinese Manufacturers' Union (1957), *Classified Directory of Members, 1956-57* (Hong Kong, The Union).

Hong Kong Cotton Spinners' Association (1955-79), 'Annual Report of the General Committee'.

Hong Kong Cotton Spinners' Association (1973), *Twenty Five Years of the Hong Kong Cotton Spinning Industry* (Hong Kong, The Association).

Hong Kong Cotton Spinners' Association (1975), *A Glance at the Hong Kong Spinning Industry* (Hong Kong, The Association).

Hong Kong External Trade: Report and Tables, various years.

Hong Kong Government Gazette, 1873-1877.

Hong Kong Government Sessional Papers, 1891-1941.

Hong Kong Hansard, 1948-1979.

Hong Kong Productivity Centre (1978), *Industry Data Sheet, Textile Industry: Textile Spinning* (Hong Kong, The Centre).

Honig, E. (1986), *Sisters and Strangers: Women in the Shanghai Cotton Mills, 1919-1949* (Stanford, Stanford University Press).

Hopkins, K. (ed) (1971), *Hong Kong: The Industrial Colony* (Hong Kong, Oxford University Press).

Howe, C. (ed) (1981), *Shanghai: Revolution and Development in an Asian Metropolis* (Cambridge, Cambridge University Press).

Hsu, F. L. K. (1971), *Under the Ancestor's Shadow: Kinship, Personality and Social Mobility in China* (Stanford, Stanford University Press, 2nd edn.).

Ingram, J. C. (1971), *Economic Change in Thailand, 1850-1970* (Stanford, Stanford University Press).

Jacobs, J. B. (1979), 'A Preliminary Model of Particularistic Ties in Chinese Political Alliances: *Kan-ch'ing* and *Kuan-hsi* in a Rural Taiwanese Township', *China Quarterly*, 78, pp. 237-273.

Jacobs, N. (1958), *The Origin of Modern Capitalism in Eastern Asia* (Hong Kong: Hong Kong University Press).

Jao, Y. C. (1970), 'Financing Hong Kong's Textile Growth', *Textile Asia*, December, pp. 23-25.

Jao, Y. C. (1974), *Banking and Currency in Hong Kong*: A *Study of Postwar Financial Development* (London, Macmillan).

Johnson, G. E. (1970), 'Natives, Migrants and Voluntary Associations in a Colonial Chinese Setting', Ph.D. thesis (Cornell University).

Jones, S. M. (1972), 'Finance in Ningpo: The *Ch'ien-chuang* 1750-1880', in W. Willmott (ed), *Economic Organization*, pp. 47-77.

Jones, S. M. (1974), 'The Ningpo *Pang* at Shanghai: The Changing Organization of Financial Power', in G. W. Skinner and M. Elvin (eds), *The Chinese City Between Two Worlds* (Stanford, Stanford University Press), pp. 73-96.

Kasden, L. (1965), 'Family Structure, Migration, and Entrepreneur', *Comparative Studies in Society and History*, 7, pp. 345-357.

Keller, S. L. (1975), *Uprooting and Social Change* (New Delhi, Ramesh C. Jain).

Kiangsu and Chekiang Residents' (Hong Kong) Association (1979), *Directory of Presidents, Advisors and Directors, No. 20, 1977-1979* (Hong Kong, The Association).

Kilby, P. (ed) (1971), *Entrepreneur and Economic Development* (New York, The Free Press).

King, A. Y. C., and Leung, D. H. K. (1975), 'The Chinese Touch in Small Industrial Organization' (Chinese University of Hong Kong, Social Research Centre, mimeo. paper).

King, F. H. H. (1953), *The Monetary System of Hong Kong* (Hong Kong, Weiss).

Kroef, J. V. D. (1953-54), 'Entrepreneur and Middle Class in Indonesia', *Economic Development and Cultural Change*, 2, pp. 297-325.

Kuepper, W. G., Lackey, G. L., and Swinerton, E. N. (1975), *Ugandan Asians in Great Britain: Forced Migration and Social Absorption* (London, Croom Helm).

La Pierre, R. T. (1934), 'Attitudes vs. Actions', *Social Forces*, 12, pp. 230-237.

Lai, D. C. Y. (1963), 'Some Geographical Aspects of the Industrial Development of Hong Kong Since 1841', MA thesis (University of Hong Kong).

Lamb, H. B. (1955), 'The Indian Business Communities and the Evolution of an Industrial Class', *Pacific Affairs*, 23, pp.101-116.

Landes, D. S. (1951), 'French Business and the Businessman: A Social and Cultural Analysis', in E. M. Earle (ed), *Modern France: Problems of the Third and Fourth Republic* (Princeton, Princeton University Press); reprinted in H. G. J. Aitken (ed), *Explorations in Enterprise* (Cambridge, Harvard University Press), pp. 184-209.

Lee, R. H. (1960), *The Chinese in The United States of America* (Hong Kong, Hong Kong University Press).

Lee, S. Y. (1978), 'Business Élites in Singapore', in P. S. J. Chen and H. Evers (eds), *Studies in ASEAN Sociology: Urban Society and Social Change* (Singapore: Chopman Enterprises), pp. 38-60.

Leeming, F. (1975), 'The Early Industrialization of Hong Kong', *Modern Asian Studies*, 9, pp. 337-342.

Leff, N. H. (1978), 'Industrial Organization and Entrepreneurship in the Developing Countries: The Economic Group', *Economic Development and Cultural Change*, 26, pp. 66-75.

Leibenstein, H. (1968), 'Entrepreneurship and Development', *American Economic Review*, 58, pp. 72-83.

Lethbridge, H. J. (1969), 'Hong Kong Under Japanese Occupation: Changes in Social Structure', in I. C. Jarvie and J. Agassi (eds), *Hong Kong: A Society in Transition* (London, Routledge and Kegan Paul), pp. 77-127.

Lethbridge, H. J. (1980), 'The Social Structure, Some Observations', in D. Lethbridge (ed), *The Business Environment of Hong Kong* (Hong Kong, Oxford University Press).

Levy, M. J., Jr. (1949), *The Family Revolution in Modern China* (Cambridge, Harvard University Press).

Levy, M. J., Jr. (1949), 'The Social Background of Modern Business Development in China', in Levy and Shih Kuo-heng (eds), *The Rise of the Modern Chinese Business Class: Two Introductory Essays, Part 1* (New York, Institute of Pacific Relations).

Levy, M. J., Jr. (1955), 'Contrasting Factors in the Modernization of China and Japan', in S. Kuznet, W. E. Moore, and J. J. Spengler (eds), *Economic Growth: Brazil, India, Japan* (Durham, Duke University Press), pp. 496-536.

Lewis, W. A. (1955), *The Theory of Economic Growth* (London, George Allen and Unwin).

Lyman, S. M., and Douglass, W. A. (1973), 'Ethnicity: Strategies of Collective and Individual Impression Management', *Social Research*, 40, pp. 344-365.

Liang, L. S. (1955), 'Problems of the Cotton Manufacturers in China', Ph.D. thesis (University of Pennsylvania).

Lieu, D. K. (1917), 'The Social Transformation of China', *The Chinese Social and Political Science Review*, reprinted in C. F. Remer (ed), *Readings in Economics for China* (Shanghai, The Commercial Press, 1926), pp. 66-80.

Lieu, D. K. (1936), *The Growth and Industrialization of Shanghai* (Shanghai, China Institute of Pacific Relations).

Light, I. H. (1972), *Ethnic Enterprise in America* (Berkeley, University of California Press).

Lin, Y. H. (1947), *The Golden Wing: A Sociological Study of Chinese Familism* (London, Kegan Paul, Trench, Trubner and Co.).

Lipset, S. M. (1967), 'Value, Education and Entrepreneurship', in S. M. Lipset and A. Solari (eds), *Élites in Latin America* (New York, Oxford University Press), pp. 3-60.

Logan, J. R. (1978), 'Growth, Politics, and the Stratification of Places', *American Journal of Sociology*, 84, pp. 404-416.

Loh, R. (1962), *Escape from Red China, as told to Humphrey Evans* (New York, Coward McCaan).

Lutz, J. G. (1971), *China and the Christian Colleges, 1850-1950* (Ithaca, Cornell University Press).

Luzzato, R. (ed) (1958-60), *Hong Kong Who's Who: An Almanac of Personalities and Their History* (Hong Kong, Rola Luzzato).

MacDonald, J. S., and MacDonald, L. D. (1964), ''Chain Migration, Ethnic Neighbourhood Formation and Social Network', *Milbank Memorial Fund Quarterly*, 42, pp.82-97.

Makler, H. M. (1976), 'The Portuguese Industrial Elite and Its Corporative Relations: A Study of Compartmentalization in an Authoritarian Regime', *Economic Development and Cultural Change*, 24, pp. 495-526.

Mann, H. M. (1973), 'Entry Barriers in Thirteen Industries', in B. S. Yamey (ed), *Economics of Industrial Structure* (Harmondsworth, Penguin Education), pp. 67-77.

Mannheim, K. (1936), *Ideology and Utopia* (London, Routledge and Kegan Paul).

Mansfield, E. (1973), 'Entry, Exit and Growth of Firms', in B. S. Yamey (ed), *Economics of Industrial Structure* (Harmondsworth, Penguin Education).

Mao, T. (1957), *Midnight* (Peking, Foreign Language Press).

Marris, P., and Somerset, A. (1971), *African Businessmen: A Study of Entrepreneurship and Development in Kenya* (London, Routledge and Kegan Paul).

Marx, K., and Engels, F. (1948), 'Manifesto of the Communist Party', in H. J. Laski (ed), *Communist Manifesto: Socialist Landmark* (London, George Allen and Unwin).

Massachusetts Institute of Technology, News Office (1973), 'Tang Residence Hall Dedicated at M. I. T.' (M. I. T. News Release, 2 June).

Mayer, K. (1953), 'Business Enterprise: Traditional Symbol of Opportunity', *British Journal of Sociology*, 4, pp. 160-180.

Mayer, P. (1962), 'Migrancy and the Study of Africans in Towns', *American Anthropologist*, 64, pp.1576-592.

McClelland, D. C. (1961), *The Achieving Society* (Princeton, Van Nostrand).

McClelland, D. C. (1963), 'Motivational Patterns in Southeast Asia with Special Reference to the Chinese Case', *The Journal of Social Issues*, 19, pp. 6-19.

McElderry, A. L. (1976), *Shanghai Old Style Banks (Ch'ien Chuang), 1800-1935* (Ann Arbor, Centre of Chinese Studies, University of Michigan).

Medhora, V. B. (1965), 'Entrepreneurship in India', *Political Science Quarterly*, 130, pp. 558-580.

Metzger, T. (1966), 'Ch'ing Commercial Policy', *Ch'ing-shih Wen-t'i*, 4, pp. 4-10.

Metzger, T. (1969), 'The State and Commerce in Imperial China' (Hebrew University, Franz Oppenheimer Memorial Symposium Paper No. 10).

Miners, N. J. (1981), *The Government and Politics of Hong Kong* (Hong Kong, Oxford University Press).

Mitchell, J. C. (1956), The Kalela Dance (Manchester, The Rhodes-Livingstone Papers No. 27, Manchester University Press).

Mitchell, J. C. (1969), 'Structural Plurality, Urbanization and Labour Circulation in Southern Rhodesia', in J. A. Jackson (ed), *Migration* (Cambridge, Cambridge University Press), pp. 156-180.

Mitchell, J. C. (1970), 'Tribe and Social Change in South Central Africa: A Situational Approach', *Journal of Asian and African Studies*, 5, pp. 83-101.

Mitchell, J. C. (1974), 'Social Networks', in B. J. Siegel (ed), *Annual Review of Anthropology*, 3, pp. 279-299.

Mitchell, J. C. (1974), 'Perception of Ethnicity and Ethnic Behaviour: An Empirical Exploration', in A. Cohen (ed), *Urban Ethnicity* (London, Tavistock Publications), pp. 1-36.

Mitchell, J. C. (ed) (1969), *Social Networks in Urban Situations* (Manchester, Manchester University Press).

Mitchell, R. E. (1969), *Family Life in Urban Hong Kong* (Taipei: Asian Folklore and Social Life Monograph).

Moerman, M. (1968), 'Being Lue: Uses and Abuses of Ethnic Identification', in J. Helm (ed), *Essays on the Problem of Tribe* (Seattle and London, University of Washington Press), pp. 153-169.

Mok, M. C. H. (1968), 'The Development of Cotton Spinning and Weaving Industries in Hong Kong, 1946-1966', M. A. thesis (University of Hong Kong).

Morrell, J. (1968), 'Two Early Chinese Cotton Mills', *Papers on China*, 21, pp. 43-98.

Morris, H. S. (1968), 'Ethnic Group', in *International Encyclopedia of the Social Sciences* (New York, Macmillan and The Free Press), pp. 167-172.

Moulder, F. V. (1977), *Japan, China and the Modern World Economy: Toward a Reinterpretation of East Asian Development ca. 1600 to ca. 1918* (London, Cambridge University Press).

Munro, D. J. (1969), *The Conception of Man in Early China* (Stanford, Stanford University Press).

Murphey, R. (1953), *Shanghai: Key to Modern China* (Cambridge, Harvard University Press).

Naboru, N. (1950), 'The Industrial and Commercial Guilds of Peking and Religion and Fellow-Countrymanship as Elements of Their Coherence', *Folklore Studies*, 9, pp. 179-206.

Narroll, R. (1964), 'On Ethnic Unit Classification', *Current Anthropology*, 5, pp. 283-312.

Narroll, R. (1968), 'Who the Lue Are', in J. Helm (ed), *Essays on the Problem of Tribe* (Seattle and London, University of Washington Press).

'Native Banking in Shanghai' (1926), *The Chinese Economic Monthly*, 3, pp. 168-183.

Neff, N. H. (1978), 'Industrial Organization and Entrepreneurship in the Developing Countries: The Economic Group', *Economic Development and Cultural Change*, 26.

Nettl, J. P. (1965), 'Consensus or Elite Domination: The Case of Business', *Political Studies*, 14, pp. 22-44.

Nichols, T. (1969), *Ownership, Control and Ideology: An Inquiry into Certain Aspects of Modern Business Ideology* (London, George Allen and Unwin).

Nihei, Y., Kao, H. S. R., Levin, D. A., Morkre, M. E., Ohtsu, M., and Peacock, J. B. (1979), *Technology, Employment Practices and Workers: A Comparative Study of Ten Cotton*

Spinning Plants in Five Asian Countries (Hong Kong, University of Hong Kong, Centre of Asia Studies).

Numazaki, I. (1986), 'Network of Taiwanese Big Business', *Modern China*, 12, pp. 487-534.

Oksenberg, M. (1972), 'Management Practices in the Hong Kong Cotton Spinning and Weaving Industry' (Columbia University, paper read at seminar on Modern East Asia, 15 November).

Olsen, S. M. (1972), 'The Inculcation of Economic Values in Taipei Business Families', in Willmott (ed), *Economic Organization*, pp. 261-296.

Owen, N. C. (1971), 'Economic Policy in Hong Kong', in K. Hopkins (ed), *Hong Kong: The Industrial Colony*, pp. 141-206.

Pan, F. K. (1974), 'The Simple Truth of Management and Maintenance' (Hong Kong, a lecture delivered on 21 June, no publisher).

Papanek, G. F. (1971), 'Pakistan's Industrial Entrepreneurs – Education, Occupational Background, and Finance', in W. P. Falcon and G. F. Papanek (eds), *Development Policy II – The Pakistan Experience* (Cambridge, Harvard University Press), pp. 237-261.

Parkin, F. (1974), 'Strategies of Social Closure in Class Formation', in F. Parkin (ed), *The Social Analysis of Class Structure* (London, Tavistock Publications), pp. 1-18.

Parsons, T., and Smelser, N. J. (1957), *Economy and Society: A Study in the Integration of Economic and Social Theory* (London, Routledge and Kegan Paul).

Patterson, O. (1975), 'Context and Choice in Ethnic Allegiance: A Theoretical Framework and Caribbean Case Study', in N. Glazer and D. P. Moynihan (eds), *Ethnicity*, pp. 305-349.

Patterson, O. (1982), *Slavery and Social Death: A Comparative Study* (Cambridge, Harvard University Press).

Pearse, A. S. (1955), *Japan's Cotton Industry* (Cyprus, Kyrenia).

Pelzel, J. C. (1970), 'Japanese Kinship: A Comparison', in Freedman (ed), *Family and Kinship in Chinese Society* (Stanford, Stanford University Press), pp. 227-248.

Pepper, S. (1978), *Civil War in China: The Political Struggle 1945-1949* (Berkeley, University of California Press).

Perkins, D. H. (1967), 'Government as an Obstacle to Industrialization: The Case of Nineteenth-Century China', *Journal of Economic History*, 27, pp. 478-292.

Perkins, D. H. (1975), 'Introduction: The Persistence of the Past', in D. H. Perkins (ed), *China's Modern Economy in Historical Perspective* (Stanford, Stanford University

Press), pp. 1-16.

Podmore, D. (1971), 'The Population of Hong Kong', in K. Hopkins (ed), *Hong Kong: The Industrial Colony*, pp. 21-54.

Porter, M. (1980), *Competitive Strategy: Techniques for Analyzing Industries and Competitors* (New York, The Free Press).

Power, J. H., Sicat, G. P., and Hsing, M. H. (1971), *The Philippines and Taiwan: Industrialization and Trade Policies* (London, Oxford University Press).

Pye, L. W. (1981), 'Foreword', in Howe, C. (ed), *Shanghai: Revolution and Development in An Asian Metropolis* (Cambridge, Cambridge University Press).

Reynolds, B. L. (1975), 'The Impact of Trade and Foreign Investment on Industrialization: Chinese Textiles, 1875-1931', Ph.D. thesis (University of Michigan).

Richman, B. M. (1967), 'Capitalists and Managers in Communist China', *Harvard Business Review*, January to February, pp. 57-78.

Riedel, J. (1974), *The Industrialization of Hong Kong* (Tübingen, J. C. B. Mohr).

Rinder, I. D. (1959), 'Strangers in the Land: Social Relations in the Status Gap', *Social Problems*, 9, pp. 253-260.

Rosen, B. C. (1959), 'Race, Ethnicity and the Achievement Syndrome', *American Sociological Review*, 24, pp. 47-60.

Rowe, W. T. (1984), *Hankow: Commerce and Society in a Chinese City, 1796-1889* (Stanford, Stanford University Press).

Ryan, E. (1961), 'The Value System of a Chinese Community in Java', Ph.D. thesis (Harvard University).

Schooler, C. (1976), 'Serfdom's Legacy: An Ethnic Continuum', *American Journal of Sociology*, 81, pp. 1265-1286.

Schumpeter, J. A. (1934), *The Theory of Economic Development: An Inquiry into Profits, Capital, Credit, Interest, and the Business Cycle* (Cambridge, Harvard University Press).

Schumpeter, J. A. (1951), *Imperialism and Social Classes* (New York, Augustus M. Kelley).

Schurmann (1966), *Ideology and Organization in Communist China* (Berkeley, University of California Press).

Seider, M. S. (1974), 'American Big Business Ideology: A Content Analysis of Executive Speeches', *American Sociological Review*, 39, pp. 802-815.

Shiba, Y. (1977), 'Ningpo and Its Hinterland', in G. W. Skinner (ed), *The City in Imperial*

China (Cambridge, Harvard University Press), pp. 391-439.

Shiga, S. (1978), 'Family Property and the Law of Inheritance in Traditional China', in D. C. Buxbaum (ed), *Chinese Family Law and Social Change* (Seattle and London, University of Washington Press), pp. 109-150.

Shih, K. H. (1949), 'The Early Development of the Modern Chinese Business Class', in Levy and Shih Kuo-heng (eds), *The Rise of the Modern Chinese Business Class: Two Introductory Essays, Part II* (New York, Institute of Pacific Relations).

Silin, R. H. (1976), *Leadership and Values: The Organization of Large-Scale Taiwanese Enterprises* (Cambridge, Harvard University Press).

Singer, M. (ed) (1973), *Entrepreneurship and Modernization of Occupational Cultures in South Asia* (Durham, Duke University Press).

Sit, V. F. S., Wong, S. L., and Kiang, T. S. (1979), *Small-Scale Industry in a Laissez-Faire Economy: A Hong Kong Case Study* (Hong Kong, University of Hong Kong, Centre of Asian Studies).

Siu, P. C. P. (1952-3), 'The Sojourner', *American Journal of Sociology*, 58, pp. 35-44.

Skinner, G. W. (1957), *Chinese Society in Thailand: An Analytical History* (Ithaca, Cornell University Press).

Skinner, G. W. (1966), 'Filial Sons and Their Sisters: Configuration and Culture in Chinese Families' (unpublished paper), cited in Speare, A., Jr. (1974), 'Migration and Family Change in Central Taiwan', in G. W. Skinner and M. Elvin (eds), *The Chinese City Between Two Worlds* (Stanford, Stanford University Press), pp. 303-330.

Skinner, G. W. (1971), 'Chinese Peasants and the Closed Community: An Open and Shut Case', *Comparative Studies in Society and History*, 13, pp. 270-281.

Skinner, G. W. (1977), 'Regional Urbanization in Nineteenth-Century China', in G. W. Skinner (ed), *The City in Late Imperial China* (Stanford, Stanford University Press), pp. 211-249.

Smelser, N. J. (1963), *The Sociology of Economic Life* (Englewood Cliffs, Prentice-Hall).

Smith, C. (1972), 'English-educated Chinese Elites in Nineteenth-Century Hong Kong', in M. Topley (ed), *Hong Kong: The Interaction of Tradition and Life in the Towns* (Hong Kong, Royal Asiatic Society Hong Kong Branch), pp. 65-96.

Smith, H. (1966), *John Stuart Mill's Other Island: A Study of the Economic Development of Hong Kong* (London, The Institute of Economic Affairs).

Solomon, R. H. (1971), *Mao's Revolution and the Chinese Political Culture* (Berkeley, University of California Press).

Soltow, J. H. (1968), 'The Entrepreneur in Economic History', *American Economic Review*, 58, pp. 84-91.

South China Morning Post.

Speare, A., Jr. (1974), 'Migration and Family Change in Central Taiwan', in G. W. Skinner and M. Elvin (eds), *The Chinese City Between Two Worlds* (Stanford, Stanford University Press), pp. 303-330.

Spectre, S. (1958), 'The Chinese in Singapore', in M. H. Fried (ed), *Colloquium on Overseas Chinese* (New York, Institute of Pacific Relations).

Stigler, G. J. (1968), *The Organization of Industry* (Richard D. Irwin).

Stigler, G. J. (1973), 'A Note on Potential Competition', in B. S. Yamey (ed), *Economics of Industrial Structure* (Harmondsworth, Penguin Education), pp. 117-119.

Stites, R. W. (1985), 'Industrial Work as an Entrepreneurial Strategy', *Modern China*, 11, pp. 227-246.

Stokes, R. G. (1974), 'The Afrikaner Industrial Entrepreneur and Afrikaner Nationalism', *Economic Development and Cultural Change*, 22, pp. 557-579.

Stouffer, S. A. (1940), 'Intervening Opportunities: A Theory Relating Mobility and Distance', *American Sociological Review*, 5, pp. 845-867.

Stouffer, S. A. (1960), 'Intervening Opportunities and Competing Migrants', *Journal of Regional Science*, 2, pp. 1-26.

Sung, L. S. (1981), 'Property and Family Division', in E. M. Ahern and H. Gates (eds), *The Anthropology of Taiwanese Society* (Stanford, Stanford University Press), pp. 361-378.

Sutton, F. X., Harris, S. E., Kaysen, C., and Tobin, J. (1956), *The American Business Creed* (New York, Schocken).

Szczepanik, E. (1958), *The Economic Growth of Hong Kong* (London, Oxford University Press).

Taeuber, I. B. (1963), 'Hong Kong: Migrants and Metropolis', *Population Index*, 29, pp. 3-25.

Tan, M. G. (1971), *The Chinese in the United States: Social Mobility and Assimilation* (Taipei, Orient Cultural Service).

Taylor, R. C. (1969), 'Migration and Motivation: A Study of Determinants and Types', in J. A. Jackson (ed), *Migration* (Cambridge, Cambridge University Press), pp. 99-133.

Textile Asia.

T'ien, J. K. (1953), *The Chinese of Sarawak: A Study of Social Structure* (London, London School of Economics and Political Science).

Ting, H. C. (1974), *Truth and Facts: Recollection of a Hong Kong Industrialist* (Hong Kong, Kader Industrial Company Ltd.).

Ting, S. J., 'Does Hong Kong's Textile Industry Permit Unlimited Investment?', *The Federation of Hong Kong Cotton Weavers 1961-62 Year Book*, pp. 36-37.

Topley, M. (1969), 'The Role of Savings and Wealth among the Hong Kong Chinese', in I. C. Jarvie and J. Agassi (eds), *Hong Kong, a Society in Transition* (London, Routledge and Kegan Paul), pp. 167-227.

United Nations (1966), *Economic Survey of Asia and the Far East, 1965* (Bangkok).

United Nations (1970), *Economic Survey of Asia and the Far East, 1969* (Bangkok).

United Nations (1977), *Economic Survey of Asia and the Far East, 1976* (Bangkok).

United Nations Educational, Scientific, and Cultural Organization (1977), *Race and Class in Post-colonial Society: A Study of Ethnic Group Relations in the English-speaking Caribbean, Bolivia, Chile and Mexico* (Paris, UNESCO).

United Nations Industrial Development Organization (1968), *Report of Expert Group Meeting on the Selection of Textile Machinery in the Cotton Industry* (Vienna, UNIDO).

Walker, E. R. (1971), 'Beyond the Market', in K. W. Rothschild (ed), *Power in Economics* (Harmondsworth, Penguin Education), pp. 36-55.

Walker, J. (ed) (1974), *Hong Kong Who's Who: An Almanac of Personalities and Their Comprehensive Histories, 1970-1973* (Hong Kong, Rola Luzzatto and Joseph Walker).

Ward, B. E. (1965), 'Varieties of the Conscious Model: The Fishermen of Southern China', in M. Banton (ed), *The Relevance of Models for Social Anthropology* (London, Tavistock Publications), pp. 113-137.

Ward, B. E. (1972), 'A Small Factory in Hong Kong: Some Aspects of Its Internal Organization', in W. Willmott (ed), *Economic Organization*, pp. 353-386.

Weber, M. (1930), *The Protestant Ethic and the Spirit of Capitalism* (London, Unwin).

Weber, M. (1951), *The Religion of China: Confucianism and Taoism* (Glencoe, The Free Press).

Weber, M. (1963), *The Sociology of Religion* (London, Methuen).

Weber, M. (1968), *Economy and Society* (New York, Bedminster Press).

Wertheim, W. F. (1964), 'The Trading Minorities in Southeast Asia', in W. F. Wertheim (ed), *East-West Parallels: Sociological Approaches to Modern Asia* (The Hague, W. Van Hoeve Ltd.), pp. 39-82.

Wilhelm, R. (1947), *Chinese Economic Psychology* (New York, Institute of Pacific Relations).

Willmott, D. E. (1960), *The Chinese of Semarang: A Changing Minority Community in Indonesia* (Ithaca, Cornell University Press).

Willmott, W. E. (1966), 'The Chinese in Southeast Asia', *Australian Outlook*, 20, pp. 252-262.

Willmott, W. E. (1967), *The Chinese in Cambodia* (Vancouver, University of British Columbia Press).

Willmott, W. E. (ed) (1972), *Economic Organization in Chinese Society* (Stanford, Stanford University Press).

Wolf, E. R. (1966), 'Kinship, Friendship, and Patron-Client Relations in Complex Societies', in M. Banton (ed), *The Social Anthropology of Complex Societies* (London, Tavistock Publications), pp. 1-22.

Wolf, M. (1970), 'Child Training and the Chinese Family', in M. Freedman (ed), *Family and Kinship in Chinese Society* (Stanford, Stanford University Press), pp. 37-62.

Wong, P. S. (1958), 'The Influx of Chinese Capital into Hong Kong since 1937' (University of Hong Kong, paper read at the Contemporary China Seminar, 15 May 1958).

Wong, S. K. (1966), 'An Interview with a Shanghai Capitalist', *Eastern Horizon*, 5, pp. 11-16.

Wong, S. L. (1975), 'The Economic Enterprise of the Chinese in Southeast Asia: A Sociological Inquiry with Special Reference to West Malaysia and Singapore', B. Litt. thesis (University of Oxford).

Wong, S. L. (1983), 'Business Ideology of Chinese Industrialists in Hong Kong', *Journal of the Hong Kong Branch of the Royal Asiatic Society*, 23, pp. 137-171.

Wong, S. L. (1984), 'The Migration of Shanghainese Entrepreneurs to Hong Kong', in D. Faure et al. (eds), *From Village to City: Studies in the Traditional Roots of Hong Kong Society* (Hong Kong, University of Hong Kong, Centre of Asian Studies), pp. 206-227.

Wong, S. L. (1985), 'The Chinese Family Firm: A Model', *British Journal of Sociology*, 36, pp. 58-72.

Wong, S. L. (1986), 'Modernization and Chinese Culture in Hong Kong', *The China Quarterly*, 106, pp. 306-325.

Wong, S. L. (forthcoming), 'The Applicability of Asian Family Values to Other Socio-Cultural Settings', in P. Berger and M. Hsiao (eds), *In Search of An East Asian Development Model*.

World Bank (1982), *World Development Report, 1982* (New York, Oxford University Press).

Wright, A. (1908), *Twentieth Century Impression of Hong Kong, Shanghai, and Other Treaty Ports of China* (London, Lloyd's Great Britain Publishing Co.).

Yamamura, K. (1974), *A Study of Samurai Income and Entrepreneurship* (Cambridge, Harvard University Press).

Yancey, W. L., et al. (1976), 'Emergent Ethnicity: A Review and Reformulation', *American Sociological Review*, 41, pp. 391-403.

Yang, L. S. (1952), *Money and Credit in China* (Cambridge, Harvard University Press).

Yang, L. S. (1970), 'Government Control of Urban Merchants in Traditional China', *The Tsing Hua Journal of Chinese Studies*, 8, pp. 186-209.

Young, A. N. (1965), *China's Wartime Finance and Inflation, 1937-1945* (Cambridge, Harvard University Press).

Young, J. A. (1971), 'Interpersonal Networks and Economic Behaviour in a Chinese Market Town', Ph.D. thesis (Stanford University).

Young, S. C. (1969), 'The GATT's Long-Term Cotton Textile Arrangement and Hong Kong's Cotton Textile Trade', Ph.D. thesis (Washington State University).

中文文獻（以筆畫排序）

上海市商會（1947），《紡織工業》，上海：商業月報社。

上海社會科學院經濟研究所（編）（1980），《榮家企業史料》，上海：上海人民出版社。

上海聯誼會（1978），《籌募福利基金國劇義演特刊》，香港：該會。

《大公報》

工商觀察社（1958），《責香港中華總商會》，香港：工商觀察社。

中文大辭典編纂委員會（編）（1966），《中文大辭典》，台北：中國文化學院。

中國文史研究學會（編）（年份不詳），《新中國人物誌》，香港：該會。

中國科學院上海經濟研究所、上海社會科學院經濟研究所（1958），《恆豐紗廠的發生、發展與改造》，上海：上海人民出版社。

中國科學院上海經濟研究所、上海社會科學院經濟研究所（編）（1958），《南洋兄弟烟草公司史料》，上海：上海人民出版社。

中國實業部國際貿易局（編）（1933），《中國實業誌：全國實業調查報告之一：江蘇省》，上海：實業部國際貿易局。

《中華人民共和國分省地圖集》（1974），北京：地圖出版社。

《方誌周刊》

方顯庭（1947），〈民營應自中紡開始〉，載上海市商會（編），《紡織工業》，A 部，頁 74。

王楚瑩（1947），《香港工廠調查》，香港：南僑新聞企業公司。

王齡（1949），《香港潮僑通覽》，香港：無出版社。

全漢昇（1972），〈上海在近代中國工業化中的地位〉，載全漢昇，《中國經濟史論叢》，香港：香港中文大學新亞研究所，頁 697－733。

江厚塏（1976），〈先後媲美的兩個畢業典禮〉，《大成》，第 35 期，頁 40－43。

谷正綱（1935），〈從申新七廠事件說到中國的紗業〉，《中國實業雜誌》，卷 1。

林彬（1948），〈解剖中國紡織建設公司〉，《經濟導報》，第 55 期，頁 22－23；第 56 期，頁 21－23；第 57 及 58 期，頁 28－31；第 59 期，頁 20－23。

姚崧齡（1978），〈民國人物小傳：榮宗敬（1873－1938）〉，《傳記文學》，第 33 期，頁 142－143。

恒生銀行（1964），《香港棉織品出口限制問題》，香港：恒生銀行。

《星島日報》

唐有庸（1954），〈棉紡工業向銀行借了多少錢？〉，《香港工業月報》，第 1 期，頁 23。

徐寄廎（1932），《最近上海金融史》，上海：無出版社。

桂華山（1975），《桂華山八十回憶》，香港：作者。

屠雲甫、江叔良（編）（1940），《香港導遊》，上海：中國旅行社。

陳大同（1956），《中總歷屆改選回憶錄》，香港：無出版社。

陳真、姚洛（編）（1957），《中國近代工業史資料》，北京：三聯書店。

《華僑日報》

費孝通（1948），《鄉土中國》，上海：觀察社。

楊蔭溥（1930），《中國交易所論》，（南京）國立中央大學叢書，上海：商務印書館。

《經濟通訊》

《經濟導報》

經濟導報社（編）（1984），《香港經濟年鑑 1984》，香港：該社。

萬林（1947），〈中國的「棉紗大王」「麵粉大王」無錫榮氏家族暴發史〉，《經濟導

報》，第 50 期，頁 1－7。

鼎銘（1959），〈第一次世界大戰期間民族資本主義的發展〉，《歷史教學》，8 月號，頁 376－382。

寧波旅港同鄉會（1977），《寧波旅港同鄉會十週年紀念特刊》，香港：該會。

趙岡、陳鍾毅（1977），《中國棉業史》，台北：聯經出版事業公司。

趙鍾蓀（1977），〈訪中國大陸的民族資本家〉，《七十年代》，第 91 期，頁 45－46。

齊以正、郭峰（1980），《香港超級巨富列傳》，香港：文藝書屋。

樊百川（1955），〈試論中國資產階級的各個組成部份〉，《中國科學院歷史研究所第三所集刊》，第 2 期，頁 99－128。

潘孚碩（編）（1948），《上海時人誌》，北京：展望出版社。

蔣夢麟（1971），《西潮》，香港：世界書局（重印版）。

聯合徵信所（編）（1947），《上海製造廠商概覽》，上海：聯合徵信所。

薛明劍（1935），〈辦理申新三廠勞工事業的經驗〉，《教育與職業》，第 165 期，頁 333－339；第 166 期，頁 411－420。

鍾樹元（1948），《江浙財團的支柱 —— 寧波幫》，《經濟導報》，第 67 期，頁 6－8。

叢翰香（1962），〈關於中國民族資本的原始積累問題〉，《歷史研究》，第 2 期，頁 26－45。

嚴中平（1963），《中國棉紡織史稿，1289－1937》，北京：科學出版社。

蘇浙旅港同鄉會（1961），《蘇浙公學蘇浙小學彙刊》，香港：該會。

蘇浙旅港同鄉會（年份不詳），《蘇浙旅港同鄉會特刊》，香港：該會。

移民企業家：香港的上海紗廠老闆

黃紹倫　著

王國璋　譯

責任編輯　黎耀強

裝幀設計　簡雋盈

排　　版　陳美連

印　　務　劉漢舉

出版

中華書局（香港）有限公司

香港北角英皇道四九九號北角工業大廈一樓 B

電話：（852）2137 2338

傳真：（852）2713 8202

電子郵件：info@chunghwabook.com.hk

網址：http://www.chunghwabook.com.hk

發行

香港聯合書刊物流有限公司

香港新界荃灣德士古道 220-248 號荃灣工業中心 16 樓

電話：（852）2150 2100

傳真：（852）2407 3062

電子郵件：info@suplogistics.com.hk

印刷

美雅印刷製本有限公司

香港觀塘榮業街六號海濱工業大廈四樓 A 室

版次

2022 年 7 月初版

©2022 中華書局（香港）有限公司

規格

16 開（230mm×170mm）

ISBN

978-988-8808-07-6